다시 기도
Prayer Again

| 안창천 지음 |

쿰란출판사

다시
기도

추천사

기도!

어찌 보면 식상한 용어입니다. 저자의 말처럼 기도에 관해 출간된 책만 해도 5,000권이 넘는다고 합니다. 그런데 저자는 구태여 이 식상한 주제를 담은 책을 썼습니다. 다른 분이 이런 주제에 관한 책을 썼다면 그다지 저의 이목을 끌지 못했을 것입니다. 그런데 안창천 목사님이 기도에 관한 책을 썼다면 그건 다른 문제입니다. 그야말로 그가 기도의 사람이라는 것을 알기 때문입니다. 그는 정말 기도의 사람입니다.

저는 안 목사님과 대학 시절을 같이 보냈을 뿐만 아니라 초창기 신앙생활을 같은 교회에서 했기에 다른 분들보다는 그를 조금 더 아는 편입니다. 그의 신앙생활은 좀 별났습니다. 그는 금식기도를 비롯해 수없이 특별한 기도 시간을 갖는 등 기도에 목숨을 건 사람이었습니다. 어떤 때는 좀 무모하다 싶을 정도로 단순한 믿음의 모습을 보여주었습니다. 이 책에도 나오지만 어느 날 기도하는 중에 하나님께서 눈을 밝게 해주실 것을 믿고 안경을 산에다 던져버리고 온 사람입니다. 저는 대학 도서관에서 그로부터 그 얘기를 들었을 때 우습기도 하면서도(저는 개인적으로 그런 류의 믿음파가 못 됩니다) 그의 단순한 믿음에 감탄했던 기억이 있습니다. 하나님께서 안 목사님을 지금껏 한국 교계의 기둥으로 사용하고 계시는 것은 그에게 다양한 달란트도 있지만 무엇보다 순수하고 담백한 그의 믿음 때문이라고 믿습니다.

지금은 기도가 점점 시들해지고 있습니다. 기도가 죽어 가는 현대 교회에서 기도에 관한 필요성은 아무리 강조해도 지나치지 않습니다. 그렇다고 교회에 학부모들이 모여 수능 40일 기도니 뭐니 하면서 마치 기복적인 무당 놀음을 하는 그런 기도를 말하는 것이 아닙니다. 예수팔이 무당 놀음은 우리나라 교회의 외적 성장에는 크게 기여했지만, 참다운 예수 제자를 양성하고, 교회가 진정한 세상의 빛과 소금이 되는 데는 오히려 큰 방해가 된 측면이 있습니다.

한국교회에 남아 있는 일부 기도의 부작용에도 불구하고 하나님께 참 마음으로 올려드리는 기도는 한없이 귀합니다. 하나님과 친밀하게 대화하는 기도는 무엇과도 바꿀 수 없는 참으로 귀한 그리스도인의 특권입니다. 우리는 매일 기도합니다. 그래서 기도에 관해서 잘 안다고 생각하기 쉽습니다. 그러나 바르지 못한 기도를 적잖게 목격합니다. 우리는 기도의 참 의미를 알아야 합니다. 그리고 실제로 열심히 기도해야 합니다. 이 책 《다시 기도》를 읽고 나면 기도의 의미를 깨우치는 것은 물론 기도하지 않고는 배기지 못할 감동과 다짐의 시간을 갖게 될 것입니다.

안 목사님의 기도에 관한 책, 《다시 기도》는 그의 기도 체험을 바탕으로 쓰여 있기 때문에 생생하고 실제적입니다. 물론 그의 말마따나 단순히 기도 간증집이 아니라 기도의 본질을 함께 다루고 있기에 일부 쉽지 않은 부분도 있지만 대체로 이해하기 쉽습니다. 기도 간증과 이론을 겸하여 다루고 있어서 기도에 관해 균형 잡힌 안내서 역할을 하고 있습니다.

저자 말대로 기도는 기적이며, 예배이며, 교제이며, 사명이며, 삶이며, 사역이며, 비전입니다. 사실 어찌 이뿐이겠습니까. 기도는 하나님이 주시는 하늘과 땅의 모든 것입니다. 점점 기도가 죽어 가는 이 우상 충만의 시대에 기도는 하나님께 나아가는 척후병(斥候兵)이요 마지막 보루입니다. 우리는 기도를 회복해야 합니다. 그것도 하나님이 기뻐하시는 참 기도로 돌아가야 합니다. 바쁜 일상에서, 시간이 돈이라는 속도의 시대에 오히려 기도의 시간을 확보하는 것은 물론, 기도의 시간을 늘려야 합니다.

기도를 다룬 책의 제목을 안 목사님과 함께 고민하면서 지금 우리에게 필요한 것은 다시 기도하는 것이라는 간절한 마음으로 저는 책 제목을 《다시 기도》(Prayer Again)로 제안했습니다. 아무쪼록 기도의 실제와 이론을 품은 이 책 《다시 기도》가 우리나라는 물론 다양한 언어로 번역되어 온 세계 만방에 기도에 관한 영성을 불붙이는 데 하나님께 귀하게 사용되기를 기도합니다.

다시 기도!!!

박양우
(더처치교회 동사 목사, 전 문화체육관광부 장관)

프롤로그

　　서점가에는 기도에 관한 책들로 넘쳐나고 있다. 갓피플 몰에서 '기도'를 검색했더니 2024년 3월 현재 '5,631'이라고 뜬다. 앞으로도 기도 관련서는 계속해서 나올 것이다. 나 역시 십수 년 전, 《누구나 기도꾼이 되는 Q&A 기도훈련》(우리하나, 2007)이라는 기도훈련서를 펴낸 적이 있다. 따라서 '기도를 주제로 다룬 또 다른 책이 필요한가?'라는 질문은 얼마든지 가능하다. 그러나 이 질문에 대한 답은 '예스'다.

　　본서가 세상에 빛을 보게 된 데는 그럴만한 이유가 있다. 나는 모든 그리스도인을 제자 삼도록 훈련하는 'D3전도중심제자훈련'이라는 일종의 제자훈련시스템을 창안하여 지구촌 곳곳에 보급하고 있다. 이는 한마디로 예수께서 제자들에게 복음을 전하도록 훈련하신 것처럼 우리도 제자훈련을 통해 복음을 전파해야 한다는 것이다.

　　그런데 'D3전도중심제자훈련'을 전 세계에 열심히 보급하는 과정에서 매우 안타까운 사실을 발견했다. 이는 사역을 핑계로 나의 절대적인 기도 시간이 줄었다는 것이다. 즉 예수께서는 사역에 상관없이 기도하신 데 반하여 나는 사역에 비례하여 기도의 시간을 줄였다는 것이다.

그리스도인은 거듭나는 순간 하나님과 절대적 의존 관계에 있으므로 하나님과 교제하는 일에 우선순위를 두어야 한다. 사역보다 기도를 앞세워야 한다. 현재의 형통과 불통에 상관없이 기도의 자리로 나아가야 한다. 과거에 기도를 많이 했다고 자랑하거나 앞으로 기도하겠다고 호언장담하지 말고 지금 기도해야 한다. 다시 기도해야 한다. 잠자고 있다면 깨워야 하고, 죽어 있다면 살려야 한다.

기도는 단지 각종 문제를 해결하는 열쇠도 아니고 기적을 경험하는 수단도 아니다. 신앙생활 자체가 기도다. 기도라는 터 위에 삶과 믿음과 사역의 집을 짓는 것이 신앙생활이다. 따라서 기도가 부실하면 그리스도인의 삶과 믿음과 사역은 엉망진창이 된다.

예수 그리스도는 우리의 삶과 신앙과 사역의 모델이시다. 따라서 우리는 예수님처럼 살고, 믿고, 사역해야 한다. 예수님을 본받지 않는 삶과 믿음과 사역은 아무 의미가 없다. 하지만 예수 그리스도의 삶과 믿음과 사역을 그대로 베낀다는 것은 우리의 힘과 능력으로는 불가능하다. 하나님께서는 이를 가능하게 하시려고 우리에게 기도하라고 하신 것이다.

얼마 전, 호날두가 인정한 축구 천재 원태훈(고2)과 원태진(중3) 군의 인터뷰 영상을 보았다. 마지막으로 인터뷰어가 태훈 군에게 축구가 그의 인생에서 어떤 의미가 있느냐고 묻자, 이렇게 말했다. "저에게 축구란 심장입니다." 그의 말을 듣는 순간 갑자기 나도 모르게 이런 말이 입 밖으로 나왔다. "그리스도인에게 기도란 심장이다." 그렇다. 심장이 멈추면 죽음을 맞이하듯이 영적인 심장인 기도가 멈추면 영적으로 죽음을 맞이할 수밖에 없다.

본서는 기도와 관련된 필자의 생생한 간증들이 풍부하게 담겨 있을 뿐만 아니라 기도에 대한 성경적 교훈과 실제적인 실천 방법을 다각도로 예화와 더불어 제시하고 있다. 좀 더 흥미진진한 경험담을 먼저 듣기 원하면 전반부(1, 2장)부터 읽어 나가기를 권한다. 먼저 말씀으로 은혜받기를 원하면 후반부(3장 이하)부터 읽은 후에 전반부를 읽어도 무방하다.

 탈고하기 직전이었다. 갑자기 옥한흠 목사님이 쓰신 《평신도를 깨운다》라는 책이 한국교회 제자훈련에 새로운 돌풍을 크게 일으켰던 것이 떠올랐다. 바라기는 《다시 기도》가 한국교회에 기도 운동을 일으키는 불씨가 되었으면 하는 마음이 간절하다. 기도를 회복한 자들이 예수님처럼 믿음으로 살아가고, 사역하게 되기를 진심으로 축복한다. 특히 점점 기도하는 시간이 줄어들거나 기도의 간절함이 사라지고 있는 분들에게 큰 도전과 격려가 되기를 기도한다.

목차 contents

추천사 … 4
프롤로그 … 8

CHAPTER 1 기도로 살다

거듭나기 전 금식기도 **18** • 동해 바닷가 침례식 **22** • 새벽기도와 노상고사 **26** • 기도로 하루를 열고 닫다 **30** • 뜨거운 금요 철야기도 **34** • 삼각산 철야기도 **38** • 뜻밖의 살해 위협을 당하다 **42** • 갈멜산기도원에서 목회자로 부르심을 받다 **47** • 40일 금식에 실패하다 **51** • 믿음으로 기도하면 모두 응답을 받는다? **57** • 산 기도냐, 예배당 기도냐? **61** • 매일 세 번 기도 **66** • ACTS 뒷산 기도 **70** • 월삭(초하루) 기도 **75** • 드디어 40일 금식에 승리하다 **80** • 매일 17시간 40일 기도 **85** • 101일 철야 기도 **90** • 성령 안에서 무시 기도 **95**

CHAPTER 2 기도는 기적이다

군 제대 일정을 앞당기다 **102** • 오직 무릎으로 신학교를 졸업하다 **106** • 온 가족이 주께로 돌아오다 **111** • 2000만 원짜리 어음과 가정교회 개척 **115** •

청송감호소에 타오른 성령의 불길 120 • 하나님께서 주신 운전면허증 124 • 죽은 아이를 살리다 128 • 현대판 구름 기둥 사건 132 • 병든 자들을 고치다 136 • 귀신들을 내쫓다 141 • 101일 기도의 기적 147 • 정혜지의 일본 유학 151 • 전국 목회자 제자훈련 세미나 156 • D3국제워크샵 160

CHAPTER 3 기도는 예배다

왜 기도가 예배인가? 169 • 기도는 예배의 중심이다 173 • 기도는 참된 예배를 만든다 176 • 기도는 삶의 예배로 인도한다 182

CHAPTER 4 기도는 교제다

기도는 주님과 교제하는 것이다 188 • 기도는 주님과 사랑을 나누는 것이다 193 • 간구형 기도보다는 교제형 기도를 해야 한다 198 • 주님과의 교제가 텅 빈 기도는 위험하다 203 • 주님과의 교제를 멈추지 말아야 한다 209

CHAPTER 5 기도는 사명이다

기도는 '너의 사명'이다 216 • 왜 기도를 사명으로 인식해야 하는가? 220 • 기도는 또 다른 사명을 낳는다 226 • 기도를 멈추면 사명도 멈춘다 231

CHAPTER 6 기도는 삶이다

기도와 삶은 불가분리다 238 • 기도는 선택이 아니라 필수다 242 • 기도는 삶을 지향해야 한다 248 • 기도는 위대한 인생을 만든다 254

CHAPTER 7 기도는 사역이다

기도는 최고의 사역이다 260 • 기도 시간이 점점 줄어들고 있지는 아니한가? 265 • 기도 사역은 말씀 사역과 함께해야 한다 270 • 기도 없는 사역은 재앙이다 274 • 기도는 복음 전도를 지향해야 한다 279 • 기도 사역 이후를 주의하라 283

CHAPTER 8 기도는 비전이다

기도는 비전을 낳는다 **290** • 텔아비브 공항 사건 **296** • 최고의 비전은 지상명령에 순종하는 것이다 **300** • 조지 뮬러 & 스탠리 존스 **305** • 2030123007000 비전 **309** • 메시아닉 쥬(Messianic Jew) 교회 사역 비전 **314**

CHAPTER 9 죽은 기도 살려야 한다

내 기도, 살아 있는가? **320** • 죽은 기도, 다시 살릴 수 있다 **325** • 왜 한 시간 기도가 중요한가? **332** • 기도는 끊임없이 배워야 한다 **337** • 기도가 살면 예수님처럼 믿음으로 살고 사역한다 **343** • 기도 만능주의와 무용론을 멀리하라 **349**

에필로그 … **356**

CHAPTER 1

기도로 살다

거듭나기 전 금식기도
동해 바닷가 침례식
새벽기도와 노상고사
기도로 하루를 열고 닫다
뜨거운 금요 철야기도
삼각산 철야기도
뜻밖의 살해 위협을 당하다
갈멜산기도원에서 목회자로 부르심을 받다
40일 금식에 실패하다
믿음으로 기도하면 모두 응답을 받는다?
산 기도냐, 예배당 기도냐?
매일 세 번 기도
ACTS 뒷산 기도
월삭(초하루) 기도
드디어 40일 금식에 승리하다
매일 17시간 40일 기도
101일 철야 기도
성령 안에서 무시 기도

거듭나기 전 금식기도

내가 교회에 첫발을 들여놓기 시작한 것은, 수원에서 중학교를 다닐 때였다. 같은 반 친구의 소개로 수원중앙침례교회(김장환 목사 담임) 중등부 모임에 참석했다. 당시 중등부 담당은 이동원 전도사님(현 지구촌교회 원로 목사)이었다. 지금도 이동원 전도사님이 벤치에 앉아서 영어 성경 구절을 암송하던 모습이 눈에 선하다. 그러나 예배를 드리기 위해 교회를 찾은 것이 아니라 교회 안에 농구 코트가 있었기 때문에 갔다.

수원에서 중학교를 졸업하고 진학을 고민하던 중 스스로 벌어서 대학을 다닐 생각을 하고 D상고에 입학했다. 이때도 교회를 다녔지만 믿음이 있어서 다닌 게 아니고 친구들을 사귀기 위해서였다. 그래서 토요일 학생부 모임에는 참석했지만, 주일에는 나가지도 않았고, 구룡산 중턱에 있는 자룡사에 가서 반야심경을 암송하기도 했다.

D상고를 졸업하기 전에 무시험으로 학교장의 추천을 받아 당시 국내에서 가장 월급을 많이 준다고 소문난 J투자금융㈜에 입사했

다. 그러나 서울대 상대를 나온 부서 상사로부터 상고 출신이라는 이유로 무시를 당해 주변의 반대에도 불구하고 직장을 그만두었다. 상고를 다녔기에 예비고사에서 좋은 성적을 얻지 못해서 재수할 것인지, 일단 성적에 맞는 대학에 입학해서 다니다가 서울 소재의 대학으로 편입할 것인지 고민하던 중 후자를 선택했다.

1년 후 서울에 있는 대학으로 편입을 하기 위해 대학 도서관에서 살다시피 하면서 열심히 공부했다. 자연스럽게 도서관 직원들과 가깝게 지내는 사이가 되었다. 하루는 사서 중 한 분이 나에게 이렇게 말했다. "우리 교회 담임 목사님이 40일 금식을 할 때 성도들이 날마다 교회에서 철야기도를 했는데 여러 사람이 성령의 은사를 받았어요. 내가 그분들에게 안창천 학생을 위해 기도해 달라고 했더니 성령께서 사무엘상 10장 6-7절을 주셨으니 한 번 읽어 보았으면 해요."

"네게는 여호와의 영이 크게 임하리니 너도 그들과 함께 예언을 하고 변하여 새 사람이 되리라 이 징조가 네게 임하거든 너는 기회를 따라 행하라 하나님이 너와 함께하시느니라."

그리고 이 말씀과 함께 성령께서 3일 동안 금식을 명령하셨다며 내게 금식을 하라고 하였다. 당시 예수님이 어떤 분인지도 모르고 거듭나지도 않은 상태였지만 즉시 순종하여 3일 금식을 하고 저녁 집회에 참석하였다. 그날 밤에 내게 일어난 일은 평생 잊을 수 없다.

간단히 말씀을 듣고 기도하는 시간을 가졌다. 얼마 지나지 않아 갑자기 성령께서 임하시므로 입에서는 거품을 물고, 콧물과 눈물을 쏟으면서 약 20-30분 동안을 나도 모르게 예배당의 마룻바닥을 떼굴떼굴 뒹굴었다. 한마디로 회개의 영이 임하므로 통회하고 자복한 것이다. 당시 이를 곁에서 지켜본 사람들이 이렇게 말했다고 한다.

"젊은 사람이 얼마나 죄를 지었기에 저렇게 회개할까?"

사실, 나는 예수님을 만나기 전까지만 해도 죄인이라고 생각해 본 적이 없다. 왜냐하면 다른 사람에게 크게 해를 끼친 적이 없었고 주변 사람들로부터 법 없이도 살 사람이라는 말을 종종 듣고 있었기 때문이다. 심지어 구걸하러 온 거지가 맨발인 것을 보고 내가 신고 있던 신발을 벗어준 적도 있다.

그런데 회개하는 과정에서 내가 얼마나 큰 죄인인지를 깨닫게 되었고 바울처럼 죄인 중에 괴수라고 고백하지 않을 수 없었다(딤전 1:15). 철저히 회개하고 나자, 기쁨과 감격이 차고 넘쳤다. 거듭남과 동시에 갖가지 영적인 은사를 받았다. 또한 마음으로 생각한 일이 그대로 이루어지는 기적 같은 일이 일어나기도 했다. 마치 천하를 다 얻은 기분이었다.

곧바로 복음을 전하기 시작했다. 가장 친한 친구들에게 복음을 전하자, 예수님을 믿었고 그들 중에는 후일에 목사와 장로가 된 이들도 더러 있다. 내가 예수 그리스도를 믿은 후 급격히 변화되자 주변에서는 신기한 듯 대하는 자들이 많았다. 평소 잘 알고 있던 어른분께 복음을 전하자 다소 냉소적인 반응을 보이시고 혀를 차시면서 이렇게 말했다.

"아까운 청년 하나 버렸네!"

한동안 내가 이렇게 구원받기 전 금식을 통하여 철저히 회개하고 성령의 은사를 경험하게 된 것을, 하나님께서 나만 특별히 사랑하신다는 증거로 생각하고 교만한 마음을 품었다. 그런데 바울의 생애를 깊이 묵상하던 중 하나님께서 바울을 다메섹 도상에서 극적으로 구원하신 것은, 그를 특별히 사랑하셨기 때문이 아니라 그가 복음을 전하는 과정에서 겪어야 할 고난이 엄청난 것을 아시고 이를 감내하도록 특별히 영적인 체험을 하게 하셨다는 것을 깨닫고 내 생각에 다음과 같은 큰 변화가 찾아왔다.

'하나님께서 구원받기 전 금식을 하게 하시고 거듭날 때 철저히 회개하게 하시며 각종 성령의 은사와 능력을 주신 것은, 나를 특별히 사랑하시기 때문이 아니라 내가 불신 가정에서 처음 믿기 때문에 장차 수많은 고난을 당할 것을 아시고 이를 이겨낼 수 있도록 특별히 영적 체험을 하게 하신 것이다.'

이렇게 생각을 바꾸자, 영적 교만에서 다소 벗어날 수 있었다. 그렇다. 하나님께서 사람을 구원하시는 방법은 각각 다르다. 따라서 자신이 구원받는 과정에서 특별히 체험한 것을 절대화하여 이를 하나님께서 자기만 사랑하신다는 증거로 삼지 말아야 한다.

혹시 남달리 열심히 신앙생활을 한다는 이유로 과거의 나처럼 생각하고 있지 아니한가? 그리고 자신도 모르게 영적인 우월감을 가지고 있지 아니한가? 그렇다면 생각을 바꾸기를 신신당부한다. 영적 교만은 반드시 패망을 부르기 때문이다.

"사람의 마음의 교만은 멸망의 선봉이요 겸손은 존귀의 길잡이니라"
(잠 18:12, 참조 잠 16:18).

동해 바닷가 침례식

앞서 언급했듯이 내가 1977년 12월 7일 강릉초당침례교회 저녁 기도회 모임에서 통렬한 회개를 통하여 거듭남의 은혜를 경험한 후 출석했던 교회는 서울 은평구 역촌동에 소재한 장로교 통합 측 신성교회였다.

일반적으로 장로교단은 일 년에 한두 차례 물을 뿌려서 약식으로 세례를 베푼다. 나는 1977년 12월에 거듭났기 때문에 이듬해인 1978년 봄에 학습을 받고 가을에 세례를 받을 수 있었다. 그러나 당시 출석하던 교회에서 세례받을 생각을 전혀 하지 않았다. 그런 데는 나름대로 이유가 있었다. 성경을 읽던 중 예수께서 침례(세례)를 받으시고 올라오실 때 일어났던 일이 내게도 일어날 수 있다는 확신을 가지고 있었는데, 당시 출석하던 교회는 물에 잠기는 형식의 세례를 베풀지 않았지만, 내가 거듭난 초당교회는 매년 제헌절(당시는 7월 17일이 공휴일)에 경포 해수욕장에서 침례를 베풀었기 때문이다.

나는 침례받을 때 예수님께 일어났던 일이 내게도 일어날 것을 기대하며 그날을 손꼽아 기다렸다. 너무 큰 기대를 가졌기에 이틀 전인 7월 15일에 강릉으로 내려가서 금식하며 이를 준비했다. 당시 7월 17일에 침례(세례)를 받을 자는 십여 명이었고 이를 축하하기 위해 함께한 교인들 합하면 거의 백여 명은 되었다. 초당교회에서 침례 장소가 그리 멀지 않았기 때문에 모든 사람들이 함께 걸어서 갔다.

해변 모랫가에 자리를 잡고 먼저 간단히 예배를 드린 후 곧바로 세례(침례)식이 거행되었다. 참석자 모두 찬송가 436장(당시는 통일 찬송가 493장)을 불렀다.

1절 나 이제 주님의 새 생명 얻은 몸 옛것은 지나고 새 사람이로다
그 생명 내 맘에 강같이 흐르고 그 사람 내게서 해같이 빛난다
2절 주 안에 감추인 새 생명 얻으니 이전에 좋던 것 이제는 값없다
하늘의 은혜와 평화를 맛보니 찬송과 기도로 주 함께 살리라
3절 산천도 초목도 새것이 되었고 죄인도 원수도 친구로 변한다
새 생명 얻은 자 영생을 누리니 주님을 모신 맘 새 하늘이로다
4절 주 따라 가는 길 험하고 멀어도 찬송을 부르며 뒤따라 가리라
나 주를 모시고 영원히 살리라 날마다 섬기며 주 함께 살리라
후렴 영생을 누리며 주안에 살리라 오늘도 내일도 주 함께 살리라

4절을 연속해서 부르는 동안 주의 은혜로 충만하여 나도 모르게 눈물 콧물을 흘리고 있었다. 곧 침례(세례)받을 때 예수께서 세례(침례)를 받으실 때 일어난 일이 내게도 똑같이 일어날 것을 생각하니 가슴이 뛰기 시작했다. 마태복음 3장 16-17절을 암송하면서 차례를 기다리고 있었다.

"예수께서 세례를 받으시고 곧 물에서 올라오실새 하늘이 열리고 하

나님의 성령이 비둘기같이 내려 자기 위에 임하심을 보시더니 하늘
로부터 소리가 있어 말씀하시되 이는 내 사랑하는 아들이요 내 기뻐
하는 자라 하시니라"(마 3:16-17).

드디어 침례(세례)받을 차례가 되어 故 김홍래 목사님 앞에 섰다.
목사님이 크고 웅장한 소리로 "내가 예수 그리스도와 주와 그리스
도로 고백하고 믿은 안창천에게 성부와 성자와 성령의 이름으로 침
례를 주노라"라고 하시더니 물속에 잠기게 하시고 일으키셨다.
 그런데 내게 아무 일도 일어나지 않았다. 기대가 크면 실망도 큰
법. 기대와는 달리 아무 일도 일어나지 않자 실망감이 급습했다. 시
험에 들기 일보 직전이었다. 모랫바닥에 무릎을 꿇고 주님께 여쭈
었다.
 "왜 제가 침례를 받을 때 아무 일도 일어나지 않았습니까?"

 그러나 주님께서 아무 말씀도 하시지 않았다. 그런데 곧 그 이유
를 알게 되었다. 사실 침례(세례)받을 때 내게만 아무 일이 일어나지
않은 것이 아니라 모든 사람에게 일어나지 않았다. 침례(세례)식을 다
마친 후 사람들에게 침례(세례)받을 때 예수님께 일어난 일이 내게 일
어나지 않아 시험에 들 뻔했다고 하자 그들이 박장대소(拍掌大笑)를
하였다.
 목사님도 웃으시더니 내게 다가오셔서 이렇게 말씀하셨다.
 "예수께서 세례를 받으신 것과 안창천 형제가 세례를 받은 것은
크게 두 가지 차원에서 전혀 달라요. 하나는 안창천 형제는 죄인이
기에 받은 것이고 예수께서는 아무 죄가 없으신데 받으신 거예요,
다른 하나는 안창천 형제에게 침례는 그리스도와의 연합으로 인한
새로운 삶의 시작을 알리는 것이지만 예수님께는 공생애의 시작을

알리는 거예요."

 서울로 올라온 후 경포대 해변가의 세례(침례) 사건을 떠올리며 기도할 때 성령께서 다음과 같은 새로운 깨달음을 주셨다.

 '내가 침례를 받을 때 예수께서 세례(침례)를 받으시고 올라오실 때 일어났던 현상이 그대로 일어나기를 소망한 것은 나의 믿음이 컸기 때문이 아니라 영적 교만 때문이었다.'

 그렇다. 영적으로 교만하면 거짓 믿음을 큰 믿음으로 착각할 수 있다. 아마도 침례(세례)받을 때 예수께 일어난 일과 흡사한 일이 하나라도 내게 일어났다면 여기저기 자랑하고 다녔을 것이 불 보듯이 뻔하다. 큰 믿음과 영적 교만은 마치 동전의 양면과 같으므로 믿음으로 행할 때는 영적으로 교만하지 않도록 주의해야 한다.

새벽기도와 노상고사

거듭난 감격과 기쁨은 자연스럽게 새벽예배로 이어졌다. 시편 기자처럼 새벽을 기다렸다.

"주의 말씀을 조용히 읊조리려고 내가 새벽녘에 눈을 떴나이다"(시 119:148).

예수님을 영접한 이후 하루도 새벽기도를 빠지지 않았다. 항상 예배 시간보다 훨씬 전에 교회로 향했다.

집에서 교회까지는 약 500미터 떨어져 있어서 걸어 다니기에 딱 좋았다. 하루는 새벽에 교회로 향하던 중 아주 충격적인 장면을 목도하게 되었다. 어떤 분이 도로 한가운데서 앉았다 일어섰다 여러 번 반복하는 모습이 희미하게 보였다. 당시 그 도로는 아스팔트 공사만 해 놓고 아직 개통하지 않아 차가 다니지 않고 있었다. 가까이 다가가서 보니 어머니께서 상 위에 음식을 차려놓고 고사를 지내고 계셨다. 어머니께서는 40대에 과부가 되셨기에 5남매를 키우시느라 남다르게 고생을 많이 하셨다. 당시 나는 결혼 전이라 어머니와 함께 큰형 집에서 기거하고 있었다. 그런데 사업을 크게 하는 큰형이 부도 위기를 맞이하자 어머니께서 용하다는 무당의 말을 듣고 노상에서 고사를 지내신 것이다. 1970년대는 교회도 폭발적으로 부흥하였지만, 미신도 불길처럼 번져가고 있었다. 깊은 산마다 기도원이 늘어가고 있었고 영험하다고 소문난 골짜기마다 굿판이 벌어지고 있었다.

새벽예배를 드리는 내내 마음이 편하지 않았다. 평일에는 예배를 드리고 잠시 기도를 드린 후 학교로 향했지만, 그날은 주일이라 좀 더 기도할 수 있었다. 그러나 집중이 되지 않아 기도를 멈추고 어머님이 노상고사를 지내신 곳으로 향하였다. 고사를 지낸 흔적조차 없었다.

집으로 향하던 중 갑자기 이런 의문이 떠올랐다.

'새벽에 도로 한복판에서 하나님께 예배를 드리러 가는 아들과 미신에게 고사를 지내는 어머니가 만난다는 것은, 확률상 거의 제로에 가까운데 왜 하나님께서 이를 허용하셨을까?'

거의 집에 도달하였을 때 이런 생각이 들었다.

'우리 집안에 영적 전쟁이 본격적으로 시작되었구나!'

이렇게 생각한 지 얼마 되지 않은 어느 날이었다. 내가 주일 성수는 기본이고 매일 새벽예배와 수요예배와 금요철야기도회에 참석하고 금식을 밥 먹듯이 하자 하루는 어머니께서 나를 불러 이렇게 당부하셨다.

"창천아! 한 집안에 종교가 둘이면 망한다고 하니 내가 죽은 다음에는 몰라도 지금은 절대로 교회에 다니지 말거라. 네 어미의 부탁이니 제발 들어주려무나."

그러나 어머니의 말씀에 전혀 아랑곳하지 않고 더욱 열심히 신앙생활을 했다. 어머니는 내 생각을 바꿀 수 없다고 판단하셨던지 눈치만 보시고 말씀하시지 않았다. 반면에 형님의 사업이 망할 것을 두려워하여 노상에서 고사를 지내신 것이다. 한편으로는 어머니가 너무 불쌍하게 여겨졌다.

그런데 노상고사 사건이 일어나고 얼마 되지 않아 큰형은 부도를 맞았다. 만감이 교차했다. 혹시 형님이 내가 신앙생활을 열심히 해서 자신의 사업이 망했다고 생각하지는 않을까 하는 마음이 들자, 순간 미안한 마음이 들었다가 사라졌다. 그런데 전혀 뜻밖의 일이 일어났다. 부도가 난 지 3일이 지나서 큰형이 나를 찾았다. 그의 방 안에는 술병이 나뒹굴고 있었고 담배꽁초가 재떨이에 수북이 쌓여 있었다. 형이 사업의 실패로 얼마나 심적으로 고통을 느꼈는지 가히 짐작할 수 있었다.

내가 자리에 앉자마자 큰형이 이렇게 말했다.

"창천아!, 네가 알다시피 형은 지금 인생에서 가장 큰 위기를 맞았다. 이런 상황에서 내가 어떻게 하면 좋겠니?"

얼마나 기다리던 말이었던가? 조금도 지체하지 않고 답했다.

"형님, 하나님께서 형님을 사랑하셔서 잠시 사업에 어려움을 당하게 하신 것입니다. 오산리 기도원에 가서 3일 동안 금식하며 하나님을 찾으시면 만나주시고 새 길을 열어주실 것입니다."

그러자 형은 흔쾌히 제안을 받아들였다. 그날 바로 짐을 챙겨서 함께 오산리 기도원에 올라가서 금식하며 기도했다. 그리고 금식하는 과정에서 복음을 전하자, 예수님을 영접하였고 거듭나는 은혜를 받았다. 그러자 자연스럽게 어머니도, 형수님과 조카들도 예수님을 믿었다.

온 가족이 구원받은 날, 갑자기 얼마 전 새벽에 교회를 가다가 마주한 노상고사가 떠올랐다. 그래서 어머니께 이렇게 여쭸다.

"어머님! 얼마 전에 제가 새벽예배를 드리러 갈 때 어머니는 노상에서 고사를 지냈는데 지금은 어머니도 형도 예수님을 믿고 하나님의 자녀가 되었습니다. 이를 통해서 무엇을 깨달으셨죠?"

"하나님께서 신 중의 신이신 것을 깨달았지. 난 하나님께서 이렇게 강하신 분이신지를 몰랐어. 그동안 귀신에게 속은 것에 분통이 터지는구나!"

결국 우리 가정의 영적 전쟁은 새벽기도를 통하여 승리한 것이다. 기도는 영적 전쟁을 이기는 강력한 무기다. 내가 거듭난 지 얼마 되지 않은 상황에서 영적 전쟁의 승리를 경험하면서 한 가지 깨딜은 것이 있다.

'예수님을 믿으면 반드시 영적 전쟁을 해야 하고 기도하면 반드시 이 전쟁에서 이긴다.'

혹시 신앙생활을 하면서 불신 가족으로부터 공격을 당하고 있는가? 그렇다면 가족들과 맞서 다투지 말고 기도해야 한다. 왜냐하면 우리의 싸움은 혈과 육을 상대하는 것이 아니라, 이 어둠의 세상 주관자들과 하늘에 있는 악한 영들을 상대하는 것이기 때문이다(엡 6:12).

기도로 하루를 열고 닫다

내가 거듭난 후 살았던 집은 은평구 갈현동에 있었고, 대학교는 동작구 흑석동에 있었기 때문에 통학하는 데 꽤 많은 시간이 소요되었다. 길도 막힐 뿐 아니라 새벽예배를 드리고 학교에 가려고 새벽 4시 50분에 집을 나섰다. 그런데 이 시간에 집을 나서는 것은 결코 쉽지 않았다. 왜냐하면 저녁 늦게까지 학교에서 공부하고 교회에 잠시 들러 기도하고 집에 도착하면 12시가 훌쩍 넘기 일쑤였기 때문이다.

아무리 빨리 씻고 잠자리에 들어도 12시 반이 넘었다. 그리고 늦어도 4시 반에는 일어나야 5시 새벽예배를 드릴 수 있었기에 하루 4시간 이상 잠을 잘 수 없었다. 그런데 이런 상황에서도 하루도 새벽예배를 빠지지 않은 데는 이유가 있었다. 시편을 읽을 때 두 구절이 나의 가슴에 크게 와닿았기 때문이다.

"하나님이 그 성중에 계시매 성이 흔들리지 아니할 것이라 새벽에 하나님이 도우시리로다"(시 46:5).

"내 영광아 깰지어다 비파야, 수금아, 깰지어다 내가 새벽을 깨우리로다"(시 57:8).

시편 46편은 고라 자손이 읊은 시고, 시편 57편은 다윗이 사울을 피하여 굴에 있을 때 읊었던 시다. 이 두 구절을 하나로 엮으면 하나님께서 새벽에 도우시므로 새벽을 깨워야 한다는 것이다. 물론 하나님께서는 아무 때나 우리의 기도에 귀를 기울이시고 응답하신다. 그러나 특별히 새벽에 하나님께 부르짖어 기도해야 하는 이유가 있다. 그것은 새벽은 곧 간절함을 내포하기 때문이다.

"파수꾼이 아침을 기다림보다 내 영혼이 주를 더 기다리나니 참으로 파수꾼이 아침을 기다림보다 더하도다"(시 130:6, 참소 시 123:2).

파수꾼보다 새벽을 간절히 기다리는 자는 없다. 파수꾼은 새벽이 와야 경계 근무의 책임에서 면제되고 자유를 얻기 때문이다. 그러나 파수꾼에게만 간절함이 필요한 것이 아니다. 어쩌면 파수꾼보다 그리스도인에게 간절함이 더 필요하다고 생각한다. 왜냐하면 파수꾼이 새벽을 간절히 기다리듯이 하나님을 간절히 찾아야 기도의 응답을 받을 수 있기 때문이다. '간절함'에 대해서는 나중에 다시 언급하겠지만 기도에 있어서 간절함보다 중요한 것은 없다. 하나님께서 모든 기도에 응답하시지 않고 간절한 기도에 응답하신다.

내가 학교에 가면서 새벽에 교회를 들러 기도할 뿐만 아니라, 밤늦게 집으로 오면서도 잠시 교회에 들러 기도한 데는 이유가 있다.

이 또한 시편을 읽던 중 크게 와닿은 말씀이 있었기 때문이다.

"너희가 일찍이 일어나고 늦게 누우며 수고의 떡을 먹음이 헛되도다
그러므로 여호와께서 그의 사랑하시는 자에게는 잠을 주시는도다"
(시 127:2).

이 말씀을 읽을 때 하나님께서 잠을 주관하신다는 것을 깨닫고 잠마저도 하나님께 맡겨야 한다는 생각이 들었다. 당시 나는 사법고시를 준비하는 시기였기에 하루 4시간 정도의 잠밖에는 자지 않았는데 숙면을 취하지 않으면 하루 종일 공부에 집중할 수 없었다. 놀라운 사실은 4시간도 제대로 자지 못해도 기도로 하루를 열고 닫은 결과 수업 시간에도 졸지 않았고 도서관에서 늦은 시간까지 공부해도 크게 피곤치 않았다.

그런데 새벽뿐 아니라 밤늦게 교회에 들러 기도한 것은, 단지 이런 두 가지 때문은 아니었다. 그보다 더 중요한 이유가 있었다. 성경을 읽던 중 교회가 어떤 곳인지를 알았기 때문이다. 즉 예수께서 예루살렘 성전에 대해 말씀하신 것이 와닿았기 때문이다.

"이에 가르쳐 이르시되 기록된 바 내 집은 만민이 기도하는 집이라
칭함을 받으리라고 하지 아니하였느냐"(막 11:17 상).

당시 예수님을 믿은 지 얼마 되지 않았기 때문에 교회당을 주로 예배를 드리는 곳이라 여겼지, 기도 처소로 특별히 강조하고 있다는 점은 알지도 못했다. 그런데 교회가 만민의 기도하는 집이라는 것을 깨닫자, 아침저녁으로 하나님께 문안을 드리는 것은 지극히 당연하다는 생각이 들었다. 새벽예배를 마친 후에는 이렇게 기도했다.

"하나님 아버지, 하나님의 아들 안창천이 하루를 시작하기 전, 문안 인사를 드리러 왔습니다. 오늘 하루도 학교에서 열심히 공부할 뿐만 아니라 믿음의 사람답게 살아가게 하시고 사법고시에 합격하여 하나님께 영광을 돌리게 하소서."

그리고 밤늦게 교회에 들러서는 이렇게 기도했다.

"하나님 아버지, 오늘 하루도 믿음으로 살게 해 주시고 학교에서 열심히 공부할 수 있도록 도와주셔서 감사합니다. 이제 집에 들어가서 잠잘 때 숙면하게 하시고 새벽에 먼저 주의 얼굴을 뵙고 하루를 시작하게 하소서."

새벽기도는 30분 정도 했고, 귀가 기도는 10분 정도 했다. 짧은 시간 기도했지만 이렇게 기도하는 습관을 가졌기에 사법고시를 준비하는 가운데서도 주일학교 교사와 부장뿐 아니라 청년부 회장직을 잘 감당하므로 풍성한 열매를 맺을 수 있었다. 30명이었던 유초등부를 3개월 만에 140명으로 부흥시켰고, 대여섯 명이었던 청년부를 30여 명으로 부흥시켰다. 그리고 이렇게 열심히 기도하고 봉사하자 대학교 4학년에 서리 집사(예장 통합 신성교회)가 되었다.

"기도는 하루를 여는 아침의 열쇠이고 하루를 마감하는 저녁의 자물쇠다."

뜨거운 금요 철야기도

　대학교 시절, 기도의 열기는 정말 뜨거웠다. 특별히 금요 철야 때 기도의 열기는 하늘로 치솟았다. 주로 같은 대학의 친구들이 주축이 되어 금요일 저녁 11시부터 토요일 새벽예배 전까지 밤새워 기도하였다. 먼저 담임 목사님이 설교를 마치시면 청년회 회원들을 중심으로 말씀을 읽고 찬송을 부르고 기도하였다.
　각자 기도 제목을 내놓고 합심으로 기도한 후에 2시간 동안 '은혜의 골짜기'라는 기도 프로그램을 진행하였다. 이는 사람들을 양쪽으로 서게 하고 그 가운데로 사람이 통과할 때 기도해 주고 기도를 받은 사람은 다시 양쪽으로 서서 다른 사람을 위해 기도해 주는 것이다. 한 사람당 기도하는 시간을 얼마로 정하느냐에 따라 전체 기도 시간이 결정된다.
　당시 철야기도회에는 매주 열대여섯 명이 지속적으로 참여하였다. 1인 당 5-7분 정도 기도했기 때문에 대략 1시간 반에서 2시간 정도 걸렸다. 서로가 얼마나 뜨겁게 기도했던지 은혜의 골짜기를 마치고 나면 옷은 땀에 흠뻑 젖어 있었고 목이 쉰 경우가 많았다.

그 후 잠시 간식을 먹으면서 이야기를 나누고 성경을 읽고 은혜받은 것을 나눈 후 새벽예배에 참석했다. 11시부터 새벽예배를 마치기까지 한 시도 잠을 자지 않았다. 당시는 말 그대로 철야기도를 한 셈이다. 그래도 크게 피곤하지 않았고 도리어 기쁨이 충만했다. 지금 생각하면 어떻게 밤을 꼬박 새워가며 기도했는지 도저히 이해되지 않는다. 그런데 당시는 우리 교회만 이렇게 뜨겁게 기도한 것이 아니다. 교회마다 정도의 차이가 있을 뿐 대부분 밤을 새워가며 간절히 기도했다.

그런데 요즘은 어떠한가? 교회마다 금요기도회의 이름으로 모이지만 과거처럼 뜨겁게 기도하는 교회는 거의 찾아보기 힘들다. 말로는 금요기도회라고 하지만 대부분 찬양과 설교 중심으로 하고 실제로 뜨겁게 기도하는 시간을 갖지 않는다. 혹 기도를 한다고 해도 교회의 공동 기도 제목을 내놓고 기도하고 개인적으로 밤을 새워가며 기도하지 않는다. 또한 기도회에 참석하는 사람도 점점 줄어들고 있다. 심지어 참석자가 거의 없어서 금요기도회 모임 자체를 갖지 않는 교회가 갈수록 늘어가고 있다.

또한 기도회가 점점 찬양집회로 변해가고 있다. 아예 금요기도회 대신 목요 찬양집회로 모이는 교회도 있다. 물론 찬양도 중요하다. 구원받은 자가 찬양하는 것은 지극히 당연하다. 더군다나 찬양은 곡조 있는 기도이므로 찬양집회를 단지 찬양만 한다고 치부해서도 안 된다. 그러나 우리가 간과하지 말아야 할 것이 있다. 찬양을 빌미로 기도하는 시간을 줄여서는 안 된다는 것이다.

얼마 전, 금요 철야기도회가 점점 사라지는 현실을 크게 가슴 아파할 때 이런 의문이 들었다.

'왜 과거에는 기도의 열기가 뜨거웠는데 요즘은 점점 식어가고 있

는가?'

그리고 이와 동시에 다음 말씀이 떠올랐다.

"내가 너희에게 이르노니 속히 그 원한을 풀어 주시리라 그러나 인자가 올 때에 세상에서 믿음을 보겠느냐 하시니라"(눅 18:8).

이 말씀은 예수께서 기도하고 낙망하지 말아야 할 것을 '불의한 재판장과 과부'의 이야기를 비유로 말씀하시면서 내리신 결론이다. 한마디로 마지막이 되면 믿음이 없기에 낙망하여 기도하는 사람을 찾아보기 힘들다는 것이다. 즉 기도와 믿음은 불가분의 관계에 있다는 것이다. 여기서 궁금증에 답을 찾을 수 있었다. 갈수록 기도의 열기가 식어가는 것은, 한마디로 믿음으로 살아가는 사람들이 점점 줄어들고 있다는 것이다.

기도와 믿음은 불가분의 관계에 있기에 기도하지 않으면 믿음으로 살아갈 수 없다. 마귀는 이를 알고 우리가 믿음으로 살아가지 못하도록 이런저런 이유로 기도하지 못하게 공격한다. 소위 '차차 마귀'에 대한 예화는 우리에게 매우 귀한 영적 교훈을 준다. 마귀들이 모여 회의를 열었다. 회의의 주제는 어떻게 하면 그리스도인들을 유혹하여 믿음으로 살아가게 하지 못하게 하느냐였다. 마귀들이 이런저런 의견을 내놓았다. 최종적으로 어떤 제안이 채택되었는가? '기도하라고 하라. 그러나 오늘 하지 말고 내일 하라고 하라.'

기도의 열기는 곧 믿음의 열기다. 기도는 현재의 믿음을 판단하는 시금석이다. 지금 뜨겁게 기도하지 않는다면 믿음으로 살아가지 않는 것이다. 기도도 현재이고 믿음도 현재다. 지금 기도하면 영원히 기도한 것이고, 지금 기도하지 못하면 영원히 기도하지 못한 것이다.

뜨겁게 기도함으로써 믿음으로 살아가지 않으면 이미 영적으로 죽은 것이고 하나님을 기쁘게 할 수 없고 아무런 열매도 맺을 수 없다. 무엇 때문에 기도의 열기가 식었는지를 생각하고 회개하고 기도의 열기를 회복해야 한다.

삼각산 철야기도

얼마 전, 우연히 예능교회(구 연예인교회) 곁을 지나갈 때 갑자기 수십 년 전의 일이 주마등처럼 스쳐 갔다. 왜냐하면 초신자 시절에 자주 예능교회를 지나 삼각산에 올라가서 밤새워 기도하던 것이 떠올랐기 때문이다. 혼자서 삼각산에 올라가서 기도한 경우도 있었지만, 대부분 아는 사람들과 함께 올라갔는데 서로 만나기로 약속한 장소가 예능교회였다. 약속한 시간에 오는 사람도 있었지만, 때로는 늦게 오는 사람도 있어서 만날 때까지 기다렸는데 어떤 경우는 30분에서 1시간도 기다린 적이 있었다.

그런데 기다리는 동안 항상 예능교회 앞에서 진풍경이 연출되었다. 마치 영화가 끝나면 관람객들이 한꺼번에 물밀듯이 쏟아져나오듯 삼각산으로 올라가는 사람들이 줄을 이었다. 극장에서는 몇 분이면 관객이 썰물처럼 빠져나가지만, 삼각산으로 올라가는 인파는 서서 기다리는 내내 그치질 않았다.

삼각산에는 여기저기서 부르짖어 기도하는 소리로 가득했다. 삼십 분을 올라가도, 한 시간을 올라가도, 심지어 두 시간을 올라가도 기도하는 사람들로 붐볐다. 기도하면 능력을 받는다고 알려진 능력봉에도 기도하는 사람들이 많았다. 밤을 새워가며 곳곳에서 부르짖어 기도하는 것을 보면서 이런 생각이 들었다.

'하나님께서 대한민국에 복을 주실 것이고 마지막 시대에 크게 들어 사용하실 것이다.'

그렇다. 오늘날 대한민국이 세계 10대 경제 대국의 반열에 우뚝 설 수 있게 된 것은, 정치를 잘해서가 아니라 믿음의 선배들이 밤새 하나님께 부르짖어 기도했기 때문이다. 하나님께서 그들의 기도를 들으시고 한강의 기적을 베푸신 것이다.

늦은 밤에 어두운 산을 등반한다는 것은 생각보다 쉽지 않았다. 전등으로 앞을 비추고 올라가지만, 돌부리에 걸려 넘어지기도 하고 발을 접질리기도 하였다. 특별히 여름철에 정상에 올라가다 보면 옷이 온통 땀에 젖는다.

그러나 정상에 올라가면 상황은 한순간에 역전되었다. 올라오는 과정에서 힘들었던 것은 하나도 생각나지 않고 성취했다는 생각에 기쁨이 충만했다. 때로는 하나님께서 수고했다고 등을 두드려 주시는 느낌이 들기도 했다. 기도 보따리를 풀고 기도하면 기쁨은 더 충만해졌다.

당시는 마음만 먹으면 언제든지 산에 올라가서 부르짖어 기도할 수 있었다. 그리고 앞으로도 그렇게 할 수 있다고 생각했다. 그런데 어느 날 갑자기 산림보호정책으로 입산이 금지되었고 인왕산이나 삼각산 등에서 밤새도록 부르짖는 기도는 더 이상 할 수 없게 되었다.

이를 통해서 매우 중요한 사실을 깨달았다. 기도는 아무 때나 할 수 있는 것이 아니라는 것이다. 범사에 때가 있듯이 기도도 할 수 있을 때만 할 수 있다. 죽은 후에는 기도할 수 없기에 목숨이 붙어 있는 동안 기도해야 한다.

예수께서 겟세마네 동산에서 기도하시던 중 두 번이나 제자들에게 찾아가셔서 기도하라고 깨우셨다. 그러나 그들은 피곤함으로 잠을 이기지 못했고, 결국 한 시간도 기도하지 못하고 잠들었다. 그러자 예수께서 그들에게 찾아오셔서 이렇게 말씀하셨다.

"이에 제자들에게 오사 이르시되 이제는 자고 쉬라 보라 때가 가까이 왔으니 인자가 죄인의 손에 팔리느니라"(마 26:45).

예수께서 기도하시던 중 제자들에게 말씀하신 것은, 세 번째로 찾아가셨을 때다. 이를 통해서 무엇을 알 수 있는가? 예수께서 그들에게 기도할 기회를 무제한으로 주시지 않았다는 것이다. 사실 제자들은 예수께서 두 번이나 찾아오셔서 깨우셨기에 또다시 오셔서 깨우실 것이라고 생각했을지도 모른다. 그러나 그런 일은 더 이상 일어나지 않았다. 결국 제자들은 시험에 들어 예수님을 모른다고 부인함으로써 일생 최대의 오점을 남겼다.

그런데 이런 일은 예수님의 제자들에게만 일어나는 것이 아니다. 우리 모두에게도 일어날 수 있다. 누구에게나 기도하고 싶어도 할 수 없는 날이 속히 온다. 언제 개인적인 종말이나 구조적인 종말이 올지는 아무도 모른다. 전도서 기자는 때에 대해 이렇게 말한다.

"범사에 기한이 있고 천하 만사가 다 때가 있나니 날 때가 있고 죽을 때가 있으며 심을 때가 있고 심은 것을 뽑을 때가 있으며 죽일 때가 있고 치료할 때가 있으며 헐 때가 있고 세울 때가 있으며 울 때가 있고 웃을 때가 있으며 슬퍼할 때가 있고 춤출 때가 있으며 돌을 던져

버릴 때가 있고 돌을 거둘 때가 있으며 안을 때가 있고 안는 일을 멀리 할 때가 있으며 찾을 때가 있고 잃을 때가 있으며 지킬 때가 있고 버릴 때가 있으며 찢을 때가 있고 꿰맬 때가 있으며 잠잠할 때가 있고 말할 때가 있으며 사랑할 때가 있고 미워할 때가 있으며 전쟁할 때가 있고 평화할 때가 있느니라"(전 3:1-8).

천하만사에 다 때가 있듯이 기도에도 때가 있다. 기도할 때가 있고 기도하지 못할 때가 있고, 기뻐서 기도할 때가 있고 슬퍼서 기도할 때가 있고, 간절히 기도할 때가 있고 간절히 기도하지 못할 때가 있다. 따라서 기도하지 못할 때가 오기 전에 기도하고, 슬픔으로 기도하지 못할 때가 오기 전에 기도하고, 간절히 기도하지 못할 때가 오기 전에 기도해야 한다.

우리 속담에 '노는 것도 젊어서 놀아야 한다'는 말이 있다. 그런데 이는 노는 것에만 적용되는 말이 아니다. 기도도 마찬가지다. 젊었을 때 기도해야 한다. 사람들은 늙으면 시간이 많아서 마음만 먹으면 기도할 수 있다고 생각한다. 그러나 그렇지 않다. 오히려 나이가 들수록 기도하기 힘들다. 왜냐하면 건강이 받쳐주지 않으면 기도를 할 수 없기 때문이다. 기도도 건강해야 뜨겁게 기도할 수 있다.

앞서 프롤로그에서 기도는 현재라고 하며 과거에 기도를 많이 한 것도 자랑하지 말고 앞으로 기도할 것을 호언장담하지도 말라고 했다. 그런데 요즘 들어 기도가 일종의 적금과 같은 성격을 지니고 있다는 것을 새삼 깨달았다. 왜냐하면 하나님께서 과거에 기도한 것을 기억하시고 은혜를 베푸시는 것을 경험하고 있기 때문이다.

그렇다. 적금을 부어야 나중에 목돈을 탈 수 있듯이 젊었을 때 기도를 많이 해야 기도할 힘조차 없을 때 이를 찾아 쓸 수 있다. 따라서 조금이라도 더 늙기 전에 더욱 기도에 힘써야 한다.

뜻밖의 살해 위협을 당하다

　대학교 2학년부터 군 제대 후 신학대학원에 입학하기 전까지 약 4-5년 동안 섬겼던 신성교회(예장 통합측)에서 일어났던 일이다. 어느 주일 젊은 집사 부부가 등록했다. 사업에 실패하여 교회 근처로 이사하여 다닐 교회를 찾던 중 우리 교회로 온 것이다. 그는 새벽기도를 비롯하여 모든 공 예배를 빠지지 않고 참석하면서 열심히 신앙생활을 했다. 그러는 과정에서 자연스럽게 나와 가까워지게 되었다.
　어느 날 나에게 자신이 운전기사 자격증이 있는데 렌트카를 운전하면 돈을 벌 수 있다며 백만 원만 빌려달라고 했다. 기도 중에 아는 분이 떠올라서 그분에게 부탁해서 백만 원을 건넸다. 그런데 차량 등록 및 기타 경비로 백만 원이 더 필요하다고 해서 또 아는 분에게 부탁해서 백만 원을 더 빌렸다.
　그런데 내가 빌린 돈을 그 집사에게 건네지 않고 망설이자, 이를 눈치채신 담임목사 사모님이 보증을 서겠다고 해서 또 백만 원을 건넸다. 처음에는 사업이 잘되어 교회 일도 더 열심히 하였다. 그런데 몇 개월이 지난 후 정부에서 렌트카 영업이 불법이라며 단속을 벌이자, 수입이 급감하게 되었고 원금도 돌려받지 못하는 상황이 되었다.

이에 사모님이 그 집사에게 빚을 독촉하자 갑자기 돌변하더니 술을 먹고 교회에 와서 행패를 부리기 시작하였다. 그리고 여러 교인을 찾아가서 목사님과 사모님을 비방하고 헐뜯었다. 어느 수요일 저녁 예배를 드리고 있었는데 그가 앞으로 달려가더니 강대상 위에 놓인 종을 집어서 목사님에게 던졌다. 다행히 목사님이 피하셔서 다치시지 않았지, 만일 머리에 맞으셨다면 치명상을 입었을 것이다.

다음 주 금요일이었다. 철야를 앞두고 다른 사람보다 먼저 교회에 가서 기도를 드리고 있었다. 방언으로 기도하던 중 갑자기 통역이 되면서 '여기를 떠나라'는 말이 입 밖으로 나왔다. 처음 겪는 일이라 당황했지만, 성령께서 역사하신 것이라는 생각이 들어 교회를 나와서 약 300미터 정도 떨어진 교회로 가서 금요 철야에 참석하였다. 교회에서 무슨 일이 일어났는지 걱정이 되어 설교 말씀도 들어오지 않았고 찬양과 기도도 입에서 나오지 않았다.

기도회를 마치고 부리나케 교회를 빠져나와 우리 교회로 향하여 걸어가고 있었다. 거의 교회에 도착할 무렵 앞쪽에서 여러 청년이 교회 쪽으로 걸어가고 있는 것이 보였다. 우리 교회 청년들이었다. 그들 중에는 머리에 붕대를 한 사람이 있었다. 자초지종을 물었더니 이렇게 말했다.

"기도회를 시작하려고 하는데 갑자기 노 집사님이 몽둥이를 들고 교회에 들어와서는 '안창천 집사 어디 있느냐, 죽여버리겠다'며 소리치자, 한 집사님(지금은 목사가 되었음)이 '왜 그러시냐, 오늘은 교회에 오지 않았다'고 하자, 몽둥이를 한 집사님에게 휘둘러 머리를 다치게 하여 병원에서 여덟 바늘을 꿰매고 돌아오는 중입니다."

아마도 당시 그 자리에 있었으면 그가 휘두른 몽둥이에 맞아 크게 상처를 입었거나 심지어 목숨을 잃었을지도 모른다. 하나님께서 이를 미리 아시고 피할 길을 내신 것이었다. 그 순간 평소 암송하고 있던 하나님의 말씀이 떠올랐다.

"사람이 감당할 시험밖에는 너희가 당한 것이 없나니 오직 하나님은 미쁘사 너희가 감당하지 못할 시험 당함을 허락하지 아니하시고 시험 당할 즈음에 또한 피할 길을 내사 너희로 능히 감당하게 하시느니라"(고전 10:13).

참고로 본문에서 시험은 영어로 '테스트'(test)가 아니라 '템테이션'(temptation)이다. 즉 마귀가 우리를 공격해도 하나님께서 우리에게 감당할 만한 것만 허락하시고 또한 피할 길을 내신다는 뜻이다. 따라서 지금 어떤 어려움이 있어도 왜 이런 일을 당하도록 버려두시냐고 하나님을 원망하거나 불평하지 말고 이를 감당할 만한 능력이 있다고 하나님께서 인정해 주시고 피할 길을 내실 것을 믿고 감사해야 한다.

노 집사의 난동은 이것으로 끝나지 않았다. 하루는 내가 교회의 기도실에서 기도하고 있었다. 기도 중 누가 노크를 해서 문을 열었더니 노 집사의 아내였다. 그는 남편의 일로 나와 의논할 게 있다며 잠시 이야기하자고 해서 기도실에서 이야기를 나누고 있었다.

그런데 얼마 되지 않아 남편이 오더니 "너희들, 여기서 무엇을 하고 있었지?"라며 내 앞에서 자기 아내를 마구 구타하였다. 그러더니 나도 때리려고 했다. 대항하지 않고 때리려면 때리라고 하자 막상 때리지는 못하고 내 멱살을 잡고 옷을 다 찢더니 그의 아내와 나를 간통죄로 고소하겠다고 으름장을 놓으며 자리를 떠났다.

노 집사를 그대로 두면 교회에서 더 큰 일이 벌어질 수도 있다는 생각에 그를 고소하려고 행패를 부린 현장을 낱낱이 사진을 찍어서 증거로 남겼다. 그런데 기도 중 성령께서 그가 마귀에게 속아서 이렇게 한다는 것을 깨닫게 하셔서 그를 긍휼히 여기고 고소를 포기하였다. 이후에도 그는 계속해서 교회에서 행패를 부렸다. 교회는 이 문제를 두고 더욱 하나님께 매달렸다. 얼마 후 그는 다른 교회로 옮겼다.

사실 교회 안에서 돈 문제로 어려움을 겪는 성도들이 부지기수다. 전도를 하다 보면 돈 문제로 시험에 들어 교회를 떠났거나 심지어 신앙생활을 하지 않는 자들을 어렵지 않게 만날 수 있다.

얼마 전, 강남의 대형교회에서 아주 충격적인 사건이 일어났다. 신 씨는 2016년 1월부터 2021년 7월까지 교인들에게 고수익을 보증한다며 567억 원이라는 거액의 투자금을 받았다. 그가 이렇게 한 교회에서 거액의 투자금을 받을 수 있었던 데는 나름대로 이유가 있었다. 첫째로, 교회 집사로 활동하며 매일 새벽기도에 참석하고 각종 봉사단체와 장애인단체에 후원과 봉사를 하며 교인들의 신망을 얻었기 때문이다. 둘째로, 강남의 유명 주상복합아파트에 살면서 외제 차를 몰고 명품을 구입하는 등 호화로운 생활을 지속하며 재력이 있는 것처럼 과시하므로 교인들의 부러움을 샀기 때문이다. 셋째로, 투자 초기엔 약속한 날에 고액 이자를 정상적으로 지급해 피해자들의 신뢰를 얻었고 피해자들이 다시 원금과 이자를 재투자하도록 유도하는 방식을 사용했기 때문이다. 이는 사기꾼들이 사용하는 전형적인 수법이다.

이 자리를 빌어 독자들에게 신신당부한다. 교회 안에서는 절대 돈거래를 하지 말아야 한다. 교회는 돈이 구원자가 아니라 오직 예수님이 구원자이심을 경험하도록 하는 곳이다(행 5:42). 혹 물질적으로 도움을 청하는 사람이 있다면 상대방이 갚지 않아도 될 범위 안에서 그냥 주면 된다.

"누구든지 하나님을 사랑하노라 하고 그 형제를 미워하면 이는 거짓말하는 자니 보는 바 그 형제를 사랑하지 아니하는 자는 보지 못하는 바 하나님을 사랑할 수 없느니라"(요일 4:20).

갈멜산기도원에서 목회자로 부르심을 받다

1979년 여름방학을 맞이하여 고시 공부를 할 장소를 물색하고 있었다. 평소 친분이 있었던 갈멜산기도원 원장님과 이야기하던 중 조용한 농촌 마을의 민가를 추천받을 수 있었다. 그곳은 갈멜산기도원과 가까운 거리에 있었다. 내가 섬기던 교회의 담임 목사님이 교회에서 20일을 금식하시고 갈멜산기도원에서 20일을 금식하셨기 때문에 그곳에 여러 번 방문한 적이 있었다.

당시 나는 예수님을 믿은 지 2년밖에 되지 않았지만, 갈멜산이라는 지명이 성경에 등장하는 것을 익히 알고 있기에 왜 기도원의 이름을 굳이 성경에서 가져왔는지를 알고 싶었다. 그래서 이를 기도원 원장님에게 여쭈었더니 이렇게 대답했다.

"엘리야가 갈멜산에서 바알의 선지자 사백오십 명과 아세라의 선지자 사백 명과 싸워서 승리했듯이 이곳에 와서 기도하는 자마다 영적으로 승리를 얻기를 바라는 마음에서 갈멜산기도원이라고 지었어요."

당시 그곳으로 공부하러 간 자들은 나를 포함하여 다섯 명인데 모두 같은 대학교 법학과와 행정학과에 재학하고 있었다. 그들 중 한 명을 제외하고는 모두 나와 같은 교회에 다니고 있었다. 내가 그들을 갈멜산기도원 근처에 있는 농가로 인도한 것은, 기도원 근처에서 공부하면 영적으로도 크게 도움을 받을 수 있다는 생각이 작용했기 때문이었다. 근주자적(近朱者赤), 근묵자흑(近墨者黑)이라는 사자성어도 있지 아니한가?

그들 중에는 이미 행정고시에 붙은 이도 있었다. 그는 최연소 차관을 지냈고 문재인 대통령 재임 시 문체부 장관을 지낸 박양우다. 그가 행정고시에 합격했음에도 그곳까지 함께 공부하러 간 것은 아직 합격하지 못한 친구들을 위로하고 격려하기 위해서였다. 다른 사람 같으면 교만한 마음을 품었을 텐데 그는 겸손한 마음으로 우리를 섬겼다.

그의 섬김이 빛을 발휘했는지는 몰라도 그곳에서 함께 공부한 자들 가운데 세 명이나 고시에 합격했다. 그중에 두 명이나 장관이 나왔다. 박양우는 문체부 장관을 지냈고, 이기권은 고용노동부 장관을 지냈고, 다른 한 명은 정성훈인데 체신부(현 정보통신부)에 근무하다가 의료선교사가 되려고 한의사가 되었고 명의가 되었다. 그런데 정성훈은 2007년에 폐암으로 먼저 천국에 입성했다. 그 친구는 믿음도 순전하고 심성이 착한데, 왜 하나님께서 젊은 나이에 데려가셨는지 아직도 이해가 되지 않는다.

박양우 전 장관은 햇불트리니티 신학대학원을 졸업하고 2023년 4월에 목사 안수를 받은 후 내가 시무하는 더처치에서 공동 담임 목사로 사역하고 있다. 주중에는 광주비엔날레 대표이사로 일하고, 내가 해외 사역으로 교회를 비우면 주로 주일 낮 예배 설교를 감당한다. 그리고 때로는 해외에서 함께 사역하기도 한다.

우리가 빌린 곳은 고시 공부하기에 적합한 장소는 아니었다. 낮에는 더위가 찌는 듯했고 밤에는 모기가 물어서 공부에 집중하기 힘들었다. 하루는 밤인데도 너무 덥고 모기가 무는 바람에 공부가 잘되지 않아 홀로 밖으로 나왔다. 때마침 갈멜산기도원에서 찬양 소리가 들려왔다. 가보니 외부에서 강사가 오셔서 말씀을 전하고 있었다.

집회를 마치고 각자 기도하는 시간이었다. 기도하던 중 갑자기 '앞에서 기도하는 사람이 나를 위해 기도해 주면 좋을 텐데' 하는 생각이 들어서 이렇게 기도했다.

"주님, 주님의 뜻이라면 앞에 있는 사람이 기도하다 말고 제게 와서 기도하게 해 주세요."

놀랍게도 이 기도를 마치기 무섭게 앞에서 기도하던 사람이 내게 오더니 이렇게 기도했다.

"장차 주의 종이 되어 많은 일을 하게 될 테니 순종하라."

나는 귀를 의심하지 않을 수 없었다. 다른 사람에 비해 신앙생활을 열심히 하는 편이었지만, 당시만 해도 정치적 야망이 불타오르고 있었기 때문에 목회자가 될 생각을 전혀 하지 않았다. 당시 다음과 같은 계획을 책상 위에 적어놓고 날마다 기도하고 있었다.

'27세까지 사법고시를 패스하여 33세까지 검사를 하다가 34세에 변호사 개업을 하여 돈을 벌고 40세에 서대문구(지금은 은평구로 바뀜) 국회의원에 출마한다.'

그리고 변호사 개업을 통하여 돈을 많이 벌면 담임 목사님 사택을 지어드리고 끝까지 모실 생각을 하고 있었다. 따라서 장차 주의 종이 되라는 말을 듣고서 당황하지 않을 수 없었다. 혹시 그분이 성령의 음성을 잘못 전달할 수도 있다는 생각이 들어 당시 신령하기로 소문난 예언 사역자들을 만나 상담을 받았지만, 그들 역시 같았다.

주의 종으로 부르심을 받고 한편으로는 기뻤지만, 다른 한편으로는 걱정이 앞섰다. 왜냐하면 과거 진로를 바꾼 일로 집에서 강한 반대에 부딪힌 경험이 떠올랐기 때문이다. 앞서 밝혔듯이 나는 대학에 들어가기 전 D상고를 나와 직장을 다니고 있었다. 당시 국내에서 고등학교 출신으로는 가장 많이 월급을 받고 있었기에 이를 그만두고 사법고시를 치려고 대학에 진학한다고 하자 집에서는 펄쩍 뛰며 반대했다. 그런데 이번에는 사법고시를 준비하다가 갑자기 목회자의 길로 들어간다고 하면 더욱 반대가 거셀 것이 불을 보듯이 뻔하였기 때문이다.

그러나 주님께서 부족한 자를 하나님의 종으로 부르셨기에 사법고시를 포기하고 신학교로 가기로 마음을 굳게 먹었다. 나중에 깨달은 사실은, 나를 주의 종으로 부르시기 위해 하나님께서 갈멜산기도원 근처에 공부하러 가게 하시고 공부에 집중이 되지 않게 하여 기도원 집회에 참석하게 하셨던 것이다. 이는 마치 하나님께서 모세를 하나님의 산 호렙으로 인도하신 것과 흡사하다. 겉으로는 모세가 양을 치던 중 우연히 그곳으로 간 것 같지만 실제로는 하나님께서 그를 종으로 부르시기 위해 그곳으로 인도하신 것이다.

잠언 기자와 예레미야 선지자는 각각 이렇게 말한다.

"사람이 마음으로 자기의 길을 계획할지라도 그의 걸음을 인도하시는 이는 여호와시니라"(잠 16:9, 참조 잠 20:24).

"여호와여 내가 알거니와 사람의 길이 자신에게 있지 아니하니 걸음을 지도함이 걷는 자에게 있지 아니하니이다"(렘 10:23).

40일 금식에 실패하다

　대학 졸업식을 앞두고 장기 금식을 하기 위하여 경기도 동두천에 있는 밀알기도원으로 향했다. 도착하자마자 곧바로 40일 금식에 돌입했다. 그 이유는 앞서 갈멜산기도원에서 주의 종으로 소명을 받았기에 이를 다시 한번 확인하고 장차 주의 종이 되어 사역하려면 성령의 능력을 받아야 하기 때문이다. 당시 우선순위에 두고 기도한 제목은 다음과 같았다.
　"조용기 목사님처럼 성령의 능력을 받아 세계적인 종이 되게 하소서."

　그런데 전혀 뜻밖의 일이 벌어졌다. 금식기도를 시작한 지 15일이 되었지만 이를 위한 기도는 한 번도 입밖으로 나오지 않았다. 의도적으로 하려고 해도 할 수 없었다. 계속해서 회개만 하게 하셨다. 이때 나는 성령의 능력을 받으려고 해도 동기가 바르지 않으면 하나님께서 기뻐하시지 않는다는 것을 깨달았다.

하나님께서는 우리의 내면적인 동기를 너무 잘 아신다. 겉으로는 주님의 일을 위해 성령의 능력을 구하지만, 속으로는 사역을 잘해서 자신의 이름을 드러내고 싶어 하는 욕망이 있는 것을 아시고 이를 구하지 못하게 하신 것이다.

야고보 사도는 이렇게 말한다.

"너희는 욕심을 내어도 얻지 못하여 살인하며 시기하여도 능히 취하지 못하므로 다투고 싸우는도다 너희가 얻지 못함은 구하지 아니하기 때문이요 구하여도 받지 못함은 정욕으로 쓰려고 잘못 구하기 때문이라"(약 4:2-3).

내가 정욕으로 잘못 기도한 것을 깨닫자, 성령께서 과거에 생각과 말과 행동으로 범한 죄를 하나하나 떠올리며 회개하게 하셨다. 먼저 담임목사님과 사모님을 비판한 것을 회개하게 하셨다. 내가 담임목사 내외분을 잘 섬기려고 노력했지만 정죄하고 비판한 데는 나름대로 이유가 있었다.

신앙생활을 한 지 얼마 안 된 초신자가 등굣길에도 새벽마다 부르짖어 기도하는데 담임목사님은 설교를 마치고 강단에서 기도하시다가 얼마 지나지 않아 코를 골며 주무셨고 사모님은 사택이 코앞에 있는데도 몸이 아프다고 새벽기도조차 나오시지 않았기 때문이다.

그런데 하나님께서 이를 비판한 나를 철저히 회개하게 하신 것을 통하여 매우 중요한 사실을 깨달았다.

하나는, 주의 종을 함부로 판단하지 않아야 한다는 것이다. 사람은 누구나 하나님의 심판을 받아야 할 대상자이지 심판자가 아니다.

"네가 어찌하여 네 형제를 비판하느냐 어찌하여 네 형제를 업신여기
느냐 우리가 다 하나님의 심판대 앞에 서리라"(롬 14:10).

심판자는 오직 하나님 한 분이시다. 당시만 해도 이런 사실을 제대로 알지 못했다. 그 후로 목회자를 비판하지 않으려고 노력하는 과정에서 실제로 그렇게 하는 방법을 터득했다. 한마디로 목회자를 믿음의 대상이 아니라 사랑의 대상으로 보는 것이다. 목회자를 사랑의 대상으로 생각하면 혹 부족한 것이 보여도 이를 드러내지 않고 덮게 된다(잠 10:12). 반면에 목회자를 믿음의 대상으로 생각하면 기대에 미치지 않는 행동을 보면 드러내고 비판한다.

다른 하나는, 다른 사람보다 열심히 신앙생활을 할지라도 교만하지 말아야 한다는 것이다. 내가 담임목사님 내외분을 비판하고 정죄한 것은 자신도 모르게 신앙생활을 열심히 한다는 이유로 마음이 교만해져 있었기 때문이다. 이런저런 이유로 다른 사람을 정죄하고 비판하고 있다면 마음이 교만하다는 증거다.

나의 잘못된 기도를 깨닫고 철저히 회개하자 그 후로는 하고 싶은 기도를 마음대로 할 수 있었다. 기도가 잘 되기 시작한 지 얼마 되지 않아 기도원에 들어오기 전에 해군 학사장교 시험을 보고 왔는데 이에 합격했다는 통지서를 받았다. 너무 기뻤다. 왜냐하면 일반 사병으로 가지 않고 장교로 가면 크게 세 가지 유익이 있었기 때문이었다. 첫째로, 나이 차이가 많은 문제를 해결할 수 있었기 때문이다. 둘째로, 리더십을 훈련받을 수 있었기 때문이다. 셋째로, 월급을 받으므로 제대 후 입학할 신학대학원의 등록금을 해결할 수 있었기 때문이다.

그러나 기쁨은 잠시뿐 큰 시험에 직면하게 되었다. 당시 해군 장교로 입대하는 날은 5월 9일이었다. 그런데 금식을 1월 11일부터 했

기 때문에 40일 금식은 2월 20일에 마치게 된다. 그리고 금식 후 보호식을 하는 데만 한 달 이상 걸리고 훈련받을 정도로 건강한 몸을 만들려면 두 달은 잡아야 한다. 따라서 40일 금식을 끝까지 하면 군에 입대하여 훈련받는 것은 무리라는 판단이 들었다.

둘 중 하나를 선택해야만 했다. 끝까지 40일 금식을 하든지, 아니면 중간에 그만두든지…. 며칠 동안 기도하던 중 30일만 하기로 결정했다. 그런데 금식을 그만둔 지 얼마 되지 않아 해군본부로부터 시력이 좋지 않다는 이유로 불합격되었다는 통지서를 받았다. 그런데 시력은 1차 필기시험을 볼 때 체력 검사도 함께했기에 이를 이유로 최종적으로 불합격 판정을 내린 것은 정말 이해가 되지 않았다. 결국 해군 장교로 입대도 하지 못했고 40일 금식도 승리하지 못하게 되었다.

처음에는 몹시 당황했다. 기도하면 주님의 음성을 듣는 분들에게 기도를 부탁했지만, 아무런 답도 듣지 못했다. 얼마 지나지 않아 이 문제를 가지고 기도할 때 성령께서 '데겔'이라는 글자를 보여주셨다. 이는 다니엘서 5장 27절에 나온다.

"데겔은 왕을 저울에 달아 보니 부족함이 보였다 함이요."

이를 보는 순간 나의 믿음이 하나님의 저울에 달아보니 미달이 되었다는 생각이 들었다. 사실 하나님께서는 해군 장교 시험에 대한 최종 결과를 알고 계셨기에 40일 금식을 하게 하신 것이다. 따라서 해군 장교 합격통지서를 받았어도 괘념치 말고 끝까지 금식을 했어야 했다. 하나님의 시험에 불합격했다는 생각이 들자 너무 마음이 아팠다. 겉으로 보기에는 믿음이 좋은 것같이 보였지만 하나님께서 보실 때는 전혀 그렇지 않았던 것이다.

나는 이 사건을 계기로 사무엘상 16장 7절을 금과옥조로 여기고 있다.

"여호와께서 사무엘에게 이르시되 그의 용모와 키를 보지 말라 내가 이미 그를 버렸노라 내가 보는 것은 사람과 같지 아니하니 사람은 외모를 보거니와 나 여호와는 중심을 보느니라 하시더라."

비록 40일 금식에는 실패했지만, 하나님께서는 나에게 이런저런 은혜를 베풀어주셨다.

첫째로, 금식 중 하나님께서 함께하심을 색다르게 경험하게 하셨다. 금식 후 15일이 지나자, 3일 간격으로 꿈속에서 밥상을 차려주셨다. 신기하게 꿈속에서 밥상에 차려진 음식을 먹고 나면 다리와 배에 힘이 생겨서 전혀 힘들지 않았다. 그래서 금식 중에도 날마다 7-8시간 동안 기도하고, 6-7시간 동안 성경을 읽을 수 있었다.

둘째로, 30일 중 20일이나 함께 금식한 분이 있었다. 그분은 나를 예수께로 인도하신 김대기 장로님의 아내인 이영란 권사님이다. 당시 자녀가 다섯이었고 그중에 두 살 된 젖먹이가 있었음에도 이를 떼어놓고 강릉에서 동두천까지 오셔서 나의 금식에 동참하셨다. 그리스도의 사랑 말고는 설명이 불가하다. 얼마 전 강릉에 가서 이영란 권사님과 대화하던 중 당시 금식에 함께한 경위를 여쭈었더니 이렇게 대답하였다.

"당시 20일간 목사님과 함께 금식한다는 것은 인간의 생각으로는 도저히 불가능했어요. 제 건강도 좋지 않았고 어린 자녀들이 있는데 어떻게 20일 동안 집을 비울 수 있겠어요. 단지 성령께서 그렇게 하라고 강력하게 말씀하셨기에 그대로 순종했을 뿐이었죠!"

그리고 이런 말을 덧붙였다.

"20일 금식 전에는 건강이 매우 약했는데, 안 목사님의 금식에 동참하라는 명령에 순종한 후 건강을 완전히 회복시켜 주셨어요."

셋째로, 금식하는 동안 수많은 사람이 찾아와서 격려해 주고 기도와 물질로 섬겨주었다. 심지어 물질과 함께 목욕까지 시켜준 사람도 있었다. 그는 다름 아닌 박양우 목사(전 문체부 장관)다. 이런 사실을 새까맣게 잊고 있었는데 얼마 전, 당시 금식하면서 기록한 일기를 읽던 중 그가 두 번이나 목욕을 시켜준 것을 발견했다. 하나님께서 그와의 인연을 45년 이상 이어오게 하시고 한 교회에서 공동 담임목사로 'D3사역'에 동역하도록 섭리하신 것을 생각하면 놀랍기 그지없다.

믿음으로 기도하면 모두 응답을 받는다?

고(故) 이천석 목사님이 한참 사역하실 때 한얼산기도원을 자주 찾았다. 당시 많은 사람들이 한얼산기도원을 찾은 것은 집회에 참석하여 간절히 기도하면 방언의 은사를 받았기 때문이다. 한때 이런 소문이 나돌았다. "한얼산기도원에 가면 개들도 방언을 받는다." 그러나 나는 거듭남과 동시에 성령의 각종 은사를 받았기에 그런 이유로 찾은 것은 아니다. 주님과 더욱 깊은 교제를 하기 위해서 그곳을 찾아갔다.

그래서 집회 시간 외에는 성경을 읽고 기도하는 데 힘을 쏟았다. 어느 날 기도를 마치고 복음서를 읽을 때 크게 부딪힌 말씀이 있다.

"너희가 기도할 때에 무엇이든지 믿고 구하는 것은 다 받으리라 하시니라"(마 21:22).

"그러므로 내가 너희에게 말하노니 무엇이든지 기도하고 구하는 것은 받은 줄로 믿으라 그리하면 너희에게 그대로 되리라"(막 11:24).

당시도 지금처럼 시력이 좋지 않아 안경을 쓰고 있었다. 안경을 쓰는 사람은 누구나 경험하는 것이지만 겨울철에 안경알이 뿌옇게 되어 시야를 제대로 확보하지 못하는 것이 보통 불편한 일이 아니다. 그런데 마태와 마가복음을 읽으면서 두 구절이 크게 와닿으며 기도하면 시력을 회복하고 안경을 벗어 던질 수 있다는 믿음이 생겼다.

당시 눈이 많이 와서 한얼산기도원은 눈으로 덮여 있었다. 눈이 발목까지 올라왔지만, 산 정상까지 올라가서 간절히 기도했다. "하나님, 약속의 말씀에 의지하여 안경을 벗어 던지오니 시력을 회복시켜 주시고 다시는 안경을 끼지 않게 하소서."

그리고 믿음으로 안경을 벗어서 산 아래로 던졌다. 그러나 아무런 일도 일어나지 않았다. 시력이 그대로였다. 즉시 문제가 발생했다. 앞이 잘 보이지 않아 걷기조차 힘들었다. 기도원까지 돌아가려면 적어도 30분은 걸어야 하는데, 게다가 안경을 쓰지 않고 눈이 덮인 산을 내려가려고 하니 앞이 캄캄했다. 그래서 안경을 찾으려고 눈 속을 다 뒤졌지만, 도저히 찾을 수 없었다. 하는 수 없이 그냥 하산을 결정했다. 산 정상에서 기도원까지 돌아오는데 30분이면 되는 거리를 수차례나 넘어지고 엉금엉금 기다시피 내려왔기에 한 시간 이상 걸렸다.

기도원에 도착하여 본당에 엎드려 주님께 여쭸다. "주님, 제게 부딪힌 말씀을 붙잡고 믿음으로 안경을 벗어 던졌는데, 왜 시력을 회복시켜 주시지 않으셨나요?" 기도하던 중 하나님의 말씀이 떠올랐다.

"구하여도 받지 못함은 정욕으로 쓰려고 잘못 구하기 때문이라"(약 4:3).

그렇다. 기도의 응답을 받기 위해서는 믿음으로 구할 뿐 아니라 하나님의 뜻대로 구해야 한다. 아무리 열심히 기도해도 정욕으로 구하면 결코 응답받을 수 없다. 종종 정욕의 기도가 믿음의 기도인 것처럼 위장한다. 겉으로는 믿음으로 기도하는 것 같지만, 실제로는 믿음으로 포장한 욕심으로 기도하는 경우가 비일비재하다. 따라서 믿음으로 구하기 전에 욕심으로 구하고 있는지, 하나님의 뜻대로 구하고 있는지를 점검해야 한다.

신대원 1학년 때였다. 2년 선배 중에 자태는 곱고 단아한데 다리를 크게 저는 여자 전도사님이 있었다. 그를 볼 때마다 마음이 편치 않았다. 어느 날 그녀를 위해 간절히 기도하면 고침을 받는 기적이 일어난다는 확신이 들었다. 그런데 한편으로는 이미 안경 사건으로 낭패를 본 경험이 있고 혹 다리가 낫지 않으면 다시는 전도사님의 얼굴을 볼 수 없다는 생각이 들어서 차일피일 미루며 기회를 엿보고 있었다.

하루는 녹음 테이프로 고(故) 이천석 목사님(한얼산기도원 원장)이 다리를 저는 분을 기도하여 고친 간증을 듣고서 용기를 내어 그를 찾아가서 이렇게 말했다. "이 전도사님, 제가 예수의 이름으로 전도사님을 위해 기도하겠습니다. 믿음으로 저와 함께 기도하면 고침을 받을 것입니다." 그러자 그는 흔쾌히 받아들이고 함께 기도하기로 했다.

먼저 "할 수 있거든이 무슨 말이냐 믿는 자에게는 능히 하지 못할 일이 없느니라"(막 9:23)고 외친 후, 방언 기도와 함께 한동안 간절히 기도했다. 목이 쉴 정도로 부르짖고 또 부르짖었다. 그러나 아무런 일도 일어나지 않았다. 그녀가 받았을 상처를 생각하니 쥐구멍이라도 있으면 들어가고 싶었다. 너무 미안하고 죄송스러운 마음이 들었다.

서로 헤어진 후 홀로 주님께 나아가 물었다. "주님, 지난번 한얼산 기도원에서 안경을 벗어 던진 것같이, 제가 이분이 고침을 받기 위해 기도한 것도 주님의 뜻이 아니고 저의 욕심이었습니까?"

주님께서 이에 대해 아무 말씀도 하시지 않아 이 사건은 오랫동안 나에게 숙제로 남아 있었다. 얼마 전, 그 전도사님의 저서인 《토기장이가 빚으신 간장종지》(토기장이, 2021)를 통해서 답을 찾았다. 그녀는 하나님께서 자신과 비슷한 처지에 놓인 자들을 섬기게 하시기 위해 20대 중반에 선천성 뇌혈관 기형으로 장애 2급의 반신불수를 허락하셨다고 말한다. 그리고 하나님께서 자신을 간장종지로 사용하시므로 하나님께 감사와 영광을 돌린다고 말한다.

간장종지는 간장을 조금씩 덜어 담아 식탁에 올려놓는 작은 그릇으로 그릇 중에 크게 주목을 받지 못하는 그릇이다. 그러나 음식의 간을 맞추는 데는 없어서는 안 된다. 그녀는 세상에 짠맛을 내는 간장을 담는 간장종지로 하나님께 귀하게 쓰임을 받고 있다.

그러나 나는 그녀의 장애에 대한 하나님의 계획을 모르고 믿음으로 기도하면 고쳐주신다는 말씀만 앞세워 일종의 기도 난동(?)을 부렸던 것이다. 믿음의 기도도 중요하지만, 그보다 더 중요한 것은 하나님의 뜻대로 구하는 것이다.

"그를 향하여 우리가 가진 바 담대함이 이것이니 그의 뜻대로 무엇을 구하면 들으심이라"(요일 5:14).

산 기도냐, 예배당 기도냐?

나는 거듭난 후 교회에서 매일 새벽기도와 매주 금요 철야기도를 하는 것은 물론, 여건이 허락하는 대로 집 앞에 있는 산이나 삼각산이나 청계산에 올라가서 기도했다. 때로는 낮에도 올라가서 기도하고, 저녁에도 올라가서 기도하고, 늦은 밤에도 올라가서 기도했다. 혹자는 산에 올라가서 기도하는 것을 곱지 않은 시선으로 바라보며 이렇게 말한다.

"예수께서도 '내 집은 만민이 기도하는 집이라 칭함을 받으리라고 하지 아니하였느냐'(막 11:17)라고 하셨는데 교회에서 기도하면 되지 굳이 산에 올라가서 하려고 하느냐?"

예수께서 이렇게 말씀하신 것은 이사야 선지자가 예언한 것을 인용하신 것이다. 그런데 예수께서 이를 말씀하신 것은 기도를 성전에서만 해야 한다는 뜻으로 말씀하신 것이 아니다. 당시 성전에서 기도 소리가 크게 나지 않고 장사꾼과 환전상들의 소리가 더 컸고, 부당한 거래로 성전이 더럽혀졌기 때문에 이를 질타하는 과정에서 말씀하신 것이다.

사복음서를 자세히 읽어보라. 과연 예수께서 성전에서 기도하신 것을 단 한 번이라도 찾아볼 수 있는가? 성경은 곳곳에서 예수께서 주로 산에 올라가셔서 기도하셨다고 말씀한다.

"무리를 보내신 후에 기도하러 따로 산에 올라가시니라 저물매 거기 혼자 계시더니"(마 14:23).

"무리를 작별하신 후에 기도하러 산으로 가시니라"(막 6:46, 참조 요 6:15).

"그들이 겟세마네라는 하는 곳에 이르매 예수께서 제자들에게 이르시되 내가 기도할 동안에 너희는 여기 앉아 있으라 하시고"(막 14:32, 참조 요 18:1).

"이때에 예수께서 기도하시러 산으로 가사 밤이 새도록 하나님께 기도하시고"(눅 6:12).

"예수께서 낮에는 성전에서 가르치시고 밤에는 나가 감람원이라 하는 산에서 쉬시니"(눅 21:37).

"예수께서 나가사 습관을 따라 감람산에 가시매 제자들도 따라갔더니 그곳에 이르러 그들에게 이르시되 유혹에 빠지지 않게 기도하라 하시고 그들을 떠나 돌 던질 만큼 가서 무릎을 꿇고 기도하여"(눅 22:39-41).

내가 주로 예배당 안에서 기도하지만 때로는 밤낮으로 산에 올라가서 기도한 것은, 예수께서도 그렇게 하셨기 때문이다. 즉 예수님의 기도를 본받기 위해서다. 예수께서는 우리의 삶과 신앙과 사역의 모델이시므로 예수님처럼 종종 산에서 기도하는 것은, 칭찬받아 마땅한 일이지 결코 비난받을 일이 아니라고 생각한다. 물론 법적으로 금지된 산에서는 기도하지 말아야 한다.

하루는 예수께서 "내 집은 만민이 기도하는 집이라 칭함을 받으리라"고 말씀하셨는데 왜 실제로 성전에서는 기도하시지 않고 주로 산에서 기도하셨는지가 궁금했다. 나는 그 이유를 세 가지로 생각해 보았다.

첫째로, 당시 따르는 무리가 많아 특정한 장소에서 기도하시는 것이 쉽지 않았기 때문이다. 만일 예수께서 성전에서 기도하신다는 것을 알면 성전은 항상 인산인해를 이루었을 것이고 제대로 기도하지 못하셨을 것이다.

둘째로, 하나님께만 집중하여 친밀히 교제하고 싶으셨기 때문이다. 이는 예수께서 산에서 기도하실 때 주로 홀로 기도하신 것을 통해 알 수 있다. 심지어 예수께서는 겟세마네 동산에서 기도하실 때 베드로와 야고보와 요한과도 일정한 거리를 두고 홀로 기도하셨다 (마 26:36-39, 참조 막 14:32 -35; 눅 22:39-43).

셋째로, 기도는 성전에서만 하는 것이 아니라는 것을 암묵적으로 가르쳐 주시기 위해서다. 예수께서는 곧 예루살렘 성전이 무너질 것을 알고 계셨다. 따라서 그들이 어느 곳에서나 기도할 수 있다는 것을 미리 가르쳐 주실 필요가 있었다. 제자들이 마가의 다락방에서 기도하던 중 오순절에 성령의 충만을 받을 수 있었던 것은, 바로 성전 이외의 곳에서도 기도할 수 있다는 것을 배웠기 때문이다.

이는 마치 초대교회 사도들이 성전이 무너질 것에 대비하여 사도들이 성전과 마찬가지로 집에서도 예수는 그리스도라고 가르치고 전도하기를 그치지 않았던 것과 흡사하다(행 5:42). 그로 인해 어떻게 되었는가? AD 70년 예루살렘 성전이 파괴되어 예배할 장소가 사라지고, 250년 동안 대박해를 겪었어도 가정교회를 통하여 교회가 계속해서 성장해 갈 수 있었다.

산 기도와 관련하여 좀 더 생각할 것이 있다. 바울처럼 예수 그리스도를 본받는 일에 최선을 다한 사람은 없다. 그런데 성경에서 바울이 예수님처럼 산에서 기도했다는 흔적은 찾아볼 수 없다. 이를 어떻게 이해해야 하는가? 이는 바울과 예수님이 처한 상황이 각각 달랐기 때문이라고 본다.

첫째로, 예수께서는 한 곳에 오랫동안 머무신 데 반해 바울은 한 곳에 오랫동안 머물지 않았기 때문이다. 예수께서 공생애 동안 주로 거하신 곳은 갈릴리고 다음은 예루살렘이다. 반면에 바울은 수십 년 동안 사역하는 동안 에베소와 고린도를 제외하고 교회를 세우고, 곧 다른 지역으로 옮겨갔기 때문에 한 곳에 오랫동안 머물지 않았다. 따라서 특정한 산에 올라가서 기도할 생각을 하지 못했을 것이다.

둘째로, 예수께서 거주하신 곳은 기도하기에 적합한 산이 가까이 있었기 때문이고, 반면에 바울이 거주한 곳은 기도하기에 적합한 산이 가까이에 없었기 때문이다. 즉 예수께서 갈릴리나 예루살렘에서 종종 산에서 기도하신 것은 접근성이 좋은 산이 근처에 있었기 때문이지만, 반면에 바울이 에베소와 고린도에 오랫동안 머물렀어도 산에서 기도한 흔적을 찾아볼 수 없는 것은 접근성이 좋은 산이 근처에 없었기 때문이다.

하나님께서는 영이시므로 어디서나 기도할 수 있다. 따라서 교회에서만 기도해야 한다고 생각하지 말아야 한다. 또한 예수께서 주로 산에서 기도하셨다고 산에서만 해야 한다고 주장해서도 안 된다. 성령의 인도하심을 따라 상황에 맞게 아무 곳에서나 기도하면 된다.

매일 세 번 기도

나는 하루 세 번 기도의 중요성을 깨달은 후 십수 년 동안 날마다 새벽에 두 시간, 낮에 한 시간, 밤에 두 시간씩 기도하려고 몸부림을 쳤다. 요즘도 이전과 같이 하루 세 번 기도하지만, 이전보다는 기도 시간이 많이 줄었기에 마음 아파하며 다양한 방법으로 회복하려고 안간힘을 쓰고 있다.

믿음의 사람들은 하루 세 번 기도를 그들의 습관으로 삼았다. 하루 세 번 기도의 대명사는 다니엘이다.

> "그들이 왕 앞에서 말하여 이르되 왕이여 사로잡혀 온 유다 자손 중에 다니엘이 왕과 왕의 도장이 찍힌 금령을 존중하지 아니하고 하루 세 번씩 기도하나이다 하니"(단 6:13).

다니엘이 바벨론에 잡혀 온 포로 출신임에도 불구하고 총리 셋 중 하나가 되자 메데 고관들이 그를 시기하여 왕 외의 어떤 신에게

나 사람에게 무엇을 구하는 것을 금지하는 법을 만들고 이를 어기면 사자 굴에 던져 넣도록 하였다. 그 법의 시효기간은 단 30일이었다. 다니엘이 이 기간에만 기도하지 않으면 아무런 어려움을 당하지 않을 수 있었다.

그런데 그가 이런 사실을 잘 알고 있으면서도 전에 하던 대로 예루살렘을 향하여 창문을 열고 무릎을 꿇고 기도했다. 그가 그렇게 할 수 있었던 이유는 무엇인가? 평소 하루 세 번 기도하는 습관을 갖고 있었기 때문이다. 기도의 습관을 가지면 어떤 상황에서도 기도할 수 있다.

다윗도 하루 세 번 기도하는 습관을 갖고 있었다.

"저녁과 아침과 정오에 내가 근심하여 탄식하리니 여호와께서 내 소리를 들으시리로다"(시 55:17).

다윗은 인생의 고난과 역경 가운데서도 아침과 정오와 저녁에 하나님 여호와께 기도했다. 그는 원수의 압제 가운데서 기도했고(시 55:3), 동료와 친구에게 배신당했어도 기도했고(시 55:12-13, 20), 대적들의 위협 가운데서도 기도했다(시 55:18). 그가 그렇게 할 수 있었던 것은 하루 세 번 기도하므로 기도가 그의 삶의 습관이 되었기 때문이다. 다윗이 일시적으로 무너졌던 것은, 그의 고난이나 역경이 거세게 몰아쳤기 때문이 아니라 성공 후에 그의 영적 나태함으로 저녁에 기도하지 않고 침상에서 일어나 왕궁 옥상을 거닐었기 때문이다(삼하 11:2). 즉 하루 세 번 기도하던 습관을 지키지 않았기 때문이다.

유대인들은 기본적으로 하루에 세 번을 기도했다. 경건한 자들은 세 번의 공식적인 기도뿐 아니라 두 번을 더하여 하루에 다섯 번을 기도했다. 무슬림들은 하루에 다섯 번, 즉 아침, 낮, 오후, 저녁, 밤에

메카를 향하여 기도한다. 교회사 속에서도 경건한 사람들은 아침, 점심, 저녁의 기도 시간을 정해 놓고 하루 세 번 이상 기도했다.

가톨릭과 성공회도 하루에 세 번, 즉 새벽 6시, 낮 12시, 저녁 6시에 하나님께서 사람이 되신 강생의 신비를 묵상하며 기도하는 전통을 가지고 있다. 종이 울리는 동안 기도를 바친다고 해서 '삼종기도'(三鐘祈禱)라고 불린다.

예수 그리스도의 제자라면 하루 세 번, 즉 새벽, 정오, 저녁 정해진 시간을 따로 떼어 기도하는 것을 자신의 습관으로 삼을 것을 권한다. 크게 두 가지 이유에서다.

첫째로, 하루 세 번이라도 하늘을 바라보지 않으면 땅의 것만 생각하므로 하나님의 자녀답게 살아갈 수 없기 때문이다. 기도는 하나님과의 대화이므로 기도하면 할수록 땅의 것보다는 하늘의 것을 생각하게 된다. 단, 자신의 뜻이 아니라 하나님의 뜻이 이루어지기를 위해 기도할 경우에 한해서다. 기도를 많이 해도 하나님의 뜻보다는 자신의 뜻이 이루어지기를 위해 기도하면 하늘의 것보다 땅의 것을 생각하게 된다.

둘째로, 주님과 자주 소통하지 않으면 결코 하나님의 뜻대로 살아갈 수 없기 때문이다. 우리는 어떤 일을 할 때 먼저 계획을 세운다. 그런데 일을 진행하다 보면 중간에 생각하지 못한 일이 발생하기 때문에 부득불 변경하는 경우가 생기기도 한다. 또한 얼마 남겨두지 않은 상황에서 문제가 발생하여 끝을 맺지 못하는 경우도 있다. 따라서 일을 시작하기 전에만 기도하지 말고 일을 하는 중에도 기도해야 하고 마칠 때까지 기도해야 한다.

하루를 시작할 때만 기도하고 낮과 저녁에 기도하지 않는 것은 마치 축구선수가 경기 전에만 감독의 코칭을 받고 전후반 경기를 모두 자기 마음대로 뛰는 것과 같다. 인생은 마치 삶의 경기와 같기에 하루 종일 하나님과 소통하지 않으면 자기의 뜻대로 행하게 되어 그르치기 쉽다.

우리가 하루 세 번 기도하는 것을 부담스러워하거나 소홀히 한다면 그 이유는 확실하다. 한마디로 주님께 대한 사랑이 식었기 때문이다. 연인들이 하루 종일 데이트하고 헤어진 후에도 여전히 통화하는 이유는 서로 사랑하기 때문이다.

시편 기자는 "주의 의로운 규례들로 말미암아 내가 하루 일곱 번씩 주를 찬양하나이다"(시 119:164)라고 고백하였다. 그가 이렇게 고백한 것은 하나님과 사랑에 빠졌기 때문이다. 주님을 정말 사랑한다면 기도를 하루에 세 번뿐 아니라 그 이상도 하려고 할 것이다.

하루 세 번 기도하는 것은 경건 연습의 최고봉이다. 이를 훈련하여 자신의 습관으로 만들면 금세와 내세의 생명을 약속받는다(딤전 4:7-8). 기도는 단지 이 세상에서 살아갈 동안만 유익한 것이 아니라, 죽어서도 유익한 것이다. 정말 이를 믿는다면 매일 세 번 기도를 자신의 습관으로 삼아야 하지 않겠는가?

하루 세 번 기도한다고 죽일 사람은 아무도 없다. 기도할 마음만 있으면 누구나 하루 세 번 기도할 수 있다. 아니 그 이상도 할 수 있다. 다니엘서 6장 10절에 '다니엘' 대신에 각자 자신의 이름을 넣어 크게 소리치면서 하루 세 번 기도하는 습관을 가질 수 있도록 하나님께 간절히 도움을 청할 것을 권한다.

"다니엘이 이 조서에 왕의 도장이 찍힌 것을 알고도 자기 집에 돌아가서는 윗방에 올라가 예루살렘으로 향한 창문을 열고 전에 하던 대로 하루 세 번씩 무릎을 꿇고 기도하며 그의 하나님께 감사하였더라"(단 6:10).

ACTS 뒷산 기도

침례신학대학원(M.Div.) 과정을 마치고 어느 대학원에 진학해야 할지를 고민하던 중 경기도 양평에 있는 아세아연합신학대학(ACTS)에 입학을 했다. 당시 국내에 많은 대학원이 있었지만, 내가 굳이 그 학교에 들어가려 한 것은 크게 두 가지 이유에서였다.

첫째로, 그 학교에 당시 세계적인 신약 신학자로 알려진 김세윤 박사가 교수로 재직하고 있었기 때문이다. 대부분 목회자는 김세윤 박사를 잘 알지만, 평신도들은 모를 수도 있기에 간단히 그분의 프로필을 소개한다. 서울대를 거쳐 맨체스터에서 철학박사(Ph.D.)와 독일 튀빙겐대 등에서 신학을 공부하고, 수차례 튀빙겐대 훔볼트 학자로 연구했다. 총신대 신대원을 거쳐 미국 풀러 신학대학원에서 25년간 가르치다 은퇴했다. 대표적인 저서로는 《바울 복음의 기원》, 《그 사람의 아들 하나님의 아들》, 《구원이란 무엇인가》, 《복음이란 무엇인가》 등이 있다.

당시 김세윤 박사의 강의를 들으면서 상당한 신학 지식을 갖게 되었고 학문을 연구하는 틀을 갖추는 데 크게 도움을 받았다. 그의 강의는 정말 탁월했다. 지금까지도 그분을 능가하는 신학 강의는 들어보지 못했다. 지금도 그분의 강의 중에 기억에 생생하게 남는 것이 있다.

"부활이란 예수께서 행하신 모든 말과 행위가 옳았다는 것을 증명한 것이다."

이 말을 듣는 순간 가슴이 뛰기 시작했다. 왜냐하면 부활을 기존과 전혀 다르게 정의하였기 때문이다. 일반적으로 부활은 죽었던 자가 다시 살아난 것으로 알고 있다. 그러나 김세윤 박사는 부활을 예수께서 하신 말과 행위가 모두 옳았다는 것을 증명한 사건으로 정의한 것이다.

예수께서 하신 모든 말과 행위는 어디를 향하는가? 복음이다. 즉 예수께서 우리의 죄를 사하기 위해 대신 죽으시고 부활하셨다는 것이다. 따라서 김세윤 박사의 부활에 대한 새로운 정의를 복음을 변증하는 데 사용하기로 마음을 먹었다.

그리스도인이라면 누구든지 예수께서 자신의 죄를 대속하시기 위해 십자가에 죽으시고 부활하신 사실을 믿고 구원받았다고 확신한다. 그런데 사람들에게 예수께서 십자가에 못 박혀 죽으신 것이 그분 자신의 죄 때문인지 아니면 우리의 죄 때문인지 확인하고 믿었느냐고 질문하면 이에 대답하는 자는 거의 없다. 묵묵부답(默默不答)이다.

그러면 나는 다음과 같이 질문한다. "예수께서 십자가에 못 박혀 죽으시기 전에 이렇게 말씀하셨습니다. '나는 너희들의 죄를 사하기 위해서 십자가에 못 박혀 죽는다. 그러나 삼 일 만에 다시 살아날 것이다.' 그런데 만일 예수께서 말씀하신 대로 살아나시지 않았다면 누구의 죄 때문에 돌아가신 것입니까?" 그러면 사람들은 모두 "예수님 자신의 죄 때문이다"라고 답을 한다.

답을 하자마자 곧바로 이렇게 질문한다. "예수께서 말씀하신 대로 살아나셨다면 예수님은 누구의 죄 때문에 죽으신 것입니까?" 그러면 사람들은 한결같이 "우리의 죄 때문이다"라고 답한다. 그러면 곧바로 이렇게 말한다. "따라서 예수께서 우리의 죄를 대신하여 십자가에 못 박혀 죽으시고 부활하신 것을 믿으면 죄 사함을 받는 것입니다. 그래서 바울은 고린도전서 15장에서 '그리스도께서 다시 살아나신 일이 없으면 너희의 믿음도 헛되고 너희가 여전히 죄 가운데 있을 것이요'(고전 15:17)라고 말한 것입니다."

그렇다. 예수께서 부활하신 것은 단지 죽었다가 다시 살아나신 것이 아니다. 우리의 죄 때문에 죽으신 것을 온 천하에 밝히 드러내신 것이다. 따라서 예수께서 우리의 죄를 대신하여 십자가에 못 박혀 죽으시고 부활하신 것을 기쁜 소식, 즉 복음이라고 하는 것이고, 이를 믿으면 누구든지 죄 사함을 받고 구원받을 수 있는 것이다.

둘째로, 당시 국내에서 유일하게 영어로 강의하는 대학원이었기 때문이다. 나는 신학대학원을 다니는 동안 미국 유학을 꿈꾸고 열심히 준비하고 있었다. 그러나 비자를 여러 차례 거절당하여 유학을 가는 것이 주님의 뜻이 아니라고 생각하여 일단 미국 유학의 꿈을 접었다. 그리고 나중에 하나님께서 길을 여시면 갈 생각으로 당시 국내에서 유일하게 영어로 강의하는 대학원인 아세아연합신학대학교(ACTS)의 문을 두드렸다.

당시 신약학을 전공하고 있었는데 모든 강의를 영어로 듣고, 영어로 리포트를 써내야 하기에 너무 힘들었다. 학생들이 절반은 한국인이었기 때문에 강의를 마치고 나면 그들에게 보충 설명을 듣고 이럭저럭 따라가고는 있었지만, 끝까지 따라갈 생각을 하니 앞이 캄캄했다.

더군다나 나는 당시 대형교회에서 전임사역자로 교구와 청년 대학부를 맡고 있었기 때문에 눈코 뜰 새 없이 바빴다. 결국은 학업과 사역을 같이 하는 것은 불가능하다고 판단하고 학업을 포기하기로 결정했다.

그런데 내가 이런 상황에 놓인 줄도 모르고 어느 날 미국으로 유학을 간 오정현 목사(현 사랑의교회 담임)로부터 편지가 왔다. 당시 그는 탈봇 신학대학원에 재학 중이었다. 내용인즉 내 영어 실력 정도면 미국에서 얼마든지 신학을 공부할 수 있으니 빨리 오라는 것이었다. 그러나 국내에서도 영어로 강의를 따라가지 못해 그만두기로 한 상황이라 다른 이유를 둘러대고 갈 수 없다고 편지를 보냈다.

주변 사람들에게 학교를 그만둔다고 선포하고 짐을 다 꾸렸다. 이제 날이 밝으면 집으로 가는 일만 남았다. 그런데 갑자기 이런 마음이 들었다. '이곳으로 인도하신 분이 하나님인데 최종적으로 그분의 결재를 받고 떠나야 하지 않겠는가?' 곧바로 학교 뒷산으로 올라갔다. 학교가 산 중턱에 있어서 조금만 걸어가면 부르짖으며 기도할 만한 곳을 쉽게 찾을 수 있다고 생각했다. 그러나 밤 10시가 넘었기 때문에 손전등이 있었어도 한참을 헤매다가 자리를 잡고 기도할 수 있었다.

"주님, 주님의 인도로 이 학교에 입학했지만, 도저히 따라갈 수 없습니다. 어떻게 하면 좋겠습니까? 주님, 친히 인도해 주십시오."

30분이 지났을 때였다. 갑자기 성령께서 성경 구절을 떠오르게 하셨다. 잠시 기도를 멈추고 찾아서 읽었다. 신명기 31장 8절 말씀이었다.

> "그리하면 여호와 그가 네 앞에서 가시며 너와 함께하사 너를 떠나지 아니하시며 버리지 아니하시리니 너는 두려워하지 말라 놀라지 말라."

평소에 알고 있는 말씀이지만 이전과 전혀 다른 감동으로 다가왔다. 특별히 내가 이 학교에 들어오기 전부터 하나님께서 이 학교에 와 계셨고, 지금도 나와 함께하시고 영원히 떠나시지 않고 버리시지 않는다는 것이 크게 깨달아졌다. 그러자 상황은 조금도 바뀌지 않았지만, 하나님께서 나보다 먼저 이곳에 와 계시고 지금도 나와 함께하신다는 것을 확신하자, 기쁨이 넘쳤다. 그리고 모든 염려와 걱정이 한순간에 날아가 버렸다. 즉시 방으로 돌아와 쌌던 짐을 풀었다. 그리고 힘들고 어려웠던 코스웍을 모두 마칠 수 있었다.

하나님께서 광야에서 모세를 통하여 이스라엘 백성들에게 "내가 사자를 네 앞서 보내어 길에서 너를 보호하여 너를 내가 예비한 곳에 이르게 하리니"(출 23:20)라고 약속하신 대로 그들을 가나안 땅에 들어가게 하셨듯이, 오늘날도 하나님께서 약속하신 대로 그의 택한 백성들을 인도하신다.

혹시 장차 일어날 일을 두려워하거나 당면한 문제를 어떻게 처리해야 할지를 몰라 걱정하고 염려하고 있는가? 그렇다면 신명기 31장 8절 말씀에서 '네'와 '너'에 자신의 이름을 넣고 크게 외쳐볼 것을 요청한다. 한순간에 두려움과 염려가 사라지는 것을 경험하게 될 것이다.

> 여호와 그가 ○○○ 앞에서 가시며 ○○○와 함께 하사 ○○○
> 를 떠나지 아니하시며 버리지 아니하시리니 ○○○는 두려워하
> 지 말라 놀라지 말라

월삭(초하루) 기도

나는 십수 년간 월삭 금식을 했다. 월삭은 초생달이 뜨는 음력 초하루를 뜻한다. 그런데 음력으로 지키지 않고 양력으로 지키되 매월 첫 주 월요일을 금식하는 날로 지켰다. 그렇게 한 것은 매달 첫날을 주님께 거룩하게 구분하여 드리고 싶었기 때문이다. 그런데 월삭의 의미를 온전히 깨닫고 난 후부터 금식은 하지 않는다.

"월삭에는 수송아지 둘과 숫양 하나와 일 년 되고 흠 없는 숫양 일곱으로 여호와께 번제를 드리되 매 수송아지에는 고운 가루 에바 십분지 삼에 기름 섞은 소제와 숫양 하나에는 고운 가루 에바 십분지 이에 기름 섞은 소제와 매 어린 양에는 고운 가루 에바 십분지 일에 기름 섞은 소제를 향기로운 번제로 여호와께 화제를 드릴 것이며 그 전제는 수송아지 하나에 포도주 반 힌이요 숫양 하나에 삼분지 일 힌이요 어린 양 하나에 사분지 일 힌이니 이는 일 년 중 매 월삭의 번제며 또 상번제와 그 전제 외에 숫염소 하나를 속죄제로 여호와께 드릴 것이니라"(민 28:11-15, 개역 한글).

한글 개역은 이렇게 월삭이라고 번역하고 있지만 개역 개정은 이를 '초하루'로 번역하고 있다. 그러나 월삭이 절기 중의 하나로 사용된 경우는 개역 개정에서도 그대로 '월삭'으로 번역하고 있다.

"헛된 제물을 다시 가져오지 말라 분향은 내가 가증히 여기는 바요 월삭과 안식일과 대회로 모이는 것도 그러하니 성회와 아울러 악을 행하는 것을 내가 견디지 못하겠노라 내 마음이 너희의 월삭과 정한 절기를 싫어하나니 그것이 내게 무거운 짐이라 내가 지기에 곤비하였느니라"(사 1:13-14, 참조 호 2:11; 암 8:5).

본서에서는 월삭이 초하루보다 익숙하고 편하기에 그대로 표현한다. 이스라엘 백성들은 매달 초하루를 명절로 지키며 축제를 벌였다. 이렇게 한 것은 1개월 동안 하나님께로부터 받은 은혜에 감사하고 그동안 지은 죄를 회개하기 위해서다. 그들이 만월을 월삭으로 지킬 수도 있는데 하필 음력 초하루를 '월삭'이라는 절기로 지키게 된 것은 이유는 무엇인가? 추측하건대 첫 것을 구분하여 드리는 것과 연관이 있지 아니한가 하는 생각이 든다.

월삭 절기에는 나팔을 불며(민 10:10), 여러 희생 제물을 드리면서 온 백성이 함께 기쁨을 나누었다. 그런데 월삭은 온 백성이 함께 모여 지내지 아니하고 가문별로, 지파별로 지낸 것으로 보인다. 그리고 월삭은 기쁨의 날로 지켜졌기에 이날에는 금식하지 않았다(삼상 20:5). 이날에는 손님들을 초청하여 음식을 대접하기도 하였는데 만일 초청받은 사람이 의식상으로 부정을 범한 경우에는 그 초청을 마땅히 거절한 것으로 보인다(삼상 20:5, 26). 이는 바벨론 포로기 이후에도 준수된 것으로 보인다(대상 23:31; 느 10:33). 월삭은 물론 다른 절기도 왕정 시대 말기에 가서는 제대로 지켜지지 않은 것으로 보인다(암 8:5).

참고로, 이스라엘의 월삭과 고대 근동 국가들의 월신(月神) 숭배는 전혀 다르다. 근동 국가들은 달(月)이 곡식을 자라게 한다고 믿고 달을 풍요의 신으로 숭배하였지만, 이스라엘은 해, 달, 별 등의 천체는 하나님의 피조물에 불과했기에 숭배의 대상으로 삼지 않았다. 즉 이스라엘의 월삭은 하나님께서 한 달 동안 베풀어 주신 은혜에 감사하는 날이지 달과는 전혀 상관이 없다.

혹자는 월삭의 중요성을 침소봉대(針小棒大)하여 지금도 이를 지켜야 한다고 주장한다. 그러나 이에 대해 바울은 단호하게 이렇게 말하다

> "그러므로 먹고 마시는 것과 절기나 월삭이나 안식일을 인하여 누구든지 너희를 펌론하지 못하게 하라 이것들은 장래 일의 그림자이나 몸은 그리스도의 것이니라"(골 2:16-17, 개역 한글).

월삭 등 각종 절기와 안식일은 장래 일의 그림자다. 즉 이것들은 장래 일, 즉 예수 그리스도께서 우리의 죄를 대속하신 것의 그림자라는 뜻이다. 그런데 예수께서 친히 이 땅에 오셔서 제물이 되심으로 영원한 속죄 제사를 드리셨기 때문에 이제는 월삭이나 절기나 안식일을 지킬 필요가 없다. 따라서 월삭이나 절기나 안식일을 강조하거나 이를 지켜야 한다고 주장하는 것은 바람직하지 않다.

오히려 한 달 동안 지켜주신 주의 은혜를 기억하고 감사하면 된다. 하루의 첫 시간을 감사하면 하루 동안 감사할 수 있고, 한 주의

첫날을 감사하면 한 주 동안 감사할 수 있고, 한 달의 첫날을 감사하면 한 달 동안 감사할 수 있고 한 해의 첫 달을 감사하면 한 해 동안 감사로 살아갈 수 있다.

그런데 월삭과 관련하여 반드시 생각해야 할 것이 있다. 월삭 중에 나팔절이 포함되어 있다는 것이다. 나팔절은 일곱 번째 달의 월삭이다.

> "이스라엘 자손에게 말하여 이르라 일곱째 달 곧 그 달 첫 날은 너희에게 쉬는 날이 될지니 이는 나팔을 불어 기념할 날이요 성회라"(레 23:24).

나팔절은 히브리어로 '욤 트루아'(나팔 소리)인데, '욤 하케세'로도 불린다. 왜냐하면 '감추어진 날, 숨겨진 날'이라는 뜻도 내포하기 때문이다. 나팔절이 이렇게도 불린 것은, 그날이 시작되는 날짜와 시간을 정확히 알 수 없기 때문이다.

모든 절기는 정확하다. 심지어 달과 날과 시각까지 정확히 알 수 있다. 예를 들어, 유월절과 첫 열매의 수확을 하나님께 바치는 맥추절은 50일의 간격이 있기에 유월절을 알면 오순절도 알 수 있다. 그러나 나팔절의 날과 시각은 아무도 모른다. 왜냐하면 태양을 기준으로 날짜를 계산하지 않고 달을 기준으로 계산하는데 그믐달에서 초승달로 바뀌는 시간을 정확히 알 수 없기 때문이다. 예수께서 자신의 강림에 대해 그날과 그때는 아무도 모른다고 말씀하신 것은 바로 이 때문이다(마 24:36).

따라서 매달 월삭 기도를 드리고 싶다면 단지 한 달의 첫날을 주께 드린다는 의미만 담지 말고, 나팔절의 의미를 담아 언제 다시 오실지 모르는 예수님을 깊이 묵상할 것을 적극 추천한다. 오늘날은 대부분 강단에서 주의 재림을 말하지 않는다. 그러나 나팔절의 의미를 담아 매달 초하루를 지키면 주의 재림에 관심을 가지게 되어 이를 준비할 수 있다.

드디어 40일 금식에 승리하다

나는 40일 금식에 두 번이나 도전했지만 이런저런 이유로 끝까지 채우지를 못하고 중도에 그만두었다. 첫 번째는 해군 장교 시험에 합격했다는 통지를 받고서 30일만 했고, 두 번째는 신학대학원 등록금을 해결하려고 금식하던 중 등록금을 내준다는 자매가 나타나는 바람에 21일만 하였다. 두 번 모두 40일 금식이 힘들어서 중간에 그만둔 것이 아니었기에 언젠가는 40일 금식을 완주하겠다고 생각하고 있었다.

드디어 40일 금식을 해야 할 상황이 만들어졌다. 당시 내가 섬겼던 교회는 침례 교단뿐 아니라 범 교단적으로 폭발적인 부흥을 하는 교회로 소문이 자자했다. 그 교회에 부임하여 7년 동안 죽도록 충성했다. 맡은 부서마다 크게 부흥하므로 성도들의 칭찬과 사랑을 한 몸에 받고 있었다. 한 예로 일반적으로 성경공부반에 10여 명이 신청했는데 내가 가르치는 반에는 60여 명이 몰릴 정도였다.

그런데 어느 날 새벽기도 중 성령께서 교회를 사임하라는 감동을 주셨다. 며칠 더 기도하고 아내에게 자초지종을 설명하자 흔쾌히 받아들였다. 사실 이렇게 결단을 내렸을 당시만 해도 교회 사임 후에 대한 계획이 전혀 없었다. 교회를 사임한다는 소문이 나자, 평소 가깝게 지내던 집사님이 만나자고 하더니 수억을 헌금할 테니 교회를 개척하자고 했다.

순간 이런 생각이 들었다. '성령의 음성에 즉시 순종했더니 하나님께서 순탄한 길로 인도하시는구나!' 설레는 가슴으로 그분과 함께 이곳저곳 건물을 알아보았다. 그런데 얼마 지나지 않아 그분이 갑자기 돌변하여 개척에 함께할 수 없다는 뜻을 밝히면서 죄송하다는 말과 함께 중형 승용차와 일 년간 차량 운영비를 건네고 나의 곁을 떠났다.

당시 허탈감은 이루 말할 수 없었다. 순간 절망감이 덮쳤다. 혹 성령의 음성을 잘못 들은 것은 아닌지 하는 생각조차 들었다. 그래서 주님께 이렇게 여쭸다.

"주님, 제가 성령의 음성을 잘못 듣고 교회를 사임한 것입니까?"
"너는 내 음성을 제대로 들었다. 나는 너의 순종을 기뻐한다."

이 음성을 듣고 정말 기뻤고 감사했다. 동시에 매우 중요한 사실을 깨달았다.

'성령의 음성에 즉시 순종한다고 해서 아무 어려움이 없는 것은 아니다.'

그렇다. 주의 명령에 순종한다고 아무 문제 없이 계획한 일이 순조롭게 진행되는 것은 아니다. 예수께서는 하나님의 뜻에 온전히 순종하셨지만, 숱한 고난을 당하시지 않았던가? 탄생부터 십자가에 못 박혀 죽으시기까지 고난의 연속이었다. 믿음으로 순종한 사람들에게는 항상 고난이 따랐다.

혹시 독자 가운데 나름대로 주님의 뜻대로 살아가려고 노력하는데 계속되는 고난으로 하나님을 원망하고 투덜대고 있지는 않은가? 그렇다면 마귀에게 속는 것이다. 하나님께서 함께하신다는 증거로 알고 도리어 기뻐하고 감사해야 한다.

내가 이런 절망적인 상황에서 할 수 있는 것은 한 가지밖에 없었다. 그것은 나의 주인이신 하나님께 목숨을 걸고 기도하는 것이다. 그래서 강원도 동해기도원으로 향했다. 그곳은 수도원 출신의 수도사가 운영하고 있었는데 바닷가 절벽에 자리하고 있었다.

내가 강원도 동해에서 40일 금식을 한다고 하자 지난번 동두천 밀알기도원에서 20일 동안 함께 금식한 이영란 권사님이 또 10일간 금식에 동참했다. 이 권사님은 나를 위해 30일이나 금식한 셈이다. 남편도 아니고 피 한 방울도 섞이지 않았는데 나의 금식에 이토록 오랫동안 동참한 것이 아직도 이해되지 않는다. 성령께서 부족한 종을 도우라고 그분의 마음을 강권하신 것 말고는 다른 설명이 불가하다.

첫날부터 마치는 날까지 매일 기도원의 아침과 저녁 집회에 참석하면서 하루 7시간 기도하고 7시간 성경을 읽었다. 내가 장기 금식을 다른 사람보다 수월하게 하는 이유 중의 하나는 금식하는 동안에 되도록 기도를 많이 하고 성경을 많이 읽기 때문이다. 일반적으로 장기 금식을 하면 힘이 없기 때문에 드러눕는 경향이 있다. 그러나 힘들고 어려워도 기도에 힘쓰고 성경을 읽으면 하나님께서 힘을 더하신다.

왜 금식 중에 기도와 성경 읽기에 힘쓰면 영적으로 힘을 얻을까? 그렇게 하는 것이 여호와를 앙망하는 것이기 때문이다. 성경은 여호와를 앙망하는 자에게 다음과 같이 약속하고 있다.

"오직 여호와를 앙망하는 자는 새 힘을 얻으리니 독수리가 날개 치며 올라감 같을 것이요 달음박질하여도 곤비하지 아니하겠고 걸어가도 피곤하지 아니하리로다"(사 40:31).

40일 금식하던 중 체험한 것이 많지만 그중에서 두 가지만 소개한다.

첫째로, 힘이 없어지면 하나님께서 환상 중에 밥상을 차려 주셨다. 이는 30일 금식할 때와 마찬가지다. 이를 자주 경험하면서 하나님께서 금식에 함께하신다는 것을 깨달을 수 있었다. 환상 중에 음식을 먹고 나면 실제로 음식을 먹은 것처럼 전혀 힘들지 않았다. 그래서 금식 중에도 기도원 앞마당 보수공사를 할 때 거들었고, 금식 30일째 되는 날에도 1km나 되는 시내 목욕탕에 혼자서 걸어서 다녀오기도 했다.

둘째는, 특별한 하나님의 음성을 들었다. 평소에도 종종 다양한 방법으로 주의 음성을 들었다. 그런데 40일 금식 중에 듣게 된 주의 음성은 매우 특별했다. 금식한 지 35일째 되는 날이었다. 오후 네 시경 바람도 쐬고 운동도 할 겸 밖으로 나가려고 일어서는데 갑자기 온몸에 힘이 빠지면서 방바닥에 쓰러졌다. 전혀 몸을 움직일 수 없었다. 종종 장기 금식하다가 죽는 사람들이 있다는 말을 들었기 때문에 그 순간 '나도 죽는구나!' 하는 생각이 들었다. 바로 그때였다. 마치 지진이 일어난 것처럼 내가 누웠던 자리가 크게 흔들리면서 하늘로부터 다음과 같은 주님의 음성이 들려왔다.

"내 사랑하는 종아, 너의 남은 금식을 내가 친히 인도하리라."

깜짝 놀랐다. 지금까지는 내적으로 주의 음성을 들었는데 이번에는 밖에서 주의 음성이 들린 것이다. 그런데 신기하게도 이를 듣자마자 머리끝부터 발끝까지 힘이 강하게 들어오더니 나도 모르게 그 자리에서 벌떡 일어났다. 이때 내가 깨달은 것이 있다.

'어떤 상황에서도 주님의 음성을 들으면 힘과 용기를 얻어 살아난다는 것이다.'

복음 성가 '아침 안개 눈앞 가리듯'에 이런 가사가 나온다.

"빗줄기에 바위 패이듯 나의 작은 소망 사라져 갈 때 고요하게 들리는 주의 음성 내가 너를 사랑하노라."

아무리 힘들고 어려워도 '내가 너를 사랑하노라'라는 주님의 음성을 들으면 넉넉히 이길 수 있다. 혹시 감당할 수 없을 정도로 힘들고 어려운가? 사람에게 위로의 말을 들으려고 하지 말고, 하나님께 나아가 그분의 음성을 듣기를 간곡히 부탁드린다.

방에서 쓰러졌다가 일어났는데 누군가 내 방문을 노크하였다. 문을 열어보니 기도원 원장님이 서 있었다. 내가 그곳에 머문 35일 동안 그가 나를 찾아온 적은 한 번도 없었다. 밖에서 선 채로 말했다.

"목사님! 제가 남은 5일 동안 목사님과 함께 하루 세 번씩 예배를 드리겠습니다."

남은 금식을 그분과 함께 예배드리므로 40일 금식을 무사히 마쳤다. 이는 전적으로 주님의 은혜다. 드디어 40일 금식에 도전한 지 세 번째 만에 성공한 셈이다. 이때의 기쁨은 이루 말할 수 없었다. 이는 단지 40일 금식에 성공했기 때문만이 아니었다. 또 다른 이유가 있었다. 하나는, 예수께서 40일 금식을 시작으로 끝까지 십자가의 길을 걸으셨듯이 나도 주님께서 걸어가신 십자가의 길을 끝까지 따를 수 있다는 확신이 들었기 때문이다. 다른 하나는, 지금껏 장기 금식의 실패로 마음의 상처가 있었는데 깨끗이 치유되었기 때문이다.

매일 17시간 40일 기도

앞서 밝혔듯이 40일 금식에 세 번째 도전한 것은, 크게 두 가지 이유에서였다. 하나는 교회를 사임하라는 주의 음성에 즉시 순종했지만, 사역의 장이 생각만큼 빨리 열리지 않았기 때문이다. 다른 하나는 두 번이나 도전했지만 이런저런 이유로 실패했기 때문에 반드시 40일 금식에 성공하고 싶은 목마름이 있었기 때문이다. 그런데 가장 주된 이유는 첫 번째였다. 따라서 40일 금식이 끝나면 기적적으로 사역의 길이 열리기를 은근히 기대하고 있었다. 예를 들어, 교회의 청빙을 받거나, 교회 개척의 동역자가 나타나거나, 해외 유학의 길이 활짝 열리는 것 등이다.

그러나 그런 기적은 전혀 일어나지 않았다. 보호식을 마칠 때까지 계속해서 그런 기적을 사모하고 기다렸지만, 징조조차 보이지 않았다. 순간 낙심과 절망이 찾아왔다. 그러나 40일 금식 기도를 하는 동안 주의 음성을 듣는 등 특별한 체험을 했기 때문에 곧바로 주님 앞에 엎드렸다. 기도하던 중 이번에는 음식을 먹고 기도해야 하겠다는 생각이 들었다. 기도원을 물색하던 중 원주에 있는 치악산기도원을 찾아냈고 그곳으로 향했다.

지금껏 장기 금식(20일 이상의 금식을 지칭)을 할 때는 기도하고 성경을 읽는 데 하루에 절반 이상 시간을 사용하였지만, 이번에는 오직 기도하는 일에만 집중하기로 했다. 하루 17시간씩 40일 동안 오직 기도하는 일에만 전념했다. 이는 세 끼 식사와 수면 시간을 제외하고는 하루 종일 기도하는 데만 몰두했다는 뜻이다.

내가 이렇게 장시간 기도하기로 결심한 것은, 무엇보다도 윤석전 목사님의 영향이 컸다. 그가 현재 구로구에서 목회하기 전, 마포구 망원동과 성산동에서 목회를 한 적이 있다. 큰형의 사업체가 윤 목사님의 교회와 지근거리에 있었기 때문에 그에 대한 소문을 종종 들을 수 있었다. 한마디로 그는 기도의 사람으로 평판이 자자했다. 이런 사실은 국내뿐 아니라 국외까지도 이미 널리 알려진 사실이다.

그는 알 수 없는 불치병으로 동굴에서 기도하던 중 치유를 받고 50세 가까운 나이에 교회를 개척하였는데 불과 10년 만에 1만 명이 모이는 교회로 성장을 시켰다. 그리고 2002년에는 구로구 궁동으로 이전하였고 2005년에는 동양에서 가장 큰 규모의 예배당을 건축하였다.

그가 이렇게 폭발적인 교회의 성장을 이룰 수 있었던 요인 중의 하나는 그의 뜨거운 기도다. 그는 평소 매일 밤 10시간 이상 기도하고, 낮에도 심방이나 부흥성회가 없을 때는 계속 기도하였다고 한다. 그는 흰돌산기도원 목회자 세미나에 참석한 사람들에게 하루에 5-8시간 기도하지 않으면 강단에 올라가지 말라고 주문할 정도로 기도 중심적 목회를 했다.

나도 평소 주변 사람들에게 기도를 많이 한다는 말을 들었는데, 그는 나보다 훨씬 더 많이 기도한다는 것을 알고서 그보다 더 많이 기도해야겠다는 일종의 승부욕(?)이 발동했다. 그래서 치악산기도원에서 40일 동안 매일 17시간씩 기도했다.

독자 중에는 어떻게 하루 17시간을 기도했는지 궁금해하는 분이 있을 것 같아 간단히 소개한다. 기도할 때는 항상 무릎을 꿇었다. 그러나 오랜 시간 계속 꿇고 있으면 무릎 관절에 손상을 입힐 수 있기에 기도 의자를 이용했다. 기도 의자를 사용하면 장시간 무릎 꿇고 기도하는 데 크게 도움을 받을 수 있다. 기도는 크게 셋, 즉 찬송과 방언 기도와 일반 기도를 섞어서 했다. 처음에는 다소 힘들었지만, 성령께서 도우셨기 때문에 크게 어려움이 없이 40일 동안 17시간씩 기도할 수 있었다. 이 기도 후 일어난 기적에 대해서는 다음 장에서 나눈다.

솔직히 얼마 전까지만 해도 나는 40일 동안 17시간씩 기도한 것을 자랑스럽게 생각하였다. 왜냐하면 이를 통해 하나님의 능력을 새롭게 경험할 수 있었고 교회 개척도 이루어졌기 때문이다. 그러나 요즘은 이런 형태의 기도에 대해 다소 부정적인 생각을 하고 있다. 크게 세 가지 이유에서다.

첫째로, 예수께서 이렇게 기도하시지 않았기 때문이다. 예수께서는 기도를 많이 하셨다. 공생애를 시작하시기 전 40일 동안이나 금식 기도를 하셨고, 새벽 미명에 기도하셨고, 대사를 앞두고 밤이 맞도록 기도하셨고, 십자가의 죽음을 앞두고서도 기도하셨다. 그러나 예수께서 하루 종일 기도만 하신 적은 없다. 예수께서는 우리의 신앙과 삶과 사역의 모델이시다. 따라서 예수께서 하시지 않은 것을 했다고 이를 자랑스럽게 생각하는 것은 바람직하지 않다.

둘째로, 기도는 하나님의 뜻대로 살기 위해서 하기 때문이다. 우리가 음식을 섭취하는 것은, 건강한 삶을 살아가기 위해서다. 마찬가지로 기도하는 것은 하나님의 뜻대로 살아가기 위해서다. 따라서 하루 17시간 기도만 하고 그에 상응하는 삶이 없으면 정상적인 삶이라고 볼 수 없다. 기도는 삶이 되어야 하고 삶은 기도가 되어야 한다. 왜 그리스도인들이 세상 사람들에게 비난을 많이 받고 있는가? 신앙생활은 열심히 하지만 비신자보다도 못한 삶을 살아가기 때문이다. 기도는 삶으로 드러나야 한다.

셋째로, 영적으로 균형을 잡아야 하기 때문이다. 신앙의 두 축은 말씀과 기도다. 기도만 하고 말씀을 읽지 않으면 신비주의에 빠지기 쉽고, 반대로 말씀만 읽고 기도를 게을리하면 건조하게 신앙생활을 하기 쉽다. 따라서 기도만 하는 신앙생활은 바람직하다고 볼 수 없다.

그러나 기도훈련을 위해 특정 기간 동안 장시간 기도에 몰입하는 것은, 적극 추천한다. 목회를 준비하고 있거나, 아직 사역지가 결정되지 않았거나, 평신도 중에 시간적으로 여유가 있는 분은 단 며칠이라도 장시간 기도에 몰입해 볼 것을 권한다.

혹 독자 중에 《하나님의 보좌를 움직이는 기도》를 읽어 본 분들도 있을 것이다. 저자 박종훈 집사는 현재 목사 안수를 받고 '기도하는 교회'를 섬기고 있다. 그는 한동안 예수님만 믿어서는 구원을 받을 수 없고 피 뿌림을 받아야 한다고 주장하여 이단 시비에 걸리기도 했다. 그래서 처음에는 그를 여기에 언급하는 것을 주저하였다. 그러나 기도에 관해서는 그에게 배울 점이 있다고 판단되어 간략히 소개한다.

그는 영국 로이드 은행 서울지점과 국내 은행 지점장으로 근무하면서도 새벽기도를 20여 년간 하루도 빠뜨리지 않고 7시간 동안 했다. 그는 자신이 이렇게 기도한 것은, 한국교회가 70년대에 가졌던 뜨거운 새벽기도의 열기를 회복하고 모든 성도에게 기도의 도전을 주고픈 열망 때문이었다고 한다.

그의 기도 생활에는 두 가지 특징이 있다. 하나는, 결코 하루도 개인적으로 새벽기도를 빼먹지 않았고, 다른 하나는 전날에 비해 절대로 기도 시간을 줄이지 않았다. 그렇다고 그가 처음부터 7시간이나 기도한 것은 아니다. 처음에는 5분에서 시작하였고, 6개월이 지난 후에는 1시간 기도하게 되었다.

매일 한 시간 동안 기도하자, 그에게 찾아온 변화는 크게 세 가지다. 첫째로 영적 성장이 급속히 이루어졌고, 둘째로 사탄의 세력을 제어할 수 있는 영적인 힘을 갖게 되었고, 셋째로 자신을 위해 물과 피를 아끼지 아니하신 예수님의 사랑을 느끼게 된 것이다. 그리고 1시간 기도를 시작하고 약 1년이 지나자, 기도로 하나님의 보좌를 움직일 수 있다는 것을 깨달았다.

그리고 매일 1시간 기도를 돌파한 후 계속하여 기도의 시간대를 2시간, 3시간, 4시간, 5시간, 6시간, 7시간 대로 순차적으로 늘려갈수록 주님에 대한 사랑의 농도가 더 짙어지는 것을 느꼈고, 순간순간 주님의 위로를 받고 마귀와의 영적 싸움도 두려워하지 않게 되었다고 한다.

101일 철야 기도

성남시 검단동의 한 가정에서 교회를 개척했는데 주님의 은혜로 수개월 만에 크게 부흥하여 더 이상 집에서 모일 수 없어 인접한 분당 신도시로 이전했다. 그런데 교회의 재정이 넉넉하지 않아 옮겨 간 곳은 분당의 야탑동 주택 단지에 있는 30평 규모의 지층이었다. 전도를 열심히 했기 때문에 주일마다 새신자들이 교회를 찾았다.

여기서 잠시 당시 신도시였던 분당의 특성에 대하여 알아야 할 것이 있다. 분당은 우리나라 최대 규모의 신도시로서 강남 등 서울에서 이사한 이들이 대부분이라 상당한 자부심을 갖고 있었다. 그리고 그들은 자기중심적이고 이기적인 성향이 강했다. 그래서 그들은 교회를 섬기기 위해서 교회를 찾지 않고 자신을 과시하고 편안하게 신앙생활을 하려고 찾았다.

그런데 우리가 분당으로 교회를 이전할 때는 입주가 시작된 지 4년 뒤였고 교회가 자리한 곳은 분당 신도시 입구에 있는 주택 단지 내 단독주택 건물 지층이었다. 교회가 지층에 있는 것을 알고서는 예배당 안까지 들어오지도 않고 되돌아가는 자들이 있었다.

　이를 보고 너무 마음이 아팠다. 그래서 성도의 집을 담보로 대출을 받아 당시 분당의 상가 교회 중 가장 넓은 예배당을 마련하여 이전했다. 당시 분당의 단지 내 상가 교회들은 대부분 20-50평 규모였지만 우리 교회는 거의 100평에 달하였다.

　지하에서 벗어난 기쁨은 이루 말할 수 없었다. 그런데 상가로 옮긴 지 얼마 되지 않아 IMF를 맞이했다. 게다가 설상가상(雪上加霜)으로 송구 영신예배를 5시간 앞두고 폭탄 발언이 날아들었다. 교회의 기둥 역할을 하던 안수집사 가정뿐 아니라 그분과 가까이 지내는 분들이 모두 교회를 떠난다는 것이었다.

　상가로 옮기는 과정에서 빚을 많이 진 상태에서 IMF를 맞았기 때문에 핵심 멤버가 떠나지 않아도 교회가 재정적으로 어려운데 그들이 떠나면 교회 운영이 불가능한 것은 불을 보듯 뻔하였다. 정말 앞이 캄캄했다. 지금껏 많은 어려움을 겪었지만 이런 위기를 맞이한 적은 없었다. 어떻게 송구영신 예배를 드렸는지 모르게 드리고 집으로 향했다. 집에 와서 잠을 자려고 누웠지만 잠이 오지 않았다. 한동안 뒤척이다가 새벽 3시 반경 아내와 함께 교회로 갔다.

　그런데 기도하려고 해도 입이 열리지 않았다. 그때까지만 해도 목회자들이 기도를 많이 하지 않는 것을 이해하지 못했다. 그래서 종종 기도하지 않는 목회자들을 서슴지 않고 비판했다. 그런데 너무 힘든 상황을 맞이하니까 기도하고 싶어도 할 수 없다는 것을 깨닫고 기도도 하나님께서 은혜를 베풀어 주셔야 할 수 있다는 것을 새삼스럽게 배울 수 있었다.

　한참 기도하려고 몸부림을 치던 중 갑자기 평소 황당한 일을 만났을 때 크게 소리 내어 암송하던 성경 구절이 떠올랐다.

"우리가 알거니와 하나님을 사랑하는 자 곧 그 뜻대로 부르심을 입은 자들에게는 모든 것이 합력하여 선을 이루느니라"(롬 8:28).

이 말씀에 근거하여 이렇게 크게 외쳤다. "모든 것에는 교회의 핵심 멤버들이 교회를 떠난 것도 포함된 것을 믿습니다. 하나님께서 섭리하셔서 더 좋은 결과를 만들어 주실 줄 믿고 감사합니다." 그러자 나도 모르게 기도가 나오기 시작했다.

그때 내가 새롭게 깨달은 것이 있다. 기도가 안 될 때는 먼저 하나님께 감사를 고백해야 한다는 것이다. 인격적인 관계에서는 상대방에게 감사한 마음이 있어야 대화를 하지, 그런 마음이 없으면 굳이 대화를 하려고 하지 않는다. 사람들이 다투고 나서 대화하지 않는 것은 상대방에 대해 감사보다는 원망과 불평과 미움이 가득하기 때문이다.

당시 내가 잠시라도 기도가 잘되지 않았던 것은, 하나님께서 핵심 멤버들이 떠나도록 허락하신 것에 대해 다소 섭섭한 마음을 가지고 있었기 때문이라는 것을 깨달았다. 그래서 이후로는 기도의 순서를 바꿨다. 일반적으로 교회나 선교단체에서 기도의 순서를 'ACTS'를 통해 가르친다. A는 Adoration(찬양), C는 Confession(고백), T는 Thanksgivimg(감사), S는 Supplication(간구)이다. 그러나 나는 가장 먼저 감사를 한다.

그런데 성경을 읽던 중 이런 비밀을 나보다 먼저 깨달은 사람을 발견하고 깜짝 놀랐다.

"우리 하나님이여 이제 우리가 주께 감사하오며 주의 영화로운 이름을 찬양하나이다"(대상 29:13).

이는 다윗이 성전을 짓기 위해 모든 것을 마친 후에 기도한 것이다. 그런데 그가 찬양 앞에 감사를 앞세우고 있다는 것에 주목해야 한다. 감사를 뜻하는 히브리어는 '야다'(יָדָה)이다. 그런데 이 단어는 히브리어 성경에서 크게 세 가지 의미로 사용된다. 첫 번째는 '고백하다'이고, 두 번째는 '감사하다'이고, 세 번째는 '찬양하다'이다. 따라서 어원적으로 감사와 찬양은 같다고 볼 수 있다.

그런데 다윗은 감사와 찬양을 별도로 사용하면서 찬양보다 감사를 앞세운다. 시편에서 이런 예는 더 찾아볼 수 있다(시 100:4, 147:7). 사실 다윗은 어마어마한 고난을 당했다. 그럼에도 그는 기도를 그치지 않았다. 그가 그렇게 할 수 있었던 이유는 먼저 하나님께 감사를 고백했기 때문이라고 본다. 혹시 기도가 잘되지 않는가? 이는 하나님께 대한 감사가 식어졌기 때문이다. 마음속 깊은 곳으로부터 감사를 고백하면 기도가 뜨거워진다.

그날부터 101일 동안 철야기도를 하기로 작정했다. 독자 가운데는 왜 하필이면 100일이 아니라 101일이냐고 의문을 가지는 분이 있을 수 있다. 특별한 뜻이 있었던 것은 아니다. 일반적으로 불교도들이 소원을 이루기 위해 100일 기도를 하는데 그들보다는 단 하루라도 더 기도해야 하지 않을까라는 생각이 들었기 때문이다.

매일 밤 12시부터 새벽 예배를 드리기 전까지 부르짖어 기도했다. 수많은 영적 공격이 있었지만, 하루도 빠지지 않고 101일 동안 부르짖어 기도했다. 당시 기도할 때 붙잡은 약속의 말씀이 있다.

"여호와의 말씀이니라 너희를 향한 나의 생각을 내가 아나니 평안이요 재앙이 아니니라 너희에게 미래와 희망을 주는 것이니라 너희가 내게 부르짖으며 내게 와서 기도하면 내가 너희들의 기도를 들을 것이요 너희가 온 마음으로 나를 구하면 나를 찾을 것이요 나를 만나리라"(렘 29:11-13).

101일 동안 이 말씀을 붙잡고 기도할 때 주께서 행하신 일들은 다음 장에서 다루기로 한다.

성령 안에서 무시 기도

앞서 내가 열거한 것은 주로 특정한 장소와 기간에 기도한 사례들이다. 대부분 정시 기도와 관련한 것이다. 이렇게 주로 정시 기도를 한 것은 전통적인 목회를 했기 때문이다. 즉 지역교회를 섬겼기 때문이다. 물론 지금도 개교회(더처치)를 섬기기도 하지만 2014년부터는 절반가량을 해외에서 사역하고 있다.

'D3전도중심제자훈련'(모든 그리스도인이 복음을 전하고 가르쳐 제자 삼도록 훈련하는 제자훈련시스템)을 창안하여 지구촌 곳곳을 찾아다니며 목회자와 선교사와 평신도 지도자들을 훈련하므로 자연스럽게 특정한 장소와 시간에 드리는 정시 기도보다는 무시 기도를 하게 되었다.

사실 아르헨티나와 같이 먼 나라로 사역하러 갈 경우는 비행기에서만 편도 30시간 이상을 갇혀 있어야 한다. 이런 상황에서는 부득불 무시 기도를 할 수밖에 없다. 그러나 해외에 나가지 않거나 국내에서 집회를 인도하지 않을 경우는 정시 기도와 무시 기도를 병행한다. 하루 세 번씩 기도하면서 무시 기도를 한다.

무시 기도를 해야 하는 성경적인 근거는 무엇인가? 무시 기도에 대한 가장 대표적인 성경 구절은 에베소서 6장 18절이다.

"모든 기도와 간구를 하되 항상 성령 안에서 기도하고 이를 위하여 깨어 구하기를 항상 힘쓰며 여러 성도를 위하여 구하라"(참조 살전 5:17).

개역 개정에서 '항상'으로 번역하고 있지만 이전 개역 한글판에서는 '무시로'로 번역하였다. '무시로'는 헬라어로 '엔 판티 카이로'(ἐν παντὶ καιρῷ)인데 이는 '모든 시간에'라는 뜻이다. 따라서 무시 기도는 문자적으로 쉬지 말고 기도해야 함을 뜻한다(살전 5:17).

성경에서 쉬지 말고 하라고 말씀하신 것은 기도밖에 없다. 왜냐하면 호흡을 멈추면 죽게 되듯이 기도가 멈추면 영적으로 죽음을 맞이하기 때문이다. 영적으로 죽음을 맞이하고 싶지 않다면 쉬지 말고 기도해야 한다. 혹시 기도하는 일을 불규칙적으로 하고 있는가? 이는 호흡이 불규칙하면 건강에 적신호가 켜진 것이듯이 영적으로 빨간 불이 들어온 것이다.

사실 문자적으로 쉬지 않고 기도한다는 것은 불가능하다. 수면 중에도 호흡하듯이 잠자는 중에도 기도해야 하는데 그것이 어떻게 가능하겠는가? 더군다나 현대인들은 너무나도 바쁘게 살기 때문에 쉬지 말고 기도하라는 것은 불가능한 일처럼 보인다. 그러나 이런 상황에서도 쉬지 않고 기도할 수 있다.

쉬지 말고 기도하라는 것은 항상 하나님께 접속되어 있으라는 뜻이다. 전기코드가 콘센트에 접속되어 있으면 전기가 계속해서 들어오듯이 주님께 접속되어 있으면 쉬지 않고 기도할 수 있다. 주님께 항상 접속되어 있기 위해서는 정시 기도만으로는 부족하다. 무시로 기도해야 한다.

어떻게 하면 무시 기도를 할 수 있는가? 실제 삶 속에서 적용할 수 있는 매우 구체적인 방법을 소개한다.

첫째로, 짧게 기도한다. 짧지 않으면 무시로 기도할 수 없다. 따라서 기도 제목을 간단하게 만들어야 한다. 예를 들어 "주님, 저를 도우소서", "주님, 저를 인도하소서", "주님, 전도자로 살아가게 하소서", "주님, 범사에 감사하게 하소서", "주님, 온유하고 겸손하게 하소서" 등이다.

둘째로, 동일한 기도를 반복하는 것을 두려워하지 말고 즐겨야 한다. 분명한 목적을 갖고 동일한 제목으로 반복하여 기도하는 것은 중언부언이 아니다. 예수께서 말씀하신 중언부언은, 말을 많이 해야 하나님께서 들으실 줄 생각하여 자신이 무슨 말을 하는지도 모른 채 한 말을 계속해서 반복하는 것이다.

셋째로, 기도 제목에 합당한 약속의 말씀을 암송한 후 "믿습니다. 아멘" 한다. 예를 들어, 뜻하지 않게 어려운 상황을 맞이한 경우는 로마서 8장 28절 말씀을 암송하고 "믿습니다. 아멘" 한다.

> "우리가 알거니와 하나님을 사랑하는 자 곧 그의 뜻대로 부르심을 입은 자들에게는 모든 것이 합력하여 선을 이루느니라."

물질적으로 어려운 상황에서는 빌립보서 4장 19절을 암송한 후 "믿습니다. 아멘" 한다.

> "나의 하나님이 그리스도 예수 안에서 영광 가운데 그 풍성한 대로

너희 모든 쓸 것을 채우시리라."

상대방에게 상처를 받고 이를 갚아주고 싶은 마음이 들 때는 베드로전서 2장 23절을 암송한 후 "믿습니다. 아멘" 한다.

"욕을 당하시되 맞대어 욕하지 아니하시고 고난을 당하시되 위협하지 아니하시고 오직 공의로 심판하시는 이에게 부탁하시며."

억울하게 고난을 당한 경우는 베드로전서 2장 19-20절을 암송한 후 '믿습니다. 아멘' 한다.

"부당하게 고난을 받아도 하나님을 생각함으로 슬픔을 참으면 이는 아름다우나 죄가 있어 매를 맞고 참으면 무슨 칭찬이 있으리요 그러나 선을 행함으로 고난을 받고 참으면 이는 하나님 앞에 아름다우니라."

넷째로, 방언으로 기도한다. 무시로 기도할 때 방언보다 더 좋은 무기는 없다. 방언으로 기도하면 성령 안에서 주님의 뜻대로 구할 수 있다(고전 14:2). 아직 방언의 은사를 받지 못했다면 주님께 간절히 기도하기를 권한다(고전 14:5). 하나님께서 공동의 유익을 위해서 성령의 은사를 주시므로 이를 구하는 것은 지극히 당연하다(고전 12:7).

다섯째로, 자투리 시간을 적극적으로 활용한다. 일상에서 자투리 시간은 생각보다 많다. 이를 합치면 상당한 시간이 된다. 길을 걸으면서도, 운전하면서도, 산책이나 운동하면서도, 청소나 설거지하면서도, 세수나 양치질하면서도, 샤워하면서도, 화장하면서도, 옷을 갈아입으면서도 얼마든지 기도할 수 있다.

여섯째로, 예수 기도를 한다. 예수 기도는 한마디로 예수님의 거룩한 이름을 부르는 호칭 기도다. 가장 대표적인 기도는 소경의 기도다. "예수여, 나를 불쌍히 여기소서"(눅 18:38). 아주 짧고 간단하다. 따라서 언뜻 보면, 예수 기도는 앞서 언급한 '짧게 기도하라'와 흡사하다. 그런데 엄밀히 보면 다소 다르다. 둘 다 짧고 단순하게 기도하는 것은 동일하지만, 예수 기도는 무엇보다 예수의 거룩한 이름을 호칭하는 것에 가장 무게를 두는 데 반하여 짧은 기도는 내용이 간략하다는 것에 무게를 둔다.

예수 기도는 역사적으로 이집트 사막 수도사들이 일반적으로 실천하였고, 그리스 정교회에서 실천하였으며, 지금도 러시아 정교회에서 실천하고 있다. 예수 기도가 이렇게 오늘날도 동방정교회에서 가장 보편화되어 있는 짧은 기도가 된 데는 나름대로 이유가 있다. 19세기 중반에 러시아 정교회 출신 무명의 순례자가 "쉬지 말고 기도하라"(살전 5:17)는 말씀을 어떻게 실천할 수 있을까에 대해 갈망하다가 어느 노 사부로부터 예수 기도를 소개받고 이를 3개월 동안 훈련하여 몸에 배도록 하는 데 성공했기 때문이다.

한국에는 《순례자의 길》(무명 순례자, 은성, 2003)을 통해 소개되었다. 무시 기도에 성공하고 싶다면 예수 기도를 할 것을 강력히 권한다. 예수 기도만큼 무시로 기도하는 습관을 갖게 하는 강력한 도구는 찾아보기 힘들다. 나도 수시로 예수 기도를 하고 있다.

무시 기도를 하면 어떤 유익들이 있는가? 무엇보다 말씀에 순종하므로 기쁨이 넘친다. 성경은 항상 성령 안에서 기도할 것을 명령하고 있기에 이에 순종하면 기쁜 것은 당연하다. 또한 정시 기도보다 주님과 자주 소통하기 때문에 친밀함을 누리게 되고 정시 기도에서 하지 못한 기도를 할 수 있기에 정시 기도를 보강해 준다. 그리고 기도의 영으로 충만해지므로 더욱 정시 기도를 뜨겁게 드리게 된다. 또한 링 위에서 끝까지 서 있는 자가 권투에서 승자가 되듯이 무시 기도는 계속해서 기도하므로 영적 전쟁에서 이길 수 있다. 무시 기도는 성령 안에서 기도하는 것이기에 무시로 기도하면 성령의 뜻대로 기도하게 된다(엡 6:18).

기도는 정년이 없다. 즉 기도는 주님의 품에 안길 때까지 하는 것이다. 성경을 보라. 믿음의 사람들은 기도를 쉬지 않았다. 특별히 사도행전을 보라. 시작부터 끝까지 기도를 그치지 않았다. 문제가 발생해도, 복음을 전하다가 갇혀도, 각종 환난을 당해도 기도를 멈추지 않았다. 기도에서 가장 중요한 것은 실제로 하는 것이다. 기도에 대한 지식이 박식하여 박사학위를 받고 수많은 책을 저술해도 실제로 기도하지 않으면 아직 기도를 잘 모르는 것이다. 정시 기도뿐 아니라 무시로 기도하면 "쉬지 말고 기도하라"(살전 5:17)는 명령에 순종할 수 있다. 마음만 먹으면 누구든지 무시 기도를 할 수 있다.

"그들의 마음이 주를 향하여 부르짖기를 딸 시온의 성벽아 너는 밤낮으로 눈물을 강처럼 흘릴지어다 스스로 쉬지 말고 네 눈동자를 쉬게 하지 말지어다"(애 2:18).

CHAPTER 2
기도는 기적이다

고 제대 일정을 앞당기다
오직 무릎으로 신학교를 졸업하다
온 가족이 주께로 돌아오다
2000만 원짜리 어음과 가정교회 개척
청송감호소에 타오른 성령의 불길
하나님께서 주신 운전면허증
죽은 아이를 살리다
현대판 구름 기둥 사건
병든 자들을 고치다
귀신들을 내쫓다
101일 기도의 기적
정혜지의 일본 유학
전국 목회자 제자훈련 세미나
D3국제워크샵

군 제대 일정을 앞당기다

앞서 밝혔듯이 장기 금식 중에 해군 장교 시험에 합격했다는 통지서를 받았지만, 시력 문제로 최종적으로 불합격 통지서를 받았기 때문에 일반 사병으로 입대할 수밖에 없었다. 논산훈련소에서 퇴소식을 마치고 향한 곳은 의정부 101보충대였다. 그곳은 자부대로 배정받기 위해 사병들이 잠시 대기하는 곳이다.

한 장교가 나를 포함해 두 사람을 호명하여 어디론가 데려가더니 이것저것을 물었다. 나중에 알고 보니 사단장 사택에서 복무할 병사를 뽑았는데 최종적으로 나의 부친이 계시지 않아 탈락했다는 것을 알게 되었다. 101보충대에서 자대 배치를 받아 간 곳은 GOP 경계 근무를 담당하는 5사단 27연대였다. 부대가 깊은 산 속에 있었고 도착 당시 비가 내리고 있었기 때문에 당장이라도 귀신이 나올 것 같은 느낌이 들었다.

나는 군 입대를 앞두고 신앙생활을 잘할 수 있는 곳으로 보내달라고 시간만 나면 기도했다. 101보충대에서는 잠시 그럴 기미가 보이더니 최종적으로 배치를 받은 곳은 복무하기 가장 힘들기로 소문난 부대였다. 순간 시험이 찾아왔다. 그러나 주께서 시험을 물리칠 수 있는 말씀을 떠올리게 하심으로 즉시 물리쳤다.

> "사람이 시험을 받을 때에 내가 하나님께 시험을 받는다 하지 말지니 하나님은 악에게 시험을 받지도 아니하시고 친히 아무도 시험하지 아니하시느니라 오직 각 사람이 시험을 받는 것은 자기 욕심에 끌려 미혹됨이니 욕심이 잉태한즉 죄를 낳고 죄가 장성한즉 사망을 낳느니라"(약 1:13-15).

이 말씀을 묵상하던 중 나의 기도가 주님의 뜻을 구한 것이 아니라 나의 욕심을 따라 구한 것이었음을 깨달았다. 그렇다. 우리가 종종 기도의 응답을 받지 못하면 낙심하고 절망하는 것은 자신의 욕심을 이루기 위해 기도하기 때문이다. 시험에 들지 않으려면 예수님처럼 자신의 뜻이 아니라 하나님의 뜻이 이루어지도록 기도해야 한다(눅 22:42).

원래 모든 군인은 매주 종교행사에 참여할 수 있다. 그러나 실제로는 고참의 눈치를 봐야 하기에 신참은 종교행사에 참석하는 것이 자유롭지 못했다. 하루는 종교행사에 참여하고 왔더니 이런저런 이유로 트집을 잡고 다음 주부터는 가지 못하도록 협박했다. 그러자 그후로는 종교행사에 참여하는 자들이 대폭 줄어들었다.

그러나 나는 매를 맞아가면서도 굽히지 않았다. 그러자 후로는 아무도 주일 종교행사에 참여하는 것을 막지 않았다. 그리고 부대 안에서 '새끼 목사'로 불리게 되었다. 이때 내가 크게 깨달은 사실이 있었다. '한 번만 마귀와의 싸움에서 이기면 더 이상 마귀에게 끌려 다니지 않는다.' 따라서 마귀와의 싸움에서 반드시 지지 말고 이겨야 한다.

당시 나는 연대본부에서 일반 사병 중에 가장 나이가 많았다. 중대장과 나이가 거의 비슷했다. 왜냐하면 일반대학을 졸업하고 입대했을 뿐 아니라 호적이 실제보다 2년이 늦었기 때문이다. 상고를 나온 덕에 연대본부 서무계로 보직을 받았다. 서무계는 주로 중대본부에 속한 병사들과 관련한 제반 행정업무를 담당했기 때문에 이등병 때부터 상대적으로 편하고 자유롭게 신앙생활을 할 수 있었다.

병장이 되고 나서는 군에서 더욱 자유롭게 신앙생활을 할 수 있었다. 제대 6개월 전에는 전곡에서 의정부로 외출하여 행정관의 딸을 가르쳤는데 전교에서 1등을 하게 되는 바람에 더욱 신앙생활을 자유롭게 할 수 있었다. 어느 날 기도하던 중 하나님께서 내가 구한 것을 그대로 응답하셨음을 깨달았다. 그리고 두 가지 사실을 알게 되었다. 첫째로, 기도의 응답을 받기 위해서는 인내해야 한다는 것이고(히 10:36), 다른 하나는 내가 원하는 방법이 아니라 하나님의 방법으로 응답하신다는 것이다(사 55:7-8).

그런데 어느 날 왜 하나님께서 나에게 이렇게 자유롭게 신앙생활을 하게 하셨을지를 생각하다가 제대 후 곧바로 신학대학원에 입학해야 하는데 이를 위해 준비하도록 하기 위해서라는 것을 알았다. 그래서 곧바로 새벽에 부대 안에 있는 교회에 나가 기도하기 시작하였다. 날마다 새벽 4시부터 6시까지 부르짖어 기도하였다. 물론 군인교회는 공식적으로 새벽예배가 없었다. 혼자서 간절히 하나님께 간구했다. 이 일이 소문이 나자, 하루는 군목이 보자고 하더니 이렇게 말을 건넸다.

"안 병장, 내가 알기로 지금껏 군인교회에서 새벽에 두 시간씩이나 기도한 사람은 안 병장이 처음이야!"

사실 사병이 군인교회에서 새벽기도를 한다는 것은 결코 쉬운 일이 아니다. 당시 부대에 믿음의 형제들이 많았지만, 새벽에 기도하는 사람은 나 외에는 아무도 없었다. 그런데 내가 이렇게 한 것은 믿음이 좋아서가 아니라 성령께서 그렇게 하도록 강권하신 것이다.

당시 나는 제대 후 곧바로 40일 금식을 하려고 계획하고 있었다. 왜냐하면 신학교 등록금부터 시작하여 당면한 문제들이 산적해 있었기 때문이다. 그런데 적어도 7월 1일부터 금식을 시작하지 않으면 신대원 후학기 입학을 하는 데 여러 가지 문제가 있기에 6월 안에 제대해야 하는 상황이었다.

당시 나의 군 제대 예정일은 7월 7-8일이었다. 그러나 기도하면 하나님께서 제대 일정을 바꾸셔서 계획한 날짜에 40일 금식 기도를 시작할 수 있다는 확신이 들었다. 그런데 정말 기적이 일어났다. 하나님께서 종의 기도를 들으시고 열흘이나 앞당겨서 6월 29일에 제대하게 하시고 7월 1일부터 장기 금식에 들어가게 하셨다. 응답을 받을 때까지 붙잡고 기도한 말씀은 마가복음 11장 23절이다.

"내가 진실로 너희에게 이르노니 누구든지 이 산더러 들리어 바다에 던져지라 하며 그 말하는 것이 이루어질 줄 믿고 마음에 의심하지 아니하면 그대로 되리라."

믿음의 기도는 기적을 낳는다. 상황을 보지 말고 약속의 말씀을 붙잡고 기도하면 전능하신 하나님의 기적을 맛볼 수 있다. 기도는 기적을 낳는다.

오직 무릎으로 신학교를 졸업하다

　원래는 출석하던 교회가 예장 통합측이기 때문에 서울 광나루에 있는 장로회 신학대학원에 들어가려고 했다. 그러나 그렇게 하려면 먼저 노회에서 허락을 받아야 한다는 것을 알지 못했다. 절차를 밟아 들어가려면 일 년 이상 기다려야 했다. 그래서 곧바로 들어갈 수 있는 신학대학원을 찾았더니 마침 대전에 있는 침례신학대학원이 유일하게 가을 학기에 신입생을 뽑고 있어서 그 학교에 들어가기로 결정했다.
　그런데 문제는 시험에 합격해도 당장 등록금을 낼 수 없었다. 또한 학교가 대전에 있기에 하숙하든지 기숙사에 들어가야 하는데 이에 대한 대책이 전혀 없었다. 그러나 이미 기도를 통하여 제대 일정을 바꿔서 10일이나 예정보다 빨리 제대한 경험이 있었던 터라 하나님께 매달리기로 작정하고 경기도 광주에 있는 변화산기도원으로 향하였다.
　지난번 의정부 밀알기도원에서 40일을 금식하다가 해군 장교 시험에 합격했다는 통지서를 받고 30일 만에 그만두었기 때문에 이번에는 끝까지 하기로 굳게 다짐하고 40일 금식에 돌입했다. 처음에는 이상하게 그만두고 싶은 마음이 들 정도로 힘들었다. 그런데 11일째부터 하나님께서 힘을 주셔서 밤 11시에 산에 올라가서 새벽 4시 30분까지 부르짖어 기도하였다.

하나님께서 기드온에게 양털 뭉치 시험으로 그를 이스라엘의 구원자로 세우신 것을 확인시키셨던 것처럼 내가 신학교에 들어가는 것이 주님의 뜻이라면 등록금을 갖고 기도원으로 사람을 보내달라고 간구했다.

17일째 되는 날이었다. 앞서 밝힌 대로 나를 전도하신 김대기 장로님과 30일 동안이나 나와 함께 금식한 이영란 권사님 부부가 딸처럼 귀하게 여기는 자매가 기도원에 찾아왔다. 그분들로부터 내가 신대원 등록금 문제로 금식기도를 한다는 것을 전해 듣고 찾아온 것이었다. 평소에 알고 지내던 사이였다. 그는 나를 만나자마자 등록금 문제를 해결해 줄 테니 금식을 중단하라고 권하였다.

순간 갈등이 왔다. 금식의 목적이 신학교 등록금 해결하는 것이라 하나님께서 응답해 주셨기 때문에 마쳐야 한다는 생각과 이번에는 40일 금식을 끝까지 하기로 했기에 계속해야 한다는 생각이 서로 싸웠다. 그러나 전자의 생각이 이겨서 21일까지 금식하고 마쳤다.

그런데 금식을 마치고 나자, 그 자매는 결혼을 조건으로 등록금을 내주는 것이라고 했다. 순간 하나님께서 전능하신 분이신데 이런 조건으로 신학교 등록금을 받는 것은 하나님의 뜻이 아니라는 생각이 들었다. 그래서 곧바로 회개하고 21일을 작정하고 교회에서 밤 11시부터 새벽 예배 전까지 간절히 기도했다.

10여 일이 지났을 때였다. 기도 중에 성령께서 나의 여동생이 등록금을 해결해 줄 것이라는 감동을 주셨다. 당시 여동생은 서울시립

병원에서 간호사로 일하던 중 부여에 새롭게 개원한 원장의 요청을 받아 수간호사로 근무하고 있었다. 여동생은 나를 보자마자 이렇게 말했다.

"오빠, 하나님께서 등록금을 해결하게 하시려고 3개월 동안 월급을 받지 못하게 하신 거 같아요. 곧 월급을 받으면 그대로 다 드릴 테니, 그것으로 등록금을 내요."

놀랍게도 며칠 후 여동생이 나에게 건넨 돈은 당시 신학교 등록금과 일치하였다. 이는 우연히 일어난 것이 아니라 하나님께서 종의 기도를 들으시고 기적을 베푸신 것이다.

그러나 등록금을 낸다고 문제가 다 해결된 것은 아니었다. 하숙이나 자취를 하려면 얼마라도 돈이 있어야 하는데 한 푼도 없었기 때문에 이는 불가했고 오직 기숙사에 들어가는 방법밖에는 없었다. 그런데 당시 이미 기숙사가 꽉 차서 들어갈 수 없다는 통보를 받았다. 이를 해결하기 위해 삼각산에 올라가서 3일 동안 밤을 새워가며 부르짖어 기도하자 성령께서 기숙사에 들어가게 하신다는 확신을 주셨다.

제주도에 지인이 있어서 3박 4일 일정으로 제주도로 향했다. 하루는 제주 영락기도원에 가서 기도하는데 어떤 분이 내 곁으로 다가오더니 기숙사는 이미 준비되었으니 더 이상 그 문제로는 기도하지 말라고 했다. 깜짝 놀랐다. 상식적으로 처음 보는 사람에게 찾아와서 이렇게 말한다는 것은 어불성설이다. 곧바로 침례신학교에 전화를 걸었더니 마침 한 자리가 비게 되어 기숙사에 들어갈 수 있다고 했다. 기도는 정말 놀라운 능력이 있다. 성경은 이렇게 말씀한다.

"아무것도 염려하지 말고 다만 모든 일에 기도와 간구로, 너희 구활 것을 감사함으로 하나님께 아뢰라 그리하면 모든 지각에 뛰어난 하나님의 평강이 그리스도 예수 안에서 너희 마음과 생각을 지키시리라"(빌 4:6-7).

그러나 입학금과 숙소 문제가 해결되었다고 문제가 다 해결된 것이 아니었다. 하루 세 끼 식사를 해야 하고 책도 사야 하고, 기타 여러 가지 쓸 돈이 필요했다. 그러나 당시 집에서는 신학교 가는 것 자체를 극구 반대했기 때문에 한 푼도 도움을 주지 않아 재정적으로 매우 궁핍한 가운데 있었다. 어느 날은 식권을 구입하지 못해 굶는 경우도 있었다.

그러던 어느 날 빌립보서 4장 19절 말씀을 읽을 때 크게 감동을 받았다. "그 풍성한 대로 너희 모든 쓸 것을 채우시리라"에서 '그가' 영어로 '더'(the)인 줄 알고 있었는데 'his'였다. 즉 하나님의 풍성하심으로 채우신다는 말씀이었다. 너무 기뻐서 이 말씀을 붙잡고 신학교 안에 있는 기도굴에서 눈물을 흘리며 간절히 기도했다.

기도를 마친 후 갑자기 평소와는 달리 교무처로 가보고 싶은 마음이 들었다. 게시판을 보니 뜻밖에 교단 장학금 20만 원을 수령해 가라는 공고문이 붙어 있었다. 그리고 얼마 지나지 않아 미국으로 시집간 친구가 처음에는 200불을 보내고, 매달 100불씩 신학교를 졸업할 때까지 보냈다. 그리고 성적 장학금과 근로 장학금을 계속해서 받았다.

한번은 성령께서 여동생을 해외에 나가서 일하도록 기도하게 하셨다. 며칠 동안 기도한 후 여동생에게 전화해서 성령께서 기도 중에 내게 말씀하신 것을 전했다. 놀랍게도 동생이 이렇게 말하였다. "오빠, 그러잖아도 사우디에 간호사로 취직하려고 준비 중인데 3월에 시험에 합격하면 5월에 갈 수 있어요."

그가 말한 대로 사우디로 가서 일하면서 매달 용돈을 보내왔다.

당시 나는 매달 가계부를 기록하였는데 3년간 들어온 돈을 계산해 보니 1,200만 원이 넘었다. 당시 일반대학을 졸업한 직장인의 월급이 30만 원 정도였다. 따라서 1,200만 원은 보통 직장인의 3년 치 월급에 해당하는 금액이다. 하나님께서 내게 직장에 다니는 사람보다 더 주신 것이다.

이는 마치 이스라엘 백성들이 광야를 걸어갈 때 농사를 짓지 않았지만, 하나님께서 만나와 메추라기를 내리시므로 배불리 먹을 수 있었던 것과 같다. 그 후로는 재정적인 문제가 있을 때마다 빌립보서 4장 19절 말씀을 붙잡고 기도하므로 모두 해결을 받고 있다.

예수 그리스도는 어제나 오늘이나 영원토록 동일하시다(히 13:8). 지금도 하나님의 약속을 붙잡고 기도하면 기적을 경험할 수 있다. 사람에게 구걸하지 말고 모든 것을 구하는 자에게 후히 주시는 하나님 아버지께 전심으로 구해야 한다.

"나의 하나님이 그리스도 예수 안에서 영광 가운데 그 풍성한 대로 너희 모든 쓸 것을 채우시리라"(빌 4:19).

온 가족이 주께로 돌아오다

성경은 바울의 회심 과정을 비교적 상세히 알려주고 있다(행 9:1-22). 그런데 하나님께서 다메섹으로 가던 바울에게 나타나신 이유에 대해서는 밝히지 않는다. 그러나 바울의 박해와 예수님의 가르침을 종합해 보면 이를 추정할 수 있다. 스데반이 순교한 후 예루살렘교회에는 큰 박해의 소용돌이 속에 빠져들었다. 그런데 누가는 스데반의 순교로 예루살렘교회에 큰 박해가 시작된 사실을 기술하면서 바울을 등장시킨다.

"사울은 그가 죽임 당함을 마땅히 여기더라 그날에 예루살렘에 있는 교회에 큰 박해가 있어 사도 외에는 다 유대와 사마리아 모든 땅으로 흩어지니라 경건한 사람들이 스데반을 장사하고 위하여 크게 울더라 사울이 교회를 잔멸할새 각 집에 들어가 남녀를 끌어다가 옥에 넘기니라"(행 8:1-3).

누가는 큰 박해가 있기 전부터 바울을 등장시키고 그가 큰 박해에 앞장을 섰다고 말한 것을 통하여 무엇을 알 수 있는가? 그로 말미암아 예루살렘교회에 큰 박해가 일어났다는 것이다. 이렇게 바울이 예루살렘교회를 박해할 때 어떻게 대처했다고 생각하는가? 아마도 예수께서 평소 가르쳐 주신 대로 했을 것이다.

"나는 너희에게 이르노니 너희 원수를 사랑하며 너희를 박해하는 자를 위하여 기도하라"(마 5:44).

그렇다. 예루살렘교회는 바울이 다메섹까지 그리스도인들을 박해하러 간다는 것을 알고 그를 위하여 기도했을 것이다. 그러자 어떤 일이 일어났는가? 하나님께서 바울에게 친히 찾아가셔서 그를 무릎 꿇게 하시고 구원하셨다. 한마디로 바울이 다메섹으로 가던 중 구원받게 된 것은 예루살렘교회가 그를 위하여 간절히 기도했기 때문이라는 것이다.

구원을 받는다는 것은 마귀의 자녀에서 벗어나서 하나님의 자녀가 된다는 것을 뜻한다. 따라서 한 영혼이 구원받는 과정에서 마귀와의 영적 전쟁은 불가피하다. 이 전쟁에서 하나님의 도움이 없이는 이길 수 없다. 따라서 누군가를 주님께 돌아오게 하려면 반드시 기도해야 한다.

앞서 언급했듯이 나는 불신 집안에서 태어났기 때문에 신앙생활을 하는 과정에서 많은 박해를 받았다. 특별히 어머니께서 그 일에 앞장을 서셨다. 그런 데는 나름대로 이유가 있었다. 어머니께서 일찍 남편을 여의셨기에 모든 일을 장남 중심으로 결정하셨는데 점술가로부터 한 집안에 종교가 둘이면 사업이 망한다는 말을 들으셨기 때문이다.

어머님의 눈총을 받으며 신앙생활을 하던 중, 어느 날 성경을 읽다가 사도행전 16장 31절이 마음에 크게 부딪혔다.

"..주 예수를 믿으라 그리하면 너와 네 집이 구원을 받으리라…"

이 말씀을 붙잡고 새벽마다 주님께 매달렸다. 그러자 7년 만에 온 가족이 주님께 돌아왔다. 특별히 작은형(안창덕)은 예장 통합측 산성교회 원로 장로로, 누나(안창란)는 영락교회 시무 권사로 섬기고 있다. 어머니께서 94세에 천국에 입성하셨는데, 슬하의 53명이 모두 그리스도인이 되었다. 이는 약속의 말씀으로 믿고 기도한 결과다. 기도하면 천하보다 귀한 영혼들이 주님께 돌아오는 기적이 일어난다.

아직도 가족들이 주님께로 돌아오지 않아서 마음에 큰 부담감과 고통을 느끼고 있는가? 낙심하거나 포기하지 말아야 한다. 아직도 늦지 않았다. 사도행전 16장 31절 말씀을 붙잡고 간절히 기도하면 하나님의 때에 반드시 돌아오게 하신다.

어느 선교사가 사역지에서 열심히 복음을 전했지만, 한 명도 주님께 돌아오지 않았다. 설상가상으로 길을 가다가 복면강도를 만났다. 주머니에 있는 지갑과 가지고 있던 물건들을 다 빼앗길 찰나였다. 갑자기 두 명의 강도가 멈칫하더니 지갑과 물건을 버리고 도망쳤다. 선교사는 그들이 강도짓을 하다가 줄행랑을 치는 이유를 전혀 알지 못했다. 얼마 후 저녁이 되자 강도들이 선교사 집을 찾아왔다. 선교사는 그들이 낮에는 누가 볼까 봐 그냥 갔다가 저녁에 다시 왔다고 생각했다.

그런데 그들이 갑자기 선교사 앞에 무릎을 꿇더니 예수님을 믿을 테니 용서해 달라고 빌었다. 선교사가 그들에게 어찌 된 일이냐고 묻자, 그들은 이렇게 말했다.

"낮에 선교사님의 지갑과 물건을 빼앗았을 때 갑자기 선교사님 뒤로 10명의 군인이 나타나서 우리들을 향해 총을 겨누고 있어서 도망을 쳤습니다. 곧 선교사님이 군인들을 풀어 우리를 잡을 텐데, 아무리 생각해도 먼저 선교사님께 찾아와서 용서를 구하고 예수 믿는 것만이 살길이라고 생각했기에 다시 찾아왔습니다."

그래서 선교사는 처음으로 선교지에서 두 명의 영혼을 구원하게 되었다. 선교사가 본국에 돌아와 파송 교회에서 강도가 구원받은 간증을 하였다. 예배가 끝난 후 선교 후원회원들과 차를 같이 마시던 가운데 그중 한 분이 물었다.

"선교사님, 오늘 간증한 사건이 언제 일어났죠?"

선교사가 그 사건이 일어난 때를 말하자 그는 이렇게 말했다.

"선교사님, 그날은 우리 선교후원회 10명이 함께 모여서 기도하던 날이었습니다. 강도들이 본 10명의 군인은 하나님께서 보내신 천사였습니다."

기도하면 천하보다 귀한 생명이 구원받는 기적이 일어난다. 무엇보다 가족 구원을 위해 기도해야 한다. 가족을 구원하는 일은 쉬운 일이 아니다. 변화된 삶을 보여주지 않으면 결코 예수님을 믿게 할 수 없다. 그런데 삶의 변화를 보인다고 자동으로 돌아오는 것도 아니다. 그들의 마음을 하나님께서 움직이시도록 기도하고 복음을 전해야 한다. 기도는 이 세상에서 영혼을 얻는 가장 강력한 무기다.

2000만 원짜리 어음과 가정교회 개척

　나는 교회를 사임하라는 성령의 음성을 듣고 부교역자로서 7년 동안 섬겼던 교회를 떠났다. 그러나 사역의 길은 곧 열리지 않았다. 한편으로는 이런 생각이 들었다. '혹시 성령의 음성을 잘못 들은 것은 아닌지…' 그러나 40일 금식을 하는 과정에서 교회를 사임한 것은 하나님의 뜻임을 재확인하였다. 앞서 밝혔듯이 40일 금식 후에도 사역의 문이 열리지 않아 치악산기도원에서 매일 17시간씩 40일을 기도하였다. 이 기도를 마치고 얼마 되지 않았을 때였다. 나를 중매하셨던 내외분이 안부 인사차 찾아왔다. 현재는 미국으로 이민을 가서 남편(박영세)은 장로가 되었고, 아내(한영님)는 신학을 공부하고 목사 안수를 받았다.
　내게 잠시 안부를 물은 후 2000만 원짜리 약속어음을 주면서 이렇게 말했다.
　"목사님, 이것으로 미국 유학을 가시든지, 교회를 개척하시든지 마음대로 하세요."

지금 시세로 환산하면 거의 2억에 가까운 거액이다. 그러나 당시는 어음 부도율이 유달리 높았기 때문에 크게 기대하지 않았다. 그런데 부도가 나지 않아 만기일에 전액 2,000만 원이 통장으로 입금되었다. 잠시나마 그분들을 의심했던 것을 회개했다.

당장 그 돈을 쓸 일이 없었기 때문에 은행에 넣어둔 채 유학을 떠날 것인지, 교회를 개척할 것인지를 주님께 여쭸다. 뜻밖에 성령께서 약속어음을 주신 분들의 집에서 개척하라고 감동을 주셔서 그곳에서 교회를 시작했다. 그리고 받은 헌금을 모두 교회 통장으로 이체했다. 드디어 섬겼던 교회를 사임한 지 1년 5개월 만에 새로운 사역지에서 목회를 시작하게 된 것이다. 이때의 감격과 기쁨은 이루 말할 수 없었다.

그런데 내가 크게 기뻐했던 이유는 단지 교회를 개척했기 때문이 아니었다. 무엇보다, 내가 전혀 생각하지 못한 방법으로 교회를 개척하게 하셨기 때문이다. 처음으로 나에게 교회 개척에 함께하겠다고 하신 분은 상당한 재력가였다. 대기업 재벌 수준은 아니었지만, 지금껏 그분보다 재력 있는 사람은 만나보지 못했을 정도로 상당한 재력가다.

그러나 하나님께서 그런 분을 통해 교회를 시작하시지 않고 당시 물질적으로 어려운 상황에 있는 분을 통해 시작하게 하셨다. 물론 내게 약속어음을 주신 분도 가난한 분은 아니다. 사업을 크게 하고 있었고 상당한 부자다. 그러나 내게 약속어음을 건네실 때는 사업상 매우 어려운 가운데 처했었다. 그래서 그분이 헌금을 하리라고는 전혀 생각하지 않았다. 다시 말해 그분이 약속어음을 주신 것은 하나님께서 행하신 것이다. 나의 간절한 기도를 들으시고 하나님께서 기적을 베푸신 것이다.

기도하면 하나님께서 일하시므로 기적이 일어난다. 기적은 항상 우리의 예상과 기대를 뛰어넘는다. 하나님께서 일하심을 보기를 원하는가? 그렇다면 기도해야 한다. 기도는 기적을 낳는다. 어려울수록 사람을 의지하지 말고 하나님을 의지하고 그분께 매달려야 한다.

> "너희가 내게 부르짖으며 내게 와서 기도하면 내가 너희들의 기도를 들을 것이요 너희가 온 마음으로 나를 구하면 나를 찾을 것이요 나를 만나리라"(렘 29:12-13).

또 다른 큰 기쁨의 이유는 상가가 아니라 가정에서 교회를 시작하게 하셨기 때문이다. 성남에서 가정교회를 개척한 것은 1990년대 중반이었다. 요즘은 팬데믹의 영향을 받아 가정에서 예배를 드려도 그다지 이상하게 여기지 않는다. 그러나 당시만 해도 주로 건물 교회에서 예배를 드렸기 때문에 일반 집에서 교회를 개척한다는 것은, 거의 생각조차 하지 않았던 때였다. 그런데 하나님께서 집에서 교회를 시작하게 하셨다.

사실 나는 성령으로 거듭나고 얼마 되지 않았을 때부터 초대교회에 대해 깊은 관심을 가졌다. 왜냐하면 오늘날의 교회와 초대교회가 너무 달랐기 때문이다. 무엇보다 오늘날은 성도들이 예배당 예배를 중요하게 생각하고 있지만 초대교회는 예배당 밖에서 복음을 전파하는 것을 중요하게 생각하고 있었기 때문이다. 특별히 스데반이 복음을 전하다가 돌에 맞아 순교하고, 빌립은 복음을 전하며 병든 자를 고치고 귀신을 쫓아내고 간다게의 국고를 맡은 내시에게 복음을 전하고 세례까지 베푼 것이 큰 감동으로 다가왔다.

그들은 사도가 아닌데도 어떻게 그렇게 사역할 수 있었는지 궁금했다. 이를 살펴던 중 성경에서 답을 찾았다.

"그들이 날마다 성전에 있든지 집에 있든지 예수는 그리스도라고 가
르치기와 전도하기를 그치지 아니하니라"(행 5:42).

　사도들은 날마다 성전과 집에서 예수는 그리스도라고 가르치고 전도하기를 그치지 않았다. 한마디로 사도들은 평신도가 복음을 전하고 가르치도록 성전과 집에서 훈련했다.
　우리가 알다시피 예수께서는 성전에서 복음을 전하고 가르치셨어도 가정에서는 하시지 않았다. 그리고 제자들에게 집에서 이를 훈련하라고 말씀하시지도 않았다. 그런데 어떻게 사도들이 성전뿐 아니라 집에서도 예수는 그리스도라고 가르치고 전하도록 훈련할 생각을 하였을까?
　그것은 예수께서 십자가에 못 박혀 죽으시고 살아나신다고 하셨는데 그가 말씀하신 대로 살아나시자, 예수께서 생전에 말씀하신 두 가지 사실이 기억났기 때문이다. 하나는, 장차 성전이 무너질 것이다(마 24:2; 막 13:2; 눅 21:6). 성전이 무너지면 더 이상 그곳에서 신앙생활을 할 수 없기 때문에 성전을 대신할 장소가 필요했다. 다른 하나는, 곧 환난이 도래한다는 것이다(마 24:9). 믿는 자들이 환난과 핍박을 받는 상황에서는 눈에 쉽게 띄는 건물 교회에서 신앙생활을 할 수 없기에 다른 장소가 필요했다.
　예수께서 말씀하신 대로 AD 70년 경 예루살렘 성전이 무너지고, 환난을 당하자 그리스도인들이 가정교회를 중심으로 신앙생활을 하였던 것이다. 장차 팬데믹과는 비교조차 할 수 없는 환난이 불어닥칠 것이다. 이런 상황에서도 신앙생활을 하는 방법이 있다. 그것은 초대교회처럼 가정교회를 통해서 신앙생활을 하는 것이다.
　초기 기독교가 250년 동안 혹독하게 환난을 겪었지만 교회가 계속해서 성장해 갈 수 있었던 것은, 사도들이 장차 불어닥칠 환난을

대비하여 가정교회를 준비했기 때문이다. 가정교회는 환난 시대에도 하나님의 나라를 확장시키는 유일한 수단이고 통로이다.

주의 재림의 날이 점점 가까이 다가오고 있다. 주님께서 재림하시기 전 반드시 환난을 겪어야 하므로 교회는 환난을 통과해야 할 준비를 해야 한다(마 24:1-29). 단지 깨어 기도만 하거나 종말론만 공부하거나 혼자서 전도만 해서는 안 된다. 환난을 이길 수 있도록 가정교회를 만들어야 한다. 그리고 초대교회의 빌립과 스데반처럼 사역할 수 있는 평신도 사역자를 준비해야 한다.

나는 이를 깨달은 후부터 줄곧 평신도 사역에 관심을 갖고 연구해 왔다. 그로 인하여 단기간에 평신도들이 복음을 전하고 가르치고 제자 삼을 수 있도록 훈련하는 'D3전도중심제자훈련'을 만들었고 전 세계에 다니며 이를 보급하고 있다.

청송감호소에 타오른 성령의 불길

청송감호소는 사회 보호법에 의해 같은 종류의 죄로 2회 이상 실형을 선고받고 합계 3년 이상의 징역형을 선고받은 자가 다시 죄를 범했을 때 형벌 외에 추가로 감호 처분을 집행하기 위해 만든 시설이다. 한동안 이중 처벌 및 인권 침해 등 많은 논란에 시달리다가 24년 만에 문을 닫고 청송 제3교도소로 개명하여 운영 중이다.

나는 1992년부터 2001년까지 약 10년간 거의 두세 달에 한 번씩 그곳을 찾았다. 그곳과 이렇게 인연을 갖게 된 것은 김혜순 전도사를 알고 난 후부터다. 그는 원래 한양대학교 영화학과를 졸업하고 단편영화를 찍기도 했는데, 심장병으로 죽음의 문턱에서 예수님을 만난 후 교도소 사역에 전념하고 있었다. 당시 그는 교도소 사역으로 교정대상(대통령상)을 받을 정도로 그 분야에서는 꽤 이름이 나 있었다.

하루는 그분의 초대를 받아 청소감호소에서 사역을 마치고 돌아오던 중에 잠시 휴게소에 들러 이야기를 하고 있었는데 어디선가 째깍째깍하는 소리가 났다. 아무리 둘러봐도 주변에는 소리를 낼 만한 시계가 없었다. 그래서 내가 두리번거리자 김혜순 전도사가 웃으며 이렇게 말했다.

"제 심장 안에 장치가 있어서 그래요. 옛날에 심장병 수술할 때 기계를 넣었어요."

그가 심장 수술을 받아 몸이 건강하지 않은 상황에서도 복음을 전하려고 최선을 다하는 것을 보고서 그를 돕기로 결심하고 요청할 때마다 거절하지 않고 가서 말씀을 증거했다.

지금은 교통이 많이 좋아져서 서울 톨게이트에서 출발하면 4-5시간이면 도착할 수 있다. 그러나 당시는 꼬박 7-8시간이 걸렸다. 그래서 새벽 4시 반에 출발해야 오후 2시 집회를 인도할 수 있었다. 갈 때마다 종교집회에 약 400여 명이 참석했다. 그들에게 복음을 전하고 초청하면 많은 사람들이 예수님을 영접하였다. 이를 볼 때의 감격과 기쁨은 이루 말할 수 없었다. 이로 인해 힘들게 달려온 보람을 느꼈고, 모든 피곤함을 잊을 수 있었다.

다년간 청송감호소 사역을 돕자 김혜순 전도사는 이를 감사하게 생각하고 섬기던 교회를 사임하고 우리 교회의 전도사가 되었다. 그래서 감호소를 출소한 후 우리 교회에 출석하는 자들이 있었다. 그중에는 사기 전과로 교도소에 있다가 보호감호처분을 받고 청송감호소에 있다가 김혜순 전도사의 추천으로 가출소한 이가 있었다.

그는 한동안 '영웅 의적'이라고 불리기도 했던 대도 조세형과 감호소에서 함께 지내는 동안 그에게 일본어를 가르칠 정도로 일본어에 아주 능숙했다. 그리고 호감을 살 만한 외모를 가졌고, 일 년에 한 번 여는 청송감호소 체육대회의 진행을 단골로 맡을 정도로 언변이 뛰어났다.

하루는 부산 경찰서에서 전화가 걸려 왔다. 그가 죽었는데 주머니에서 나의 전화번호가 나와서 연락했다는 것이었다. 즉시 김혜순 전도사와 함께 내려가서 자초지종을 들어보니 다시 사기행각을 벌이던 중 갑자기 알 수 없는 이유로 쓰러져서 죽음을 맞이한 것이다. 즉 심장마비로 즉사한 것이다.

그가 그렇게 비참하게 최후를 맞이한 것을 보며 너무 마음이 아팠다. 김혜순 전도사가 감호소 안에서 신앙생활을 잘한다고 판단하여 추천해서 만기 전에 조기 출소를 도왔더니 그 은혜를 망각하고 사기행각을 벌이다가 죽었기 때문이다.

순간 이런저런 의문이 들었다. 그가 감호소에서 열심히 신앙생활을 한 것은 쇼였는가? 그가 예수님을 영접한 것도 사기로 한 것인가? 평소 어디서 들은 말이 문득 떠올랐다. "깡패는 진짜 회개를 하는데, 사기꾼은 회개도 사기로 하므로 진짜 회개를 하지 않는다." 너무 혼란스러웠다. 천국에 가서 주님께 여쭤봐야 할 것 같다.

끝으로 청송감호소 사역을 하던 중 경험한 놀라운 일을 소개한다. 나도 처음에는 감호소에서 다른 목회자처럼 설교를 마치면 준비해 간 떡을 나누어주고 게임을 진행하고 마쳤다. 이런 사역을 거의 7년 동안 반복했다. 그런데 이들 중에 진짜 믿음이 있는 사람들이 있음을 알게 되었고 이들에게 제자훈련을 해서 그곳에서 지상명령에 순종하는 삶을 살아가도록 해야겠다는 생각이 들었다.

그래서 그들 중에서 제자훈련을 받고 싶어 하는 사람들을 선발하였더니 약 이십여 명이 되었다. 그들을 별도로 훈련하여 평신도 사역자로 임명하고 재소자들에게 복음을 전하고 가르치도록 했다. 교도소나 감호소 역사상 담 안에서 이렇게 한 적은 없었다.

하루는 그들을 대상으로 한 달 후 '은혜의 골짜기'라는 기도훈련 프로그램을 한다고 광고했다. 약속한 날에 은혜의 골짜기를 하자 놀라운 일이 일어났다. 참석자들이 뜨거운 눈물을 흘리며 부르짖어 기도하였고 대부분 방언의 은사를 받았고, 성령의 능력을 받거나 귀신이 떠나가므로 쓰러지는 자들도 다수 있었다. 그동안 내가 외부에서 집회할 때 일어났던 기적보다 훨씬 많이 일어났다. 충격인 동시에 감격이었다.

그들에게 이런 역사가 어떻게 일어났을까? 집회 후 참석자들의 간증을 통하여 그 이유를 알 수 있었다. 대부분 집회를 사모하며 간절히 기도했고, 심지어 3일 동안 금식한 분들도 더러 있었다. 청송감호소에 일어난 기적을 통해서 나는 크게 두 가지를 깨달았다.

하나는, 그들이 청송감호소에 갇힌 것은 화가 아니라 복이라는 것이다.

> "여호와의 말씀이니라 너희를 향한 나의 생각을 내가 아나니 평안이요 재앙이 아니니라 너희에게 미래와 희망을 주는 것이니라"(렘 29:11).

그들이 그곳에 갇히지 않았다면 복음을 듣지 못했을 것이고 은혜의 골짜기에 참석하여 성령의 충만을 경험할 수 없었을 것이다.

다른 하나는, 하나님을 간절히 찾으면 누구든지 하나님을 만나고 은혜를 받을 수 있다는 것이다.

> "그러나 네가 거기서 네 하나님 여호와를 찾게 되리니 만일 마음을 다하고 뜻을 다하여 그를 찾으면 만나리라"(신 4:29).

하나님께서는 사람을 외모로 보시지 않는다. 담 안에 있든지 담 밖에 있든지 전혀 상관이 없다. 하나님께서는 간절히 사모하는 자에게 은혜를 베푸신다.

하나님께서 주신 운전면허증

　부교역자 시절을 회상하면 정말 열심히 사역했다는 생각이 든다. 이른 새벽부터 늦은 밤까지 열심히 뛰어다녔다. 운전면허 시험을 보려면 학원에 등록하여 연습해야 하지만 시간적으로도 여유가 없었고, 사례비도 많지 않아 자동차 운전학원에 다닐 수 없었다.
　처음에는 1종 보통 운전면허 시험을 신청했다. 운전면허 필기시험 문제집을 구입했지만, 너무 바빠서 제대로 보지도 않고 시험을 치렀다가 세 번이나 낙방했다. 1차 필기시험의 합격점은 80점인데 2-4점 차이로 아쉽게 떨어졌다.
　명색이 사법고시를 준비하던 자가 자동차 운전면허 필기시험을 세 번이나 떨어진다는 것은 정말 자존심 상하는 일이다. 창피하여 얼굴을 들 수 없었다. 나중에는 시험을 보는 것 자체를 두려워했고 자신감도 잃었다. 고민하던 끝에 1종을 2종으로 바꾸기로 하고 네 번째 시험에 도전하여 78점으로 필기시험에 합격했다.
　자동차 운전면허증을 취득하려면 반드시 실기시험에도 합격해야 한다. 지금은 자동차 운전면허증 취득 제도가 어떻게 바뀌었는지 모르지만, 과거에는 S자와 T자와 주행 코스에 합격해야 했다. 그러나 앞서 밝혔듯이 당시 자동차 운전학원에 등록할 형편이 안 되어 쿠폰을 사서 몇 번 연습하고 시험을 치렀기 때문에 세 번이나 연거푸 낙방했다. 1차 필기시험에 낙방했던 것보다 훨씬 상실감이 컸다.

그런데 자동차 운전면허 필기시험에 합격하기 위해 950번이나 도전하고 실기시험에 10번 도전하여 마침내 961번째에 운전면허증을 딴 사람이 있다. 그는 당시 69세 차사순 할머니다. 그는 자동차 운전면허를 얻기 위해 응시료로 2,880만 원이나 사용했다. 미국 〈뉴욕타임즈〉와 영국 〈데일리메일〉이 이를 보도했고, 현대자동차는 광고 모델인 차사순 할머니에게 '쏘울'을 선물했다.

몇 해 전 미국에 집회 인도차 갔다가 미국의 유력 일간지 중 하나인 〈시카고 트리뷴〉에 차사순 할머니가 빌 클린턴 대통령, 해리포터의 작가 J. K. 롤링, 애플의 최고경영자 스티브 잡스 등과 함께 현대 부모들이 자녀에게 기억시켜야 할 '집념과 끈기의 귀감'으로 소개되었던 것을 읽은 적이 있다.

네 번째 실기시험을 보는 날이었다. 당시 운전면허 시험장은 잠실 종합운동장 옆의 한강 둔치에 있었다. 시험 당일 운전면허 시험장에 도착하자 수많은 사람이 줄을 서고 있었다. 나도 그들 중에 끼여서 차례를 기다리고 있었다. 그런데 자신도 모르게 갑자기 내 입에서 "내게 능력 주시는 자 안에서 내가 모든 것을 할 수 있느니라"(빌 4:13)라는 말씀이 나왔다. 그리고 이를 계속해서 암송하며 큰소리로 기도했다.

눈을 떠 주변을 돌아보니 사람들이 모두 이상하다는 듯이 나를 쳐다보았다. 쥐구멍이라도 있으면 들어가고 싶은 심정이었다. 자동차 운전면허 시험에 합격하려면 미리 집에서 하든지, 마음속으로 하든지 해야지 시험 당일 현장에서 다른 사람들의 귀에 들리도록 통성으로 기도하는 사람이 어디 있는가? 아무리 생각해도 제정신이 아닌 것이 분명했다.

대기하던 중 차례가 되어 승차하여 운전석에 앉았다. 시동을 걸고 액셀을 밟았지만, 소리만 요란하게 날 뿐 차가 앞으로 잘 나가지 않았다. 서행을 하던 중 언덕 앞에 이르러서는 시동이 꺼지면서 차가 멈췄다. 이를 본 감독관이 엄청나게 빠른 속도로 달려와서 내 차 안을 보더니 화를 내면서 이렇게 말했다.

"선생님! 언덕 앞에서 3단 기어를 넣으면 어떻게 합니까?"

그제야 왜 지금까지 액셀을 밟아도 차가 잘 나가지 않고 언덕을 오르기도 전에 멈추게 되었는지를 깨달았다. 기어 1단을 넣고 출발하다가 중간에 변속해야 하는데 처음부터 3단을 넣고 주행했기 때문이었다. 그는 내게 빨리 내리라고 화를 내더니 운전석에 앉자마자 굉장히 빠른 속도로 달렸다. 그런데 전광판에는 내 번호와 함께 '합격'이라는 글자가 떴다.

어떻게 이런 일이 일어날 수 있는가? 전자 시스템은 정해진 시간 안에 차가 목적지에 들어오면 합격 판정을 내리는데 감독관이 내 차를 운전하여 시간 안에 도착했기 때문에 합격이 된 것이다. 즉 전자 시스템은 차 안에 누가 탔는지를 알지 못하기 때문이다.

평소 "정직은 최선의 정책이다"라고 종종 말해왔기 때문에 운전면허증을 받아야 할지, 말아야 할지 고민하지 않을 수 없었다. 결국은 떨어졌다고 말하려고 관리 사무실을 향해 걸어갔다. 도착하여 사무실의 창문을 열려고 하는 순간 갑자기 성령의 음성이 들렸다.

"이 운전면허증은 '내게 능력 주시는 자 안에서 내가 모든 것을 할 수 있느니라'고 고백했기에 너에게 주는 선물이다."

즉시 돌아섰다. 당시 기쁨은 이루 말할 수 없었다. 천하를 다 얻은 기분이었다. 그토록 기뻤던 이유는 단지 여러 차례 낙방하고 힘들게 자동차 운전면허를 땄기 때문이 아니었다. 운전면허를 딴 것이 나의 능력과 힘이 아니라 전적으로 주님의 능력으로 땄기 때문이다.

그렇다. 내가 자동차 운전면허를 취득한 것은 전적으로 주의 은혜다. 그래서 바울처럼 고백하지 않을 수 없었다.

> "그러나 내가 나 된 것은 하나님의 은혜로 된 것이니 내게 주신 그의 은혜가 헛되지 아니하여 내가 모든 사도보다 더 많이 수고하였으나 내가 한 것이 아니요 오직 나와 함께하신 하나님의 은혜로라"(고전 15:10).

나는 이 사건을 계기로 무엇을 하든지 자신의 능력과 경험을 앞세우지 않고 전심으로 주님의 능력을 의지하기로 굳게 결심했다. 물론 작심삼일이지만 말이다. 간혹 나의 경험과 지식을 의지하려는 유혹이 닥칠 때마다 아래의 말씀을 읊조리며 주님의 능력을 전심으로 구하기 위해 무릎을 꿇는다.

> "여호와의 눈은 온 땅을 두루 감찰하사 전심으로 자기에게 향하는 자들을 위하여 능력을 베푸시나니 이 일은 왕이 망령되이 행하였은즉 이후부터는 왕에게 전쟁이 있으리이다 하매"(대하 16:9).

죽은 아이를 살리다

앞서 밝힌 대로 자동차 면허 시험에 합격하고 운전면허증을 받았을 때의 기쁨은 이루 말할 수 없었다. 그런데 그와 함께 걱정되는 부분도 있었다. 과연 운전을 제대로 할 수 있는가였다. 한 번 생각해 보라. 출발할 때 기어를 몇 단으로 놓아야 하는지도 모르는 자가 운전면허증을 취득하였으니 어떻게 운전을 제대로 할 수 있겠는가?

지금은 대부분 오토이지만 당시는 스틱이라 초보자가 변속 기어를 다루는 것은 그리 쉽지 않았다. 클러치를 제때 떼지 않아 갑자기 소리가 윙윙거리기도 하고, 시동을 꺼뜨리는 경우가 비일비재했다. 속도를 빨리 감속하지 못해 하마터면 대관령 정상에서 계곡으로 추락할 뻔한 적도 있었다. 심방을 할 때 교구 전도사가 동승했는데 룸미러를 보면 긴장하는 모습이 역력했다. 차를 서투르게 운전하자 당시 교회 안에는 이런 소문이 유행했다.

"빨리 천국에 가고 싶은 사람은 안창천 목사의 차를 타라."

마침내 운전하던 중 대형 사고를 일으켰다. 당시 내가 섬기던 교회는 규모가 좀 컸다. 담임목사님이 매우 유명한 부흥사였기 때문에 가끔 해외로 사역을 나가시면 부목사들이 돌아가며 설교할 때가 있었는데 설교하고 나면 은혜를 많이 받았다며 식사를 대접하겠다는 분들이 줄을 섰다. 대부분 거절하였지만 그렇게 할 수 없는 분이 있었다.

전도사 시절, 대전에서 올라와서 금요 철야기도회에 참석하고 토요일 교역자 회의에 참석해야 했는데 금요기도회를 늦게 마치고 집으로 갈 수 없어 교회 근처에 있는 아무개 집사님 댁에 머물렀기 때문에 그분의 요청은 거절할 수 없었다. 그리 멀지 않은 식당이라 내가 직접 운전하기로 하고 주차장에 도착하여 막 주차하려는 순간이었다.

겨울이라 6시도 안 되었는데 어둑어둑한 상황에서 갑자기 차 앞으로 형제가 달음박질하는 것이 보여서 브레이크를 밟는다는 것이 그만 악셀을 밟았다. 앞서 달린 형은 치이지 않았는데 뒤따르던 동생은 미처 피하지 못하고 내 차에 치였다. 그 아이는 상가 벽에 부딪히더니 내 차 밑으로 떨어지면서 나의 시야에서 사라졌다.

주차를 하려면 먼저 파킹 기어를 넣은 후 사이드 브레이크를 밟아야 하는데 너무 당황한 나머지 그냥 내렸다. 바닥이 다소 경사졌기에 차가 뒤로 움직이면서 아이가 앞바퀴 뒤쪽에 끼인 채로 질질 끌려갔다. 차를 멈추고 아이를 꺼내 보니 이미 목숨을 잃은 상태였다.

순식간에 사람들이 몰려들었다. 내가 어쩔 줄 몰라 하자 어떤 사람이 자신이 차를 운전할 테니 아이를 빨리 안고 타라고 했다. 차에 타자마자 하나님께 울면서 회개와 함께 큰 소리로 죽은 아이를 살려 달라고 부르짖었다. 거의 병원에 도착할 무렵 아이가 기적적으로 살아났다. 당시 기쁨은 이루 말할 수 없었다. 뛸 듯이 기뻤다.

그런데 아이를 병원 응급실에서 내려놨는데 한쪽 귀가 없었다. 아이를 병원에 둔 채로 곧바로 사고 현장으로 갔다. 다행히 그곳에 아이의 한쪽 귀가 떨어져 있었다. 186바늘을 꿰메는 봉합수술을 마쳤다. 그런데 놀라운 사실은 전치 3주의 진단서가 나왔다.

나도 이해가 되지 않았다. 교통사고가 나면 기본적으로 전치 3주 진단이 나오는데 어떻게 귀가 떨어져 186바늘을 봉합했는데 전치 3주밖에 나오지 않을 수 있는가? 아이의 아버지도 경찰 수사와 병원 진단을 믿지 못하겠다며 검찰에 이의를 제기했다. 그러나 뇌를 다치지 않았고, 어린아이라 상처가 아무는 데 오랜 시간이 걸리지 않기 때문에 검찰에서 더 이상 수사를 진행하지 않고 사건을 종결지었다.

이 사건으로 나는 엄청난 충격을 받았다. 그 여파는 사건이 발생한 지 거의 30년이 지났지만, 아직도 잊혀지지 않고 마음의 중심부에 자리하고 있다. 그런데 그를 통하여 얻은, 매우 중요한 교훈 두 가지가 있다.

하나는, 하나님께서는 고난 중에 위로하신다는 것이다. 아이의 죽음은 나에게 충격 그 자체였다. 그런데 하나님께서 종의 기도를 들으시고 아이를 살리시는 기적을 행하셔서 위로해 주셨다. 그렇다. 하나님께서는 우리가 고난을 이길 수 있도록 하나님의 방법으로 위로해 주신다.

다른 하나는, 구원은 두렵고 떨림으로 이루어가야 한다는 것이다. 나는 자동차 운전면허증을 손에 쥔 순간 하나님께서 은혜로 운전면허증을 주셨기 때문에 전적으로 운전을 책임져 주실 것을 확신했다. 그러나 이 확신은 대형 교통사고로 완전히 무너졌다. 교통사고 후 어느 날, 왜 하나님께서 은혜로 면허를 주셨으면 끝까지 지켜주시지 않고 사고를 내도록 허락하셨을지를 묵상하고 있었다. 순간 성령께서 다음과 같은 깨달음을 주셨다.

'주의 은혜로 받은 것은, 조심과 거룩함으로 지켜야 한다.'

구원도 마찬가지다. 우리가 주의 은혜로 구원을 받았기에 두렵고 떨림으로 이를 이루기 위해 힘써야 한다. 바울도 이를 알고 다음과 같이 말한다.

> "그러므로 나의 사랑하는 자들아 너희가 나 있을 때뿐 아니라 더욱 지금 나 없을 때에도 항상 복종하여 두렵고 떨림으로 너희 구원을 이루라"(빌 2:12).

왜 한국교회가 이 세상의 빛과 소금의 역할을 해야 하는데 오히려 지탄의 대상이 되어 있는가? 은혜의 교리를 지나치게 강조하고 구원받은 후의 삶을 크게 강조하지 않았기 때문이다. 그래서 구원을 받았다고 말하는 사람은 많지만 구원받은 자답게 살아가는 사람은 찾아보기 힘든 것이 현실이다.

이에 일부 신학자들은 전통적인 구원론, 즉 예수께서 우리의 죄를 대신하여 십자가에 못 박혀 죽으시고 부활하신 사실을 믿기만 하면 구원을 받는다는 주장에 메스를 가해야 한다고 열을 올리고 있다. 즉 복음을 믿기만 하면 구원을 받는 것이 아니라 선을 행해야 한다고 주장한다.

정말 그럴까? 예수님을 믿어도 성도들의 삶이 변하지 않는 것은 전통적인 구원론에 문제가 있어서가 아니라 복음을 믿는 과정에서 회개의 강을 건너지 않았기 때문이다. 성경은 복음을 믿기 전에 회개할 것을 주문한다.

> "이르시되 때가 찼고 하나님의 나라가 가까이 왔으니 회개하고 복음을 믿으라 하시더라"(막 1:15).

제대로 회개했다면 어떻게 삶이 바뀌지 않을 수 있겠는가?

현대판 구름 기둥 사건

　서울 ○○교회에서 사역할 당시 교구와 청년 대학부를 맡았기 때문에 거의 편히 쉴 날이 없었다. 물론 쉬려고 하면 얼마든지 쉴 수 있었다. 그러나 성령께서 주신 열심으로 최선을 다했다. 교구에 속한 성도들을 부지런히 돌아보았지만, 특별히 청년 대학부를 부흥시키기 위해 열정을 쏟아부었다. 일반적으로 일 년에 한 번 수련회를 하지만 나는 두 번 수련회를 했다. 하계수련회는 3박 4일, 동계수련회는 2박 3일 하면서 서신서를 주로 강해했다.
　1990년 경기도 광주의 변화산기도원에서 '기쁨의 샘이 터지다'라는 주제로 하기수련회를 가졌다. 당시 선택한 서신서는 빌립보서였다. 빌립보서 전체를 강해할 뿐 아니라 밤마다 기도회를 인도했다. 그리고 마지막 날 밤에는 '은혜의 골짜기'라는 기도훈련 프로그램을 진행하였기에 수련회를 마치고 나면 몸은 지칠 대로 지치고, 말조차 하기 힘들 정도로 목이 쉬었다.
　그런데 수련회를 마치고 교회로 돌아오자마자, 한강 둔치에서 있을 대형전도집회(1990년 8월 11일 오후 2시)의 강사로 초청을 받았다. 처음에는 정중히 거절했다. 크게 세 가지 이유에서였다. 첫째로, 너무 피곤해서 아무것도 하지 않고 푹 쉬고 싶었기 때문이다. 둘째로, 당시 살인적인 더위로 국내에서도 일사병으로 6명이나 죽었다는 보도가 나온 상황에서 그늘 하나 없는 땡볕에서 전도 집회를 한다는 것이 이해되지 않았기 때문이다. 셋째로, 당시 나는 대형전도집회에 강사로 나설 만큼 소위 유명 강사가 아니었기 때문이다.

그런데 내가 수차례나 강하게 거절해도 행사 주관자는 포기하지 않고 나에게 매달렸다. 나중에는 크게 화를 내면서 거절했다. 그래도 그는 끝까지 포기하지 않았다. 결국 그의 요구를 받아들이게 되었다. 그런 데는 크게 두 가지 이유가 있었다.

하나는 누가복음 18장에 나오는 '불의한 재판장과 과부'의 비유가 떠올랐기 때문이고, 다른 하나는 하나님께서 한강 둔치의 전도 집회에서 나를 통하여 뭔가 기적을 행하실지도 모른다는 생각이 갑자기 들었기 때문이다.

그의 요청을 수락하고 곧바로 설교 준비에 착수했다. 그런데 자신도 모르게 이렇게 글을 쓰고 있었다.

"이스라엘 백성들을 광야에서 인도하실 때 구름 기둥으로 태양을 막으셔서 그들을 보호하셨던 하나님! 제가 8월 11일 오후 2시에 한강 둔치에서 복음을 전할 때 구름으로 태양을 막아주셔서 집회에 참석한 자들을 땡볕 더위로부터 보호하소서."

나의 의지와 상관없이 글이 쓰인 것이 신기했다. 곧바로 십여 년 전에 나와 비슷한 일을 경험한 친구가 떠올랐다. 지금 더처치를 공동으로 섬기는 박양우 목사다. 그가 대학교 3학년 때 행정고시를 보고 나서 나에게 이렇게 말했다.

"신기하게 성령께서 답안지에 글이 써지게 하시더라고요."

솔직히 말하면 당시 그의 말을 믿지 않았다. 그런데 그런 일이 내게도 일어나자 그제야 그 말이 사실임을 깨달았다. 당일 집회 장소에 갔더니 땡볕 아래 수백 명이 앉아 손뼉을 치며 찬양하고 있었다. 설교할 차례가 되어 강단에 올라갔다. 먼저 성령의 감동으로 원고에 쓰인 것을 말하려고 했지만, 하늘에 구름 한 점 없었기에 이를 언급하지 않고 곧바로 말씀을 전하려고 했다. 그런데 갑자기 참석한 사람들이 모두 나를 바라보다가 하늘을 향하였다. 그래서 이렇게 말했다.

"왜 저를 보지 않고 하늘을 쳐다봅니까?"

그러자 그들은 손가락으로 하늘을 가리키며 "하늘을 봐요"라고 외쳤다. 하늘을 봤더니 구름이 태양을 가리고 있었다. 당시 진행위원이 사진을 찍었는데 마치 천사가 무릎을 꿇고 기도하는 것 같은 모습이 찍혔다. 이날 이후로 성경에 나오는 기적은 하나도 의심하지 않고 전적으로 믿게 되었다.

웬만한 그리스도인이라면 하나님께서 이스라엘 백성들을 애굽에서 불러내어 광야를 걷게 하실 때 낮에는 구름 기둥으로, 밤에는 불 기둥으로 인도하셔서 주야로 진행하게 하신 것을 다 알고 있다. 그런데 혹자는 이런 기적은 당시만 일어나지 오늘날은 일어나지 않는다고 생각한다. 그러나 하나님께서는 어제나 오늘이나 영원토록 동일하시다(히 13:8). 오늘날도 기적이 필요한 상황이라면 구약시대에 일어났던 기적이 동일하게 일어날 수 있다.

하나님께서 광야에서 낮에는 구름 기둥과 밤에는 불 기둥으로 이스라엘 백성들을 인도하신 것은, 그렇게 해야 이스라엘 백성들이 광야를 통과하여 가나안 땅에 들어갈 수 있었기 때문이다. 당시 이스라엘 백성은 유아 외에 보행하는 장정이 60만 명 가량이었고, 여성들과 노인들, 20세 이하의 자녀들, 그리고 수많은 잡족을 포함하면 적어도 300만 명은 족히 넘는다고 볼 수 있다(출 12:37-38). 그들 중에는 갓난아이와 노인들도 상당수 있었을 것이다.

그런데 만일 하나님께서 그들을 낮에는 구름 기둥으로, 밤에는 불 기둥으로 인도하시지 않았다면 어떤 일이 일어났겠는가? 혹독한 더위와 추위를 견디지 못하여 광야에서 죽는 자들이 속출했을 것이다. 하나님께서 이를 미리 아시고 그들을 구름 기둥과 불 기둥으로 인도하신 것이다.

당시 이스라엘 백성들은 이를 전혀 예상하지 못했지만 그렇게 인도하셨듯이 지금도 하나님께서는 전혀 예상치 못하는 방법으로 우리를 인도해 가신다. 따라서 현재의 어려움만 보고 절망하지 말고 전혀 예상치 못하는 방법으로 인도하실 것을 믿고 주님께 기도해야 한다. 시편 48편 14절 말씀에서 '우리' 대신에 자기의 이름을 넣고 아침마다 외칠 것을 권면한다.

"이 하나님은 영원히 ○○○ 하나님이시니 그가 ○○○를 죽을 때까지 인도하시리로다."

병든 자들을 고치다

　성경은 예수께서 병든 자를 고치셨을 뿐 아니라 사도와 스데반과 빌립 집사도 병든 자를 고쳤다고 말씀하고 있기 때문에 나도 병든 자를 만나면 고쳐주기 위해 기도했다. 어떤 경우는 기도를 통해 치유되는 기적이 일어나기도 했지만, 어떤 경우는 일어나지 않는 경우도 있었다. 그러나 성령께서 감동을 주셔서 기도한 경우는 대부분 고침을 받았다. 그중에서 특별히 기억에 남는 일들을 소개한다.
　서울 ○○교회에서 부교역자로 사역할 때다. 하루는 강남 대치동에 사는 성도의 집에 심방을 갔다. 예배를 드린 후 차를 마시며 발목을 다쳐서 오랫동안 걷지 못하던 딸과 대화하던 중 그녀를 위해 기도하면 고침을 받을 것이라는 믿음이 생겼다. 먼저 사도행전 3장 6-10절을 같이 읽고 말씀을 간단히 전하고 기도했다.
　처음에는 아무 일도 일어나지 않았다. 계속 기도하던 중 갑자기 7절 말씀이 다시 떠올랐다. "오른손을 잡아 일으키니 발과 발목이 곧 힘을 얻고." 베드로가 한 것처럼 나도 그녀의 손을 잡아 일으켜 세우며 뛰라고 명령했다. 처음에는 아프다고 울면서 뛸 수 없다고 했다. 그래도 나는 계속 뛰라고 격려하면서 베드로가 성전 미문 앞에 있던 나면서 못 걷게 된 이에게 명령했던 것처럼 똑같이 말했다.

"…은과 금은 내게 없거니와 내게 있는 이것을 네게 주노니 나사렛 예수 그리스도의 이름으로 일어나 걸으라…"(행 3:6).

이 말이 떨어지자마자 그녀는 제대로 뛰기 시작했고 그 자리에서 씻은 듯이 나았다. 놀라지 않을 수 없었다. 내가 한 것은, 하나님의 말씀을 붙잡고 기도한 것밖에 없었다. 주께서 기도를 들으시고 기적을 행하신 것이다. 참고로, 이렇게 명령형으로 기도하는 것을 명령기도라고 한다. 기도는 흔히 알고 있는 간구형만 있는 것이 아니라 명령형도 있다. 명령 기도는 목회자만 하는 것이 아니다. 그리스도인이라면 누구든지 할 수 있다. 간구형으로만 기도하지 말고 명령형으로도 기도할 것을 주문한다.

하루는 병원 심방을 갔다. 환자는 관절에 문제가 있어 장기간 입원 중이었다. 간단히 위로의 말씀을 전하고 기도하고 마치려고 했다. 그런데 그를 위해 기도하던 중 간절히 구하면 그 자리에서 치유의 역사가 일어날 수 있다는 확신이 들었다. 그러나 당시 그분이 다인실에 있었기 때문에 통성기도를 하는 것에 다소 부담을 느꼈다.

그래서 한 가지 묘안을 생각해 냈다. 먼저 같은 병실에 있는 분들을 일일이 찾아가서 기도했다. 다행히 기도를 거절하는 사람은 한 명도 없었다. 그리고 그분을 위해 통성으로 기도하며 안수했다. 기적이 일어났다. 그 자리에서 즉시 고침을 받고 다음 날 퇴원 수속을 밟았다.

이를 통하여 내가 깨달은 것이 있다. 기도하면 성령께서 일하시므로 때와 장소를 가리지 않고 기적이 일어난다는 것이다. 일반적으로 믿음이 좋은 사람이라도 일단 병원에 입원하면 먼저 의사와 약을 의존하려고 하지, 간절히 기도하려고 하지 않는다. 그러나 진짜 의사는 하나님이시므로 병원에 입원 중이어도 우선 믿음으로 간절히 기도해야 한다.

앞서 언급했듯이 40일 금식기도 후에도 즉시 사역의 길이 열리지 않아 원주 치악산기도원에서 40일 동안 하루 17시간씩 40일 동안 하나님께 매달려 기도했다. 지금 와서 생각하면 어떻게 그토록 많은 시간을 기도할 수 있었는지 도저히 이해되지 않는다. 성령께서 하신 것이라고 말할 수밖에 없다.

40일 동안 전심으로 기도하자 하나님께서 능력을 부어주셨다(대하 16:9). 그래서 이전보다 다양하게 치유의 기적이 일어났다. 그중에서 지금도 생생하게 기억하는 기적 하나를 소개한다. 미국으로 유학을 가서 결혼하여 살다가 귀국한 젊은 집사가 교통사고를 당한 후 무릎을 꿇지 못했다. 그는 유도 선수처럼 체구가 건장했다.

내가 기도하기 전 물었다.

"정말, 지금 기도하면 하나님께서 무릎을 꿇을 수 있게 하실 것을 믿습니까?"

"아멘."

마가복음 9장 23절을 따라서 하라고 했다. "할 수 있거든이 무슨 말이냐 믿는 자에게는 능히 하지 못할 일이 없느니라." 그리고 그를 위해 간절히 기도하면서 "무릎은 정상으로 치유될지어다"라고 명령했다. 그러자 그 자리에서 즉시 무릎을 꿇는 기적이 일어났다.

그 집사는 눈물을 펑펑 쏟으면서 그동안 믿음으로 살지 못하고 무릎을 위해 기도하지 않은 것을 회개했다. 하나님께서는 모든 믿는 자의 병을 고치시는 것이 아니라 믿음으로 기도하는 자를 위하여 치유의 기적을 베푸신다. 그래서 야고보는 이렇게 말한다.

"믿음의 기도는 병든 자를 구원하리니 주께서 그를 일으키시리라 혹시 죄를 범하였을지라도 사하심을 받으리라"(약 5:15).

혹시 가정에서나 직장에서나 교회에서 병으로 고통당하는 자를 보면 기도하고 싶은 마음이 드는 경우가 있다. 이런 경우 치유와 관련한 말씀을 사용하여 기도할 것을 추천한다. 왜냐하면 하나님께서 믿음을 보시고 일하시는데 치유와 관련한 약속의 말씀을 암송하면, 상대방이 이를 듣고 믿음이 생기기 때문이다(롬 10:17). 병든 자를 위하여 기도할 때 사용하기에 적합한 말씀을 몇 구절 소개한다.

"그가 네 모든 죄악을 사하시며 네 모든 병을 고치시며"(시 103:3).

"그가 찔림은 우리의 허물 때문이요 그가 상함은 우리의 죄악 때문이라 그가 징계를 받으므로 우리는 평화를 누리고 그가 채찍에 맞으므로 우리는 나음을 받았도다"(사 53:5).

"…네 빛이 새벽같이 비칠 것이며 네 치유가 급속할 것이며 네 공의가 네 앞에 행하고 여호와의 영광이 네 뒤에 호위하리니"(사 58:8).

"…내가 너의 상처로부터 새 살이 돋아나게 하여 너를 고쳐 주리라"(렘 30:17).

"내 이름을 경외하는 너희에게는 공의로운 해가 떠올라서 치료하는 광선을 비추리니 너희가 나가서 외양간에서 나온 송아지같이 뛰리라"(말 4:2).

"믿는 자들에게는 이런 표적이 따르리니 곧 그들이 내 이름으로 귀신을 쫓아내며 새 방언을 말하며 뱀을 집어올리며 무슨 독을 마실지라도 해를 받지 아니하며 병든 사람에게 손을 얹은즉 나으리라 하시더라"(막 16:17-18).

"친히 나무에 달려 그 몸으로 우리 죄를 담당하셨으니 이는 우리로 죄에 대하여 죽고 의에 대하여 살게 하심이라 그가 채찍에 맞음으로 너희는 나음을 얻었나니"(벧전 2:24).

귀신들을 내쫓다

앞서 언급했듯이 나는 예수님을 믿기 전부터 3일 금식을 하고 거듭날 때 갖가지 성령의 은사를 받았을 뿐 아니라 예수께서 복음을 전하면서 병든 자를 고쳐줄 뿐 아니라 귀신을 쫓으라고 명령하셨기에 주의 이름으로 귀신을 쫓아냈다(마 10:7-8). 그런데 40일 동안 날마다 17시간씩 기도하자 하나님께서 예상 밖의 능력을 부어주셨다. 특별히 귀신을 쫓아내는 능력을 넘치도록 부어주셨다. 이런 소문이 나자 여기저기서 많은 사람이 찾아왔다. 심지어 H그룹 총수의 며느리도 찾아온 것으로 기억된다.

성남에서 가정교회를 개척하여 섬기고 있을 때였다. 이전에 내가 부목사로 섬겼던 교회에 있다가 다른 교회로 옮겨간 집사님이 나에 대한 소문을 듣고 찾아왔다. 그가 교회의 현관문을 열고 들어오는 순간, 내 입에서 이런 말이 나갔다.

"예수의 이름으로 명령한다. 더러운 귀신아, 떠나갈지어다."

그러자 곧바로 귀신이 떠나가면서 그분이 문 앞에서 쓰러졌다.

나도 처음 경험하는 일이라 깜짝 놀랐다. 그분은 고등학교 교사였고 믿음이 아주 좋은 분이었다. 그런데 귀신이 그에게서 떠나가는 것을 보고서 순간 깨달은 것이 있다. 그것은 구원받은 그리스도 안에도 얼마든지 귀신이 들어올 수 있다는 것이다. 이는 마치 복음을 믿고 구원을 받아 의인이 되었어도 얼마든지 죄를 지을 수 있는 것과 같다.

사실 구원받은 그리스도인 안에 귀신이 들어올 수 있느냐에 대하여는 아직도 신학적으로 논쟁 중이다. 대전에 있는 침례신학대학원에 다닐 때였다. 신약학 교수님이 강의 시간에 그리스도인 안에는 귀신이 들어올 수 없다고 하자 학생들과 열띤 논쟁이 벌어졌다. 그런데 어느 날 갑자기 그분이 알 수 없는 이유로 몸이 아파서 학교에 나오시지 못하였다. 신학생들이 심방을 가서 함께 간절히 기도하며 예수의 이름으로 귀신을 쫓아내자 즉시 고치심을 받았다. 그 후로는 더 이상 전과 같은 주장을 하시는 것을 듣지 못했다.

축귀 사역과 관련해서는 이런저런 에피소드가 많다. 당시는 귀신 들린 자도 나를 알아봤고, 나도 귀신 들린 자를 쉽게 알아보았다. 그리고 경우에 따라서는 예수님처럼 귀신과 대화도 하였다. 분당에서 목회할 때였다. 가까이 지내는 목사들과 모임을 마치고 점심을 먹으려고 식당에 들어갔다.

갑자기 홀에서 서빙을 하던 40대 여성이 나를 보더니 그 자리에서 꼼짝도 하지 못한 채 벌벌 떨고 있었다. 주인이 달려와서 왜 그러냐고 묻자, 그녀는 나를 가리키며 "저 사람이 너무 무서워요"라고 했다. 이는 마치 귀신 들린 자들이 예수께서 누구신지를 알아본 것과 흡사했다.

"나사렛 예수여 우리가 당신과 무슨 상관이 있나이까 우리를 멸하러 왔나이까 나는 당신이 누구인 줄 아노니 하나님의 거룩한 자니이다"
(막 1:24).

즉시 그녀를 작은 방으로 데려가서 귀신을 쫓기 시작했다. 얼마나 강한지 네 사람이 함께 감당하기 버거울 정도였다. 이는 마치 군대 귀신이 여러 번 고랑과 쇠사슬에 매였어도 이를 끊고 깨뜨린 것처럼 그녀 혼자서 남자 넷을 상대하여 버텼다.

이 사건을 통해 하나님께서 귀신들을 제어하시기에 망정이지, 만일 그렇게 하시지 않으면 언제 어디서 귀신에게 공격받아 피해를 입을지 전혀 알 수 없다는 생각이 들면서 갑자기 솔로몬의 노래가 떠올랐다.

"여호와께서 집을 세우지 아니하시면 세우는 자의 수고가 헛되며 여호와께서 성을 지키지 아니하시면 파수꾼의 깨어 있음이 헛되도다"
(시 127:1).

어느 날 서울 ○○○○교회에서 일어난 일이다. 당시 밤마다 20-30명이 모여 기도 모임을 갖고 있었다. 말씀을 전하고 기도하려고 빙 둘러서 서 있었는데 갑자기 40대 중반 되는 여집사가 소리를 지르며 욕을 하기 시작하였다. 귀신이 역사하는 것을 감지하고 그에게 다가가 "더러운 귀신아, 떠나가라" 하자 즉시 그 자리에서 쓰러졌다.

대부분 귀신이 나가면 이런 현상이 나타나기에 귀신이 나갔다고 생각하고 방심하고 있었다. 그런데 그가 갑자기 일어나더니 이단 옆차기로 나를 공격했다. 순간 손으로 방어하여 얼굴은 다치지 않았지만, 손등에 금이 가서 한동안 깁스를 하고 다녀야 했다. 이 사건을 통해 내가 새롭게 깨달은 것이 있다. 축귀 사역을 할 때는 특별히 사주경계를 해야 한다는 것이다. 사주경계는 뜻밖의 일이 생기지 않도록 사방으로 두루 감시하고 살피는 일을 뜻하는 군사용어다. 마귀는 언제 다시 공격할지 모르기 때문에 경계심을 늦추지 말아야 한다.

축귀 사역을 하면서 경험한 에피소드를 소개한다.

한번은 귀신을 쫓으면서 "네 이름이 뭐냐"라고 묻자, 귀신이 내가 전혀 알아듣지 못하는 언어로 답을 하였다. 그래서 네가 하는 말을 전혀 알아듣지 못하니 내가 아는 말로 하라고 하자, 곧바로 한국어로 바꾸어서 자기의 이름을 답했다. 왜 귀신이 이렇게 장난질하는가? 귀신을 쫓는 일은 예수께서 하셨을 뿐 아니라 우리에게 명령하신 거룩한 사역인데 이를 하찮은 사역으로 전락시키기 위해서다.

어느 날은 귀신을 쫓기 전, 귀신에게 "너, 나 무섭지?"라고 물었다. 그랬더니 귀신이 "네가 뭐가 무섭냐?"라고 답하였다. 그래서 다시 "그럼, 예수님도 안 무서워?"라고 물었다. 그랬더니 귀신이 "예수가 뭐가 무섭냐?"라고 했다. 혹 귀신이 나는 무섭지 않다고 할 수 있다. 왜냐하면 귀신이 거룩한 자를 두려워하는데 나는 종종 죄를 짓기 때문이다. 그래도 한 번도 귀신이 나를 무섭지 않다고 한 적이 없다. 그러나 귀신이 예수님을 무섭지 않다고 말할 수는 없다. 왜냐하면 그분은 거룩하신 하나님이시기 때문이다(눅 4:34).

이는 축귀 사역을 하던 내게는 매우 중대한 문제였다. 아마도 축귀 사역을 하는 자들 중에 이런 경험을 한 사람은 아무도 없을 것이다. 한동안 멘붕에 빠지지 않을 수 없었다. 이 문제를 어떻게 해결할지를 고민하다가 주님께 여쭈었다. 그러자 주께서 이렇게 말씀하셨다.

"귀신은 거짓의 영인데, 어찌 그의 말을 믿느냐?"

순간 모든 고민이 한 방에 해결되었다. 그렇다. 마귀는 거짓의 아비다(요 8:44). 이를 잘 알고 있으면서도 귀신의 말에 속아서 한동안 혼란에 빠지고 고민했던 것이 후회스러웠다.

축귀 사역과 관련하여 이해하지 못하다가 최근에 깨닫게 된 것 하나를 소개한다. 한번은 충청남도 태안군 안면도에 있는 어느 학교에서 ○○교회 여름수련회 강사로 가서 '은혜의 골짜기'라는 기도훈련 프로그램을 마치고 축귀 사역을 하였다. 이백여 명을 복도 양쪽에 세우고 귀신 쫓는 명령 기도를 하자, 머리를 콘크리트 바닥에 박으며 쓰러졌는데 단 한 사람도 다친 사람이 없었다.

만일 누군가 가만히 서 있다가 손과 발을 사용하지 않은 채로 쓰러지면 어떻게 되는가? 머리가 무거워서 먼저 머리가 바닥에 부딪혀 뇌진탕을 일으키거나 바닥에 몸이 부딪히는 과정에서 상해를 입을 것이다. 그런데 귀신을 쫓는 과정에서 이런 일이 단 한 번도 발생하지 않았다. 그 이유를 알려고 했지만 알 수 없었다. 그런데 최근 그 답을 찾았다. 축귀 사역은 치유 사역이기 때문이다. 축귀 사역이 치유 사역인데 축귀를 하는 과정에서 쓰러져서 상처를 입고 병원 신세를 진다는 것은 어불성설이다.

끝으로 축귀 사역과 관련하여 반드시 주의해야 할 것이 있다. 축귀 사역을 위한 축귀 사역은 지양되어야 한다는 것이다. 예수께서 믿는 자들에게는 다음과 같은 표적이 따른다고 말씀하셨다(막 16:17-18). 그런데 성경은 언제 이런 표적이 따랐다고 말씀하는가? 제자들이 두루 다니며 복음을 전파할 때였다.

"제자들이 나가 두루 전파할새 주께서 함께 역사하사 그 따르는 표적으로 말씀을 확실히 증언하시니라"(막 16:20).

주님께서 우리에게 귀신을 쫓아내는 능력을 주신 것은, 복음을 전하는 과정에서 사용하라고 주신 것이다. 즉 치유 사역은 복음 전도를 위해 존재하는 것이다. 따라서 복음을 전파하지 않고 축귀 사역만 하는 것은 성경적인 방법이 아니고 바람직하지도 않다.

101일 기도의 기적

앞서 1장에서는 IMF 상황에서 송구영신예배 사건(송구영신예배를 앞두고 중직자들이 대거 교회를 나간 일)으로 받은 충격이 너무 커서 기도가 되지 않았을 때 로마서 8장 28절 말씀을 암송하면서 중직자들이 나간 것도 하나님께서 합력하여 선을 이루실 것을 믿고 감사한다고 고백하자 기도가 되었고 그날부로 101일 동안 철야 기도한 것을 다루었다.

여기서는 101일 철야 기도에 하나님께서 어떻게 반응하셨는지를 소개하고자 한다.

첫째로, 기도하지 않는 자들을 비판하지 않게 되었다. 송구영신예배 사건을 당하기 전까지는 평소 기도하지 않는 자들을 서슴지 않고 비판했다. 주님께서 산상수훈에서 "비판을 받지 아니하려거든 비판하지 말라 너희가 비판하는 그 비판으로 너희가 비판을 받을 것이요 너희가 헤아리는 그 헤아림으로 너희가 헤아림을 받을 것이니라" (마 7:1-2)고 하셨기 때문에 남을 비판하지 않으려고 노력했으나 쉽게 고쳐지지 않았다.

그런데 101일 동안 밤새워 기도하고 나자, 비판하는 습관이 자신도 모르게 사라져 버렸다. 왜냐하면 송구영신예배 사건으로 기도도 하나님의 은혜로 하는 것이지 자신의 힘과 능력으로 하는 것이 아님을 절실히 깨달았기 때문이다. 남을 쉽게 비판하는 것은, 교만의 증상이므로 자주 다른 사람을 비판하고 있다면 속히 버려야 한다. 혹 독자 가운데 '교만'에 대하여 좀 더 알고 싶다면 《성공의 적, 교만》(안창천, 우리하나출판사, 2008)을 적극 추천한다.

둘째로, 매달 100만 원씩 선교비를 보냈다. 101일 기도를 하던 중에 《깡통교회 이야기》(이동휘, 두란노서원, 1996)를 읽었다. 한마디로 충격! 또 충격이었다. 당시는 교회들이 대부분 예배당을 짓고 나면 교육관을 짓고, 다음에는 주차장을 늘리고, 다음에는 기도원을 짓는 것을 관례로 여겼다. 그런데 전주안디옥교회는 예배당보다는 선교와 전도, 구제에 힘썼다. 특히 선교에 힘쓰기 위해 건물 교회를 짓지 않고 양철로 된 콘센트 막사로 예배당을 세웠다. 그 교회가 이름이 안디옥교회인데도 깡통교회로 불린 것은 바로 이 때문이다.

특별히 내가 크게 감동받은 것은 이동휘 목사님이 그 교회를 개척할 당시(1983년 3월 27일) 교회 재정의 60% 이상을 선교 사역에 쓰기로 결정했는데 매년 재정의 70% 이상을 선교비로 지출하고 있다는 것이다. 그 책을 단숨에 읽고서 나도 굳게 다음과 같이 결심했다.

'아무리 교회가 빚을 많이 지고 있어 재정적으로 힘들어도 매달 100만 원을 선교비로 보내리라.'

당시는 결코 매달 100만 원을 선교비로 보낼 수 있는 상황은 아니었다. 송구영신예배를 앞두고 중직자들이 많이 나간 데다 예배당 이전으로 대출받은 원금과 이자를 상환해야 했기에 담임목사 사례비도 제대로 받지 못하고 있었다. 재정 집사에게 이런 뜻을 비추었더니 교회가 어느 정도 부흥한 후에 하자고 했다.

그러나 하나님의 일은 믿음으로 하는 것이고 믿음으로 하면 하나님께서 일하신다며 재정 집사를 설득하여 그대로 진행하기로 했다. 내가 이렇게 결심할 수 있었던 것은 단지 《깡통교회 이야기》를 읽고 감동을 받았기 때문만이 아니다. 매일 101일 철야 기도를 하자 믿음이 굳게 섰기 때문이었다.

그리고 결심한 대로 매달 선교비를 보낼 수 있도록 하나님께 부르짖어 기도하였다. 이때 내가 붙잡은 말씀이 있다. 그것은 빌립보서 4장 19절이다. 이 말씀과 관련해서는 앞서 언급한 적이 있다. 이 말씀에 근거하여 "내가 잘먹고 잘살기 위한 것이 아니라 복음을 온 땅에 전파하기 위해 구하오니 하나님의 풍성함으로 공급해 주세요"라고 간청했다. 놀라운 사실은 하나님께서 종의 기도를 들으시고 그달부터 실행하여 매달 100만 원을 선교비로 보내게 하셨다. 그 일을 통하여 성령의 감동을 받아 믿음으로 기도하면 하나님께서 기적을 베푸신다는 것을 새삼 깨달았다.

셋째로, 교회의 빚을 모두 갚을 수 있었다. 교회의 빚을 갚았다는 것은, 그만큼 교회의 재정이 많이 들어왔다는 뜻이다. 교회가 재정적으로 어려운 상황에서도 믿음으로 선교비를 보내자, 하나님께서 이를 보시고 교회의 재정을 축복하셨다. 그렇다. 교회나 개인이나 선교비를 보내면 하나님의 방법으로 텅빈 계좌에 자동이체를 하신다.

혹자는 하나님께 마땅히 드려야 할 것을 드렸기 때문에 우리가 드린 헌금에 대해서 복을 받을 생각을 하지 말아야 한다고 주장한다. 그들은 로마서 11장 35-36절을 그 근거로 제시한다,

"누가 주께 먼저 드려서 갚으심을 받겠느냐 이는 만물이 주에게서 나오고 주로 말미암고 주에게로 돌아감이라 그에게 영광이 세세에 있을지어다 아멘."

그런데 정말 그럴까? 하나님께서는 우리에게 은혜의 법칙만 주시지 않고 종두득두(種豆得豆)의 법칙도 주셨기 때문에 심은 대로 거두게 하신다.

바울은 이렇게 말한다.

"스스로 속이지 말라 하나님은 업신여김을 받지 아니하시나니 사람이 무엇으로 심든지 그대로 거두리라"(갈 6:7, 참조 고후 9:6).

은행에 돈을 맡기고 만기가 되면 원금과 이자를 받듯이 하나님 나라의 은행에 맡기면 하나님께서 정하신 때에 그보다 훨씬 많이 찾게 하신다. 결코 하나님 나라의 은행은 부도가 나지 않는다. 주님께 드려진 눈물의 헌금과 시간과 헌신에는 반드시 보상이 따른다. 바울이 목숨을 걸고 복음을 전할 수 있었던 것도 이를 확신했기 때문이다(딤후 4:7-8). 혹 이 세상에서는 하나님께 심은 것을 받지 못할 수도 있다. 그러나 천국에서는 반드시 받는다.

바울은 빌립보교회 성도들이 보낸 선교헌금을 받고서 그들이 자신의 쓸 것을 보냈다고 한 후에 곧바로 하나님께서 그들의 모든 쓸 것을 채우신다고 말한다. 무슨 말인가? 빌립보교회 성도들이 바울의 쓸 것을 채웠듯이 하나님께서 빌립보교회 성도들의 필요를 채워 주신다는 것이다. 우리가 하나님 나라 건설을 위해 선교비를 드림으로 비워진 곳간은 반드시 하나님께서 그분의 방법으로 넘치도록 채우신다.

정혜지의 일본 유학

나와 함께 'D3전도중심제자훈련'을 지구촌 곳곳에 전파하는 평신도 사역자가 있다. 그는 D3평신도훈련원 원장인 더처치 이카림 권사다. 그의 간증을 그대로 옮겨 적는다.

"고난과 환난 가운데 있던 중에 안 목사님을 만나 사역자훈련을 받으며 저에게 은혜가 되어 꽂힌 말이 있었습니다. '기도는 친구와 이야기하듯 하면 된다.' 십수 년 동안 교회에 다니고는 있었지만, 안 목사님께 사역자훈련을 받기 전까지는 제 인생의 주인이 예수님이 아니라 돈인 줄 알았습니다. 죽으면 사후 세계가 있다는 것도 몰랐습니다. 기도하는 법도 몰랐고, 기도를 해야 하는 이유도 몰랐기 때문에 한 번도 기도한 적이 없었습니다. 정말 영적으로 무지하고 미련한 자였습니다. 그런데 훈련을 받던 중에 내 인생의 주인은 주님이고, 또한 그분께 간절히 기도하면 하나님께서 응답하신다는 것을 깨달았습니다.

어느 날 우리 딸에게 전화가 왔습니다(당시 대학교 3학년 재학 중). 전화해서 하는 말이 학교에서 교환학생을 선발하는 공고문이 나왔는데, 일본 도쿄에 있는 호세이대학에 지원하려고 한다는 것이었습니다. 그런데 호세이대학에서 두 명을 뽑는데, 당연히 일어일문학과 학생들이 유리할 것 같다며 다소 염려가 된다는 말을 남겼습니다. 딸은 정치외교학을 전공하고 있었는데 혼자서 틈틈이 일본어를 공부하여 이미 JLPT 1급을 취득했기에 응시 자격은 충분히 갖추고 있었습니다. 당시 남편이 연대보증을 서 준 일로 모든 재산을 잃어버리고 살던 집마저 빼앗겨 버렸기 때문에 딸은 이런 상황에서 벗어나기 위해 나름대로 돌파구를 준비한 것이었습니다. 딸의 말이 끝나기 무섭게 저도 모르게 갑자기 이렇게 말했습니다.

'혜지야, 목사님이 그러시는데 주님께서는 이 세상에서 할 수 없는 일을 하시는 분이시고 능치 못할 일이 전혀 없으신 분이래. 이제부터 엄마는 하루에 세 번씩 기도할게! 우리 딸도 하루에 세 번씩 기도하자구나!'

당시 평신도 사역자훈련을 받고 있었지만 스스로 이렇게 말할 자가 아니었습니다. 구원의 확신만 간신히 갖고 있었고 막 기도의 첫걸음을 뗀 상태였기 때문입니다. 나중에서야 주님께서 이와 같은 말을 하게 하신 것을 깨달았습니다. 이때부터 저와 딸은 하루에 세 번씩 간절히 기도했습니다.

'하나님, 살아 계시면 저에게도 역사해 주세요. 우리 딸이 갈 수 있는 상황이 아니지만 역사하시어 도쿄에 갈 수 있도록 주님께서 살아 계심을 보여주세요!'

두어 달이 지났을까요. 딸에게서 연락이 왔습니다. 기적이 일어났다고 하면서 원하던 호세이대학에 교환학생으로 가게 되었다는 겁니다. 엄마가 기도해 준 덕분이라고 말하더군요. 저 또한 너무나 기뻤습니다. 기도도 할 줄 모르던 제가 훈련 중 목사님께서 '기도는 친구와 이야기하듯 하면 된다'는 말에 이끌리어 시간이 날 때마다 친구와 이야기하듯이 기도했더니 기적이 일어났던 것입니다. 이는 제게 죽은 자가 다시 살아난 것보다 더 소중한 기적이었습니다.

그런데 기쁨도 잠시였습니다. 막상 교환 장학생으로 일본으로 유학을 가는 일이 현실로 다가오는데 당장 항공비와 그곳에서 체류하는 데 필요한 생활비 등이 전혀 준비되지 못한 상황이었기 때문입니다. 그때는 엔화가 가장 비쌀 때였고, 저의 수중에는 14만 원밖에 없었습니다. 장학생이 되게 하신 하나님께서 이 또한 해결해 주실 것을 믿고 또 이전처럼 친구와 이야기하듯이 기도했습니다. 어느 날 딸에게 또 전화가 걸려왔습니다.

'엄마! 두 번째 기적이 일어났어요. 학교에서 연락이 왔는데, 제가 JASSO 장학금을 받게 되었어요!'

JASSO 장학금은 당시 호세이대에 교환학생으로 오게 된 전 세계 수십 명의 학생들 가운데 단 두 명만 받을 수 있었습니다. 첫 달에는 16만 엔을, 이후부터는 한 달에 8만 엔씩을 주는 장학금이었습니다. 만일 이를 받지 못하면 유학 생활이 힘들고 어려운 것은 불을 보듯 뻔했습니다. 경쟁률이 워낙 높은지라 걱정과 불안 속에 결과를 기다리고 있었습니다.

그런데 주께서 또한 저의 기도를 들으시고 이 장학금을 받도록 기적을 베푸셨습니다. '주님 내 길 예비하시니 참 감사합니다'라는 복음성가가 저절로 흘러나왔습니다. 그래서 딸은 문제없이 도쿄로 가서 교환학생 생활을 잘하고 돌아올 수 있었고, 저는 그 일을 계기로 예수께서 단지 저를 죄에서만 구원하신 것이 아니라 삶의 현장에서도 구원을 베푸시는 구원자이심을 온전히 깨닫고 더욱 하나님께 매달리게 되었습니다.

그러자 저의 삶은 크게 바뀌었습니다. 무엇보다 제가 무엇을 해야 하는 자인지를 깨달았습니다. 그래서 주변 상황은 크게 달라지지 않았지만, 주님께서 가장 원하시는 영혼 구원하는 일에 우선순위를 두고 살아가고 있습니다. 특별히 목사님이 창안하신 'D3전도중심제자훈련' 시스템을 전 세계에 보급하기 위해 지구촌 곳곳을 다니며 주님께서 귀히 쓰실 사람들을 일으켜 세우고 있습니다."

내가 이카림 원장님에게 "기도는 친구처럼 하는 것이다"라고 말한 것은 출애굽기 33장 11절 말씀에 근거한 것이다.

"사람이 자기의 친구와 이야기함같이 여호와께서는 모세와 대면하여 말씀하시며…."

이 세상에 친구보다 편하게 대할 자는 없다. 심지어 가족보다도 더 편한 것이 친구 사이다. 그래서 가족에게조차 말하지 못하는 것을 친구에게는 터놓고 이야기하는 것이다.

혹시 기도하는 것을 힘들게 생각하고 있는 독자가 있는가? 그렇다면 기도는 가장 친한 사람과 대화하는 것으로 생각하고 형식과 내용에 구애받지 말고 이야기하듯이 기도할 것을 간청한다.

사람들이 일반적으로 기도하는 것을 어렵게 생각하는 것은 교회에 와서 처음으로 다른 사람들이 기도하는 것을 듣고 이를 어렵다고 생각하기 때문이다. 새신자가 교회에 와서 처음으로 듣는 기도는 목회자의 목회 기도와 평신도의 대표 기도다. 이 기도는 새신자가 듣기에는 어렵게 들릴 수밖에 없다.

그러나 우리가 드리는 기도는 목회 기도나 대표 기도가 아니라 개인 기도다. 마귀는 기도를 어렵다고 생각하게 하여 기도하지 못하게 한다. 무엇이든지 쉽다고 생각해야 도전할 수 있다. 더 이상 마귀에게 속지 말고 이 세상에서 가장 쉬운 것이 기도라고 생각하고 당장 도전해야 한다. 갓난아이가 울기만 해도 어미가 달려와서 모든 문제를 모두 해결해 주듯이, 우리가 '주님'이라고 한 마디만 외쳐도 모든 문제에서 건짐을 받을 수 있다.

전국 목회자 제자훈련 세미나

2012년 12월에 서울 관악구에 있는 OO교회에 부임했다. 최선을 다해서 교회를 섬겼다. 전도팀을 훈련해서 날마다 전도했고, 밤마다 중보기도팀을 만들어 기도했다. 그로 인하여 교회는 크게 부흥하였다. 일 년 후 93%의 신임을 얻어 위임목사가 되었다.

그런데 부임한 지 2년 중반이 좀 지났을 때 성령께서 교회를 사임하라는 감동을 주셨다. 원래 그 교회에 부임한 것은 그 교회를 'D3 전도중심제자훈련'을 통해 건강한 모델 교회로 만들어 한국교회를 살릴 계획이었다. 그런데 성령께서는 나와 전혀 다른 계획을 갖고 계셨다. 마음에 오는 확신은 새로운 곳에서 "가서 제자 삼으라"는 명령에 순종하는 사역을 새롭게 시작하라는 것이었다.

주님께서 주신 감동이 성령으로 말미암은 것인지, 아닌지를 확인하기 위해 40일 동안 안양 갈멜산기도원으로 올라가서 부르짖어 기도했다. 기도하던 중 평소 아는 사람이 재판 중인 서류와 부동산 목록을 보여주며 재판이 끝나는 대로 약 50억 원을 헌금하겠다고 약속했다.

　마침 사임에 대한 주님의 인도를 받기 위해 기도하던 중에 이런 일이 일어났기에 사임하라는 뜻으로 확신하고 사직서를 당회에 제출했다. 처음에는 당회가 깜짝 놀라며 받아주지 않았다. 그러나 나의 결심이 굳게 선 것을 알고는 마침내 수락했다.

　그런데 아내의 반대가 가장 컸다. 왜냐하면 그동안 개척교회를 하면서 고생을 많이 하다가 이제는 좀 안정적으로 살 수 있다고 생각하고 있었는데, 본인과 상의도 하지 않고 사임을 결정했기 때문이다. 당시 아내는 이렇게 주장했다. "헌금이 들어오면 그때 사임해도 늦지 않으니 서두르지 마세요." 그러나 단지 거액의 헌금을 약속받았기 때문에 사임을 결정한 것이 아니라 성령의 감동을 받고 기도하면서 내린 결정이므로 그대로 추진하기로 했다. 그래서 부임한 지 불과 2년 7개월 만에 섬기던 교회를 떠났다. 당시 따라오겠다는 성도들이 있었지만, 성령께서 두 사람만 허락하셔서 그들과 함께 홍대 근처에 교회를 개척했다.

　그러나 곧 끝날 것 같은 재판은 끝나지 않았고 약속한 헌금은 받지 못했다. 아직도 그 약속은 지켜지지 않고 있다. 육신도 마음도 심히 고통스러웠다. 무엇보다도 교회를 사임하면서 아내를 설득하기 위해 일정한 생활비를 약속했는데 이를 지키지 못해서 마음이 아팠다. 내 기억으로는 누군가에게 한 약속을 어긴 경우는 거의 없다. 게다가 곧 헌금한다는 말을 믿고 호주로 목회자 세미나를 인도하러 다녀왔기에 빚만 더 지게 되었다. 교회 재정이 없었기 때문에 바닥난방도 하지 못하고 전기 온풍기로 추운 겨울을 나야만 했다.

　그런 상황에서도 기도의 줄을 놓지 않았다. 기도하는 중에 성령께서 이렇게 나에게 물으셨다.

　"왜 교회를 사임하고 이곳에 와 있니?"

"마음껏 '가서 제자 삼으라'는 명령에 순종하기 위해서죠."

대답이 끝나자마자 성령께서 갑자기 '전국 목회자 제자훈련 세미나'를 하라는 감동을 주셨다. 그런데 광고비와 수양관 임차비(숙박비와 식비 포함)만 계산해도 최소한 500만 원이 들었다. 사례비는커녕 월 임대료도 내기 힘든 상황에서 세미나를 개최한다는 것은 어불성설이었다.

그러나 믿음으로 국민일보에 8단 광고를 냈다. 그러자 많은 사람들이 지원했다. 그중에서 제자훈련 목회를 간절히 사모하는 자만 15명을 선발해서 안성에 있는 사랑의교회 수양관에서 무료로 2박 3일 동안 훈련을 했다.

세미나를 마치고 나자, 하나님께서 신기한 방법으로 교회의 재정을 여시기 시작하셨다. 성도가 목회자 가정을 포함하여 네댓 가정에 불과했지만, 코로나19 전에는 연간 4억여 원을 집행할 정도로 풍성하게 공급하셨다. 아직도 코로나19 후유증으로 재정적으로 크게 어려운 상황이지만 2024년 7월 현재 국내뿐 아니라 해외 50여 개국을 다니며 331회나 'D3전도중심제자훈련세미나'를 인도했다.

종종 이런 질문을 던질 때가 있다.
'만일 그때 기도하지 않았다면 어떻게 되었을까?'

아마도 주님의 음성을 들을 수 없었을 것이고, 믿음으로 순종하지 못했을 것이고, 재정적인 문제에서 벗어날 수 없었을 것이고, 이렇게 국내외적으로 크게 사역을 하지 못했을 것이다. 그렇다. 모든 문제를 해결하는 열쇠는 기도하고 믿음으로 순종하는 것이다.

지금도 있는지 모르지만, 한동안 경부고속도로 양재 IC 부근을 지날 때마다 규장과 갓피플이 함께 사용하는 사옥의 옥외 간판에 다음과 같은 글귀가 쓰여진 것을 보며 은혜를 많이 받았다.

"왜 걱정하십니까? 기도할 수 있는데!"

낮에는 노란색 바탕에 글씨가 큼직해서 멀리서도 잘 보이고 밤에는 환하게 빛을 비추기 때문에 역시 잘 보였다. 정말 그리스도인은 걱정할 것이 전혀 없다. 왜냐하면 기도하면 전능하신 하나님 아버지께서 항상 구원의 손을 내미시기 때문이다.

이 세상에 기도로 해결하지 못할 문제는 하나도 없다. 따라서 염려할 시간이 있다면 믿음으로 기도해야 한다. 하나님께서는 구원을 베푸시기 전 우리에게 기도를 요구하신다. 고난의 때는 하나님께서 기도를 요구하시는 때로 알고 염려 대신 기도해야 한다. 예수께서 산상수훈에서 공중의 새와 들의 백합화를 통하여 우리에게 염려하지 말고 기도하라고 하신 말씀을 가슴에 새겨야 한다.

"공중의 새를 보라 심지도 않고 거두지도 않고 창고에 모아들이지도 아니하되 너희 하늘 아버지께서 기르시나니 너희는 이것들보다 귀하지 아니하냐 너희 중에 누가 염려함으로 그 키를 한 자라도 더할 수 있겠느냐 또 너희가 어찌 의복을 위하여 염려하느냐 들의 백합화가 어떻게 자라는가 생각하여 보라 수고도 아니하고 길쌈도 아니하느니라 그러나 내가 너희에게 말하노니 솔로몬의 모든 영광으로도 입은 것이 이 꽃 하나만 같지 못하였느니라 오늘 있다가 내일 아궁이에 던져지는 들풀도 하나님이 이렇게 입히시거든 하물며 너희일까 보냐 믿음이 작은 자들아 그러므로 염려하여 이르기를 무엇을 먹을까 무엇을 마실까 무엇을 입을까 하지 말라 이는 다 이방인들이 구하는 것이라 너희 하늘 아버지께서 이 모든 것이 너희에게 있어야 할 줄을 아시느니라 그런즉 너희는 먼저 그의 나라와 그의 의를 구하라 그리하면 이 모든 것을 너희에게 더하시리라"(마 6:26-33).

D3국제워크샵

더처치는 'D3전도중심제자훈련'(모든 그리스도인을 지상명령에 순종하도록 훈련하는 제자훈련시스템)을 전 세계에 보급하는 사명을 띠고 서울 홍대 근처에 개척한 교회다. 2030년까지 12명의 디렉터, 300명의 현지 목회자, 7,000명의 현지 평신도 사역자 파송 비전, 즉 '2030123007000비전'을 갖고, 전 세계를 다니며 선교사와 현지 목회자와 평신도 지도자를 훈련하고 있다. 특별히 2019년부터는 본격적으로 유대인 복음화에 사명을 받고 이스라엘뿐 아니라 디아스포라 유대인을 찾아가서 훈련하고 있다.

그런데 성령께서 2020년 어느 날, 이카림 원장(D3평신도훈련원)을 통해서 이렇게 말씀하셨다. "전 세계에 흩어져 있는 D3디렉터들을 한곳에 모으고 그들과 이 사역을 공유하고 확산하게 하라." 그리고 이 모임을 'D3국제워크샵'으로 명명하게 하셨다. 이 행사를 하려면 적어도 4천만 원이 필요했다.

앞서 밝힌 대로 더처치는 몇 가정이 모이지 않지만, 주님께 대한 헌신도가 높아서 코로나19 전만 해도 연간 4억 원의 예산을 집행하고 있기 때문에 만일 코로나19 전이라면 'D3국제워크샵'을 실행하는 것은, 그리 어려운 일이 아니었다. 그러나 이런 음성을 들었을 때는 코로나19로 말미암아 헌금이 크게 줄어들어 재정적으로 매우 어려운 상황이었다.

그러나 하나님께서 하나님의 방법으로 'D3국제워크샵'을 인도하실 것을 믿고 하루 세 번씩 기도하였다. 하루는 기도하던 중, 성령께서 ○○성도를 심방했으면 하는 마음을 주셨다. 그를 만나서 이야기하는 과정에서 혼자서 모든 비용을 낼 뿐 아니라 매달 200만 원씩 2년 동안 선교비를 드리겠다고 했다.

놀라지 않을 수 없었다. 왜냐하면 그는 사업가가 아니고 직장생활을 하는 샐러리맨에 불과했기 때문이다. 물론 그는 평소에도 주님을 감동시킬 정도로 헌금을 드리고 있었다. 그러나 평소 드리는 헌금 외에 7-8천만 원을 더 드린다는 것은 결코 쉬운 일이 아니다. 이는 우리의 기도를 들으시고 하나님께서 그의 마음을 움직이셨기 때문이다. 이 일을 통해 다시 한번 기도의 능력을 새삼 깨달을 수 있었다. 기도는 곧 응답이다.

앞서 언급한 대로 2021년 11월에 튀르키예에서 1차 D3국제워크샵을 했다. 11개국에서 15명이 참석해서 9박 10일간 함께 사역을 나누고 기도하고 바울의 전도 여행지를 두루 다니며 바울처럼 뜨거운 선교의 열정을 갖고 사역하기로 결단하고 각 사역지로 돌아갔다.

1차 D3국제워크샵을 통해 큰 은혜를 받았기 때문에 2년 후에 2차 D3국제워크샵을 하기로 마음을 먹고 계속 기도했다. 그러나 거의 2년이 다 되어 가는데 재정이 풀리지 않아 포기할 것인지, 그대로 추진할 것인지를 고민하지 않을 수 없었다. 그러나 믿음으로 후자를

CHAPTER 2 기도는 기적이다 **161**

선택했다.

2차 D3국제워크샵을 할 장소를 물색하던 중 비교적 물가가 저렴한 이집트에서 하기로 결정했다. 여행사와 계약을 하루 앞두고 있었다. 갑자기 러시아권 D3디렉터인 서지태 선교사가 전화로 "재정적으로 힘든 상황에서 굳이 죽은 자의 무덤밖에 볼 수 없는 곳에 가서 할 필요가 있느냐"라고 물었다. 그의 말을 듣고 가만히 생각해 보니 이집트는 D3국제워크샵을 할 장소로서 적합하지 않다는 것을 알았다. 왜냐하면 D3는 바울처럼 세계 선교를 꿈꾸는 선교단체인데 이집트는 바울과는 거의 관계가 없는 곳이었기 때문이다.

그러나 이미 2년 전부터 이를 위해 날마다 기도해 왔고 많은 사람들에게 기도 요청을 했고, 2차국제워크샵을 한다고 광고까지 했는데 이를 전면 취소한다는 것이 마음에 걸려서 고민하고 있을 때였다. 마침 가끔 우리 교회에 출석하는 양 집사님을 통하여 로마에서 게스트하우스를 운영하는 선교사를 소개받게 되어 최종적으로 그곳에서 하기로 결정했다.

문제는 재정이었다. 당시는 교회의 재정이 마이너스인 상태라 매달 D3디렉터들에게 보내는 선교비도 제대로 집행하지 못하고 있었다. 그러나 하나님께서 일하심을 믿고 기도했다. 하루는 늦은 밤 한강변을 걷고 있었다. 갑자기 성령께서 미국으로 이민을 간 여자 친구에게 도움을 청하라는 감동을 주셨다.

그는 앞서도 언급했지만, 내가 침례신학대학원에 다닐 때 매달 생활비를 보냈던 친구다. 그런데 몇 해 전, 남편을 잃고 혼자서 살아가고 있었기 때문에 이를 말하는 것이 부담스러워 망설이고 있었다. 그러나 성령께서 계속해서 감동을 주셨기에 즉시 순종했다.

"샬롬, 어떻게 지내니. 방금 기도 중 성령께서 감동을 주셔서 문자를 보내. 이번 9월 4부터 15일까지 바울이 순교한 로마에서 D3제자 선교사들을 초청하여 훈련하고 바울의 발자취를 따라가며 순교적 영성을 심어주어 사역지에서 순교의 각오로 사역하도록 하려고 해. 그런데 이번에 선교비를 약속한 분들이 사정상 하지 못해 재정적으로 매우 어려운 상태야. 감동이 오는 대로 보내줬으면 해. 네게 부담을 안겨줘서 미안하고 또 미안해."

그가 카톡을 읽은 것을 확인했다. 그러나 밤 12시 취침 전까지 아무런 답을 하지 않았다. 순간 성령의 음성을 잘못 들었나 하는 생각이 들며 도움을 청한 것을 후회했다. 그런데 자다가 깨서 카톡을 보니 이렇게 답이 왔다.

"샬롬, 하나님께서 감동을 주셔서 내가 3천 불을 오늘 보낼게. 그리고 내 친구가 500불을 함께 보내달라고 해서 3500불을 보내. 친구 이름은 선환이야. 기도해 줘."

당시 환율로 3500불은 약 500만 원에 해당되는 돈이었다. 전체 예산이 약 5-6천만 원이므로 이에 비하면 십분의 일에 불과했지만, 너무 기뻤다. 왜냐하면 기도의 응답을 받았기 때문이다. 기도의 응답을 받으면 기쁨이 충만해진다.

"지금까지는 너희가 내 이름으로 아무것도 구하지 아니하였으나 구
하라 그리하면 받으리니 너희 기쁨이 충만하리라"(요 16:24).

그의 헌금을 받은 후 하나님께서 제2차 D3국제워크샵에 필요한 예산을 풍성하게 채우실 것이라는 확신이 들었다. 그의 헌금은 일종의 '시드머니'가 되었다. 전혀 생각하지 않은 분들의 헌금으로 2차 D3국제워크샵도 거뜬히 치를 수 있었다. 다시 한번 믿음으로 기도하고 도전하면 하나님의 방법으로 채우신다는 것을 체험할 수 있었다.

하나님의 일은 손에 든 것과 머리로 하는 것이 아니라 무릎으로

하는 것이다. 기도하면 전능자가 일하시므로 불가능하게 보였던 일이 가능해지는 기적이 일어나고 결국은 '주의 일은 주께서 하신다'는 결론에 도달한다.

CHAPTER 3

기도는 예배다

왜 기도가 예배인가?
기도는 예배의 중심이다
기도는 참된 예배를 만든다
기도는 삶의 예배로 인도한다

왜 기도가 예배인가?

왜 기도를 예배라고 하는가? 기도의 기능 가운데 가장 중요한 것이 예배이기 때문이다. 기도 없는 예배는 생각조차 할 수 없다. 구체적으로 어떤 면에서 기도를 예배라고 하는가? 기도의 필수적인 요소를 예배의 본질적인 요소와 연관하여 설명하고자 한다.

전통적으로 ACTS(사도행전)를 통하여 기도의 네 가지 요소를 설명한다. A(Adoration)는 찬양, C(Confession)는 고백, T(Thanksgiving)는 감사, S(Supplication)는 간구다. 이 네 가지는 기도의 요소이므로 찬양은 찬양기도로, 고백은 고백기도로, 감사는 감사기도로, 간구는 간구기도로 부를 수 있다. 이런 요소는 그 자체로 예배일 뿐만 아니라, 예배를 예배 되게 하는 필수 요소다.

성경에서 믿음의 선배들이 기도를 예배로 이해하고 하나님께 나아간 흔적들을 쉽게 발견할 수 있다.

첫째로, 찬양기도이다. 찬양의 사전적인 의미는 '아름다움이나 훌

륭함 따위를 기리고 드높임'이다. 기독교에서 말하는 찬양은 하나님의 훌륭하심과 그분의 좋으심을 말씀드려서 그분을 드높이는 것이다. 일반적으로 노래로만 찬양이 가능하다고 생각하는 경향이 짙다. 그러나 기도로도 얼마든지 주님의 위대하심을 찬양할 수 있다.

믿음의 조상 아브라함은 기도로 하나님을 찬양했다.

> "주께서 이같이 하사 의인을 악인과 함께 죽이심은 부당하오며 의인과 악인을 같이 하심도 부당하니이다 세상을 심판하시는 이가 정의를 행하실 것이 아니니이까…아브라함이 대답하여 이르되 나는 티끌이나 재와 같사오나 감히 주께 아뢰나이다"(창 18:25, 27).

이처럼 아브라함이 하나님을 가리켜 '악인을 심판하시는 이'라고 한 것이나, 자신을 티끌과 재와 같다고 하여 자신을 낮춘 것은 기도로 하나님을 찬양한 것이다.

모세도 기도로 하나님을 찬양했다.

> "모세가 여호와께 여짜오되 애굽인 중에서 주의 능력으로 이 백성을 인도하여 내셨거늘 그리하시면 그들이 듣고 이 땅 거주민에게 전하리이다 주 여호와께서 이 백성 중에 계심을 그들도 들었으니 곧 주 여호와께서 대면하여 보이시며 주의 구름이 그들 위에 섰으며 주께서 낮에는 구름 기둥 가운데에서, 밤에는 불 기둥 가운데에서 그들 앞에 행하시는 것이니이다"(민 14:13-14).

이는 모세가 기도로 하나님께서 이스라엘 백성들을 구름 기둥과 불 기둥으로 애굽에서 인도하여 내신 전능자라고 찬양한 것이다.

다윗도 마찬가지다.

"주 여호와는 주의 종을 아시오니 다윗이 다시 주께 무슨 말씀을 하오리이까 주의 말씀으로 말미암아 주의 뜻대로 이 모든 큰 일을 행하사 주의 종에게 알게 하셨나이다 그런즉 주 여호와여 이러므로 주는 위대하시니 이는 우리 귀로 들은 대로는 주와 같은 이가 없고 주 외에는 신이 없음이니이다"(삼하 7:20-22).

이는 다윗이 여호와 하나님의 큰 능력과 위대하심과 유일하심을 기도로 찬양한 것이다.

이는 예수님에게서도 발견할 수 있다. 예수께서 "영생은 곧 유일하신 참 하나님과 그가 보내신 자 예수 그리스도를 아는 것이니이다"(요 17:3)라고 하신 것은 기도로 하나님을 유일하신 참 하나님이시라고 찬양한 것이다. 또한 예수께서 "나는 세상에 더 있지 아니하오나 그들은 세상에 있사옵고 나는 아버지께로 가옵나니 거룩하신 아버지여 내게 주신 아버지의 이름으로 그들을 보전하사 우리와 같이 그들도 하나가 되게 하옵소서"(요 17:11)라고 하신 것도 기도로 예수께서 하나님 아버지의 거룩하심을 찬양한 것이다.

이렇게 찬양기도는 상투적이고 형식적인 찬양이 아니다. 자신이 하나님과 친밀하게 교제하는 가운데서 직접 경험한 하나님을 기도로 찬양하는 것이다. 찬양기도를 하기 위해서는 믿음의 사람들처럼 늘 하나님께 나아가 친구처럼 교제하며 그분의 음성을 듣고 대화해야 한다.

둘째로 감사기도이다. 믿음의 사람들은 기도로 하나님께 감사를 드렸다.

다윗은 "여호와여 내가 모든 민족 중에서 주께 감사하며 주의 이름을 찬양하리이다"(삼하 22:50)라고 기도했다. 솔로몬도 마찬가지로 감사기도를 드렸다. "…여호와께 감사하여 이르되 선하시도다 그의 인자하심이 영원하도다 하니라"(대하 7:3).

또한 다니엘은 "나의 조상들의 하나님이여 주께서 이제 내게 지혜와 능력을 주시고 우리가 주께 구한 것을 내게 알게 하셨사오니 내가 주께 감사하고 주를 찬양하나이다 곧 주께서 왕의 그 일을 내게 보이셨나이다"(단 2:23)라고 기도했다. 바울은 "아무것도 염려하지 말고 다만 모든 일에 기도와 간구로, 너희 구할 것을 감사함으로 하나님께 아뢰라"(빌 4:6)라고 말한다.

기도할 때 감사의 제목들을 부지런히 찾아야 한다. 주께서 주신 복을 세어보는 것은 감사할 제목을 세어보는 것이다. 요한이 "…하늘에서 주신 바 아니면 사람이 아무것도 받을 수 없느니라"(요 3:27)라고 말하고 있듯이, 우리가 현재 누리는 것은 하나님께서 주신 것이고 모두 감사의 제목이다. 시편 기자는 이렇게 말한다.

> "감사로 제사를 드리는 자가 나를 영화롭게 하나니 그의 행위를 옳게 하는 자에게 내가 하나님의 구원을 보이리라"(시 50:23).

또한 감사할 대상이 하나님이신 것도 감사의 제목이다. 비신자들은 감사할 대상이 창조주 하나님이신 것을 모르기에 우상에게 감사하고 있다. 바울은 이를 몹시 안타까워하면서 이렇게 말한다.

> "하나님을 알되 하나님을 영화롭게도 아니하며 감사하지도 아니하고 오히려 그 생각이 허망하여지며 미련한 마음이 어두워졌나니 스

스로 지혜 있다 하나 어리석게 되어 썩어지지 아니하는 하나님의 영
광을 썩어질 사람과 새와 짐승과 기어다니는 동물 모양의 우상으로
바꾸었느니라"(롬 1:21-23).

셋째로, 고백기도이다. 죄는 오래 숨겨두지 말아야 한다. 병도 만
성이 되면 치료하기 힘들어지듯이 죄도 즉시 회개하지 않으면 습관
과 성품으로 굳어져서 해결하기 힘들어지고 많은 문제를 유발하게
한다. 따라서 잘못을 깨달은 즉시 회개하여 죄 문제를 해결 받아야
한다.

다윗이 인구조사를 한 것이 잘못인 것을 깨닫기까지는 9개월 이
상 걸렸다. 그러나 이를 깨닫자 즉시 회개했다.

"다윗이 백성을 조사한 후에 그의 마음에 자책하고 다윗이 여호와
께 아뢰되 내가 이 일을 행함으로 큰 죄를 범하였나이다 여호와여
이제 간구하옵나니 종의 죄를 사하여 주옵소서 내가 심히 미련하게
행하였나이다 하니라"(삼하 24:10).

요한은 이렇게 말한다.

"만일 우리가 죄가 없다고 말하면 스스로 속이고 또 진리가 우리 속
에 있지 아니할 것이요 만일 우리가 우리 죄를 자백하면 그는 미쁘
시고 의로우사 우리 죄를 사하시며 우리를 모든 불의에서 깨끗하게
하실 것이요"(요일 1:8-9).

넷째로, 간구기도이다. 구약 성경뿐 아니라 신약 성경은 간구와
기도를 구분하여 사용한다(왕상 8:28, 45, 49, 54; 대하 6:19, 35, 39; 단 9:17;

엡 6:18; 빌 4:6; 딤전 2:1, 5:5). 이렇게 기도와 간구를 구분하여 사용한 것을 통하여 무엇을 알 수 있는가? 둘의 의미가 다소 다르다는 것이다.

혹자는 간구가 하나님뿐만 아니라 인간 상호 간에도 사용될 수 있는 용어라면, 기도는 오로지 하나님께만 사용할 수 있다고 주장한다. 혹자는 간구가 문제와 필요로 하나님께 나아가는 것이라면, 기도는 하나님과 인격적인 접촉을 강조하는 것으로 이해한다.

혹자는 간구가 죄와 관련하여 애원하거나 탄원하는 것이고, 기도는 우리가 하나님께 무엇인가를 드리거나 서원하는 행동으로 이해한다. 혹자는 간구는 기도로 하나님의 뜻을 듣고 하나님의 뜻대로 구하는 것이고, 기도는 한 분 인격이신 하나님의 보좌 앞에 나아가 자신의 마음을 열고 대화하며 예수 그리스도를 온전히 자신의 영 안에 채우고 그분의 얼굴을 구하고 그분의 임재 앞에 머물러 있는 것으로 이해한다.

그러나 간구나 기도나 동일하게 하나님을 향하고 하나님과의 관계에서 사용하므로 용어가 다소 다른 의미로 사용되어도 간구든 기도든 예배로 이해하는 데는 전혀 문제가 되지 않는다.

기도를 예배라고 하는 또 다른 이유가 있다. 우리가 예배를 드릴 때 마음과 힘과 뜻과 정성을 다하듯이 기도할 때도 그렇게 해야 하기 때문이다. 바리새인들이 열심히 기도했지만, 예수님께 책망받은 것은 하나님께 예배를 드리는 태도로 나가지 않고 사람에게 보이려고 회당과 큰 거리 어귀에 서서 기도하기를 좋아했기 때문이다(마 6:5).

기도를 예배라고 생각한다면 바리새인처럼 기도하지 않고 세리처럼 기도해야 한다.

"바리새인은 서로 따로 기도하여 이르되 하나님이여 나는 다른 사람들 곧 토색, 불의, 간음을 하는 자들과 같지 아니하고 이 세리와도 같지 아니함을 감사하나이다 나는 이레에 두 번씩 금식하고 또 소득의 십일조를 드리나이다 하고 세리는 멀리 서서 감히 눈을 들어 하늘을 쳐다보지도 못하고 다만 가슴을 치며 이르되 하나님이여 불쌍히 여기소서 나는 죄인이로소이다 하였느니라"(눅 18:11-13).

하나님께서 바리새인과 세리의 기도를 어떻게 평가하셨는가? 바리새인보다 세리를 의롭다고 평가하셨다(눅 18:14). 하나님께 예배하는 자세로 기도해야 한다. 하나님께 힘과 뜻과 정성을 다하여 예배를 드리듯이 오직 하나님께 찬양하고 감사하며 회개하는 마음으로 기도해야 한다.

기도는 예배의 중심이다

　모든 종교는 자신들의 신을 향하여 경외심을 표현하며 나름 예배를 드린다. 그러나 기독교에서 말하는 예배와 타 종교에서 말하는 예배는 전혀 개념이 다르다. 예배를 영어로 worship이라고 하는데 이는 '가치'(worth)와 '신분'(ship)의 합성어다. 즉 기독교 예배는 가치 있는 지위에게 적절한 영광과 존경을 표하는 것이다.
　예배는 신앙생활에서 가장 중요한 요소 가운데 하나다. 예배는 드리고, 받고, 나누는 세 가지 요소로 이루어진다. 찬송과 기도와 고백과 봉헌을 드린다. 영의 양식인 말씀을 받고, 축복기도를 받는다. 성도들의 교제를 통하여 은혜를 나누고, 사랑을 나눈다.
　그런데 오늘날 예배의 모습은 어떠한가? 예배의 3요소가 균형을 잡지 못하고 한쪽으로 지나치게 쏠려 있다. 한마디로 예배가 설교 편향주의로 전락하였다. 심지어 예배 시간에 늦어도 설교만 들으면 예배를 드린 것으로 착각하는 사람들이 부지기수다. 왜 이렇게 되었는가? 예배는 본질적으로 하나님께 드리는 것에서 출발하는데 이를 건너뛰고 받는 것에 집중하기 때문이다. 즉 예배가 하나님 중심이어야 하는데 사람 중심이 되었기 때문이다.

지금 우리는 예배의 홍수 시대에 살고 있다. 결혼예배, 장례예배, 회갑예배, 축하예배, 이사예배, 개업예배, 취임예배 등 이루 헤아릴 수 없을 정도로 예배를 드린다. 그런데 과연 이런 예배에서 예배의 대상은 누구인가? 겉으로는 예배의 형식을 띠지만 하나님 중심적인 예배가 아니라 사람 중심적인 예배다.

예배의 기본 정신은 우리의 온 마음을 다하고 뜻을 다하며 성품을 다하여 하나님을 사랑하는 마음으로 경배하는 것이다. 그러나 실제로 이렇게 하나님을 경배하는 모습은 찾아보기 힘들다. 예배에서 가장 중요한 것은, 영원히 예배를 받으실 분은 하나님이시고 인간은 예배자가 되는 것이다. 따라서 하나님께서 받으시는 참된 예배가 되려면 말씀 중심의 예배보다는 찬송과 기도 등 드림 중심의 예배가 되어야 한다.

하나님께서는 우리가 드리는 모든 예배를 받으시지 않는다. 하나님께서 기뻐하시는 예배만 받으신다. 왜 하나님께서 아벨이 드리는 제사는 받으시고 가인이 드리는 제사는 받으시지 않았는가? 가인은 자기 중심적인 예배를 드렸기 때문이고 아벨은 하나님 중심적인 예배를 드렸기 때문이다. 기도는 자기의 뜻을 이루는 수단이 아니라 하나님의 뜻을 이루는 수단이다. 따라서 하나님께서 받으시는 예배를 드리려면 기도가 예배의 중심이어야 한다. 기도 없이는 하나님 중심적인 예배가 불가하다.

이슬람이나 세상의 모든 종교의 예배 행위에 무릎 꿇음과 간절한 기도가 함께한다. 특히 이슬람교도는 메카를 향하여 하루에 5번 기도를 한다. 예전 중심의 가톨릭과 성공회에서도 아침, 정오, 저녁에 드리는 이른바 삼종기도를 강조한다. 이슬람같이 거짓 신을 경배하는 이단들도 기도를 예배의 중심에 두는데 참신을 경배하는 기독교가 예배의 중심에 기도를 두지 않는다는 것은 어불성설이다. 하나님께서는 기도를 중심에 두지 않는 예배를 기뻐하시지 않는다.

기도는 참된 예배를 만든다

　신앙생활에서 가장 기본적이고 중요한 것은 예배이다. 예수님을 믿고 나서 가장 먼저 시작하는 것이 예배이고 천국 갈 때까지, 더 나아가 천국에서도 영원히 할 것은 예배이다. 신앙생활에 있어서 예배의 중요성은 아무리 강조해도 지나침이 없다. 그리스도인은 예배를 위해 태어난 사람이다. 예배는 하나님 앞에 헌신하고 그분을 섬기는 것이다. 흔히 예배를 단지 은혜받는 시간으로 생각하는 경향이 짙다. 그러나 이는 예배의 결과이지 동기나 목적이 되어서는 안 된다.
　무엇보다 예배는 하나님을 섬기는 것이다. 그러므로 우리는 예배를 드릴 때 정성을 다해야 한다. 정성이 없으면 형식적인 예배로 전락하게 된다. 예배에는 최선을 다해야 한다. 기도와 찬송, 말씀과 헌금도 최선을 다해서 드려야 한다. 성경적 예배의 모델은 이사야 6장 1-9절에서 찾을 수 있다.
　예배의 첫 출발은 자신이 하나님을 인식하는 데서 시작한다.

"웃시야 왕이 죽던 해에 내가 본즉 주께서 높이 들린 보좌에 앉으셨는데 그의 옷자락은 성전에 가득하였고"(사 6:1).

성경의 계시가 없는 예배는 아무 의미가 없다. 계시된 하나님을 인식하고 그 하나님을 예배해야 한다.
다음 단계는 주님의 영광을 찬양하며 크게 외치는 것이다.

"…거룩하다 거룩하다 거룩하다 만군의 여호와여 그의 영광이 온 땅에 충만하도다"(사 6:3).

찬양은 예배에 영감과 활력을 준다. 찬양은 예배를 풍성하게 하고 그 자체가 예배 행위이기도 하다.
다음은 죄의 자백과 회개를 해야 한다.

"그때에 내가 말하되 화로다 나여 망하게 되었도다 나는 입술이 부정한 사람이요 나는 입술이 부정한 백성 중에 거주하면서 만군의 여호와이신 왕을 뵈었음이로다 하였더라"(사 6:5).

자신의 은밀한 죄와 다른 사람의 죄와 민족의 죄를 회개해야 한다.
다음은 사죄를 확신해야 한다.

"그것을 내 입술에 대며 이르되 보라 이것이 네 입에 닿았으니 네 악이 제하여졌고 네 죄가 사하여졌느니라 하더라"(사 6:7).

예배를 통해 사죄의 확신을 갖고 주님의 음성을 들어야 한다.

"내가 또 주의 목소리를 들으니 주께서 이르시되 내가 누구를 보내며 누가 우리를 위하여 갈꼬 하시니 그때에 내가 이르되 내가 여기 있나이다 나를 보내소서 하였더니"(사 6:8).

하나님께서 예배를 통해 회개한 자에게 사명을 주신다. 이사야가 주의 음성을 들었듯이 우리 역시 주의 음성을 들어야 한다. 또한 이사야가 음성을 듣고 "내가 여기 있나이다 나를 보내소서"라고 했듯이 예배를 통해서 합당한 결단과 헌신을 해야 한다.

끝으로 하나님의 파송에 반응해야 한다.

"여호와께서 이르시되 가서 이 백성에게 이르기를 너희가 듣기는 들어도 깨닫지 못할 것이요 보기는 보아도 알지 못하리라 하여"(사 6:9).

'가서 이 백성에게 말하라', 하나님께서 우리를 세상에 파송하신다. 즉 이 모든 것이 예배에 포함되어야 한다. 예배를 통해 주님의 임재를 인식하고 찬양하며, 자백과 회개를 하고, 그에 따른 죄 사함을 받고, 사명을 깨달아 결단과 헌신을 하며, 가서 말하라는 파송에 응해야 한다.

이사야가 하나님을 예배하므로 경험한 일들이 오늘날도 하나님을 예배할 때 일어나야 한다. 그런데 현실은 어떠한가? 예배의 대상은 동일하지만, 이사야가 경험한 일들은 거의 일어나지 않고 있다. 무엇이 이사야의 예배와 오늘날의 예배를 구분 짓게 하는가? 여러 요소가 있지만 가장 결정적인 것은 하나님의 임재를 경험하느냐 못하느냐에 달려 있다.

이사야 선지자가 하나님을 만나자, 죄인임을 깨달았을 뿐 아니라 사명을 깨닫고 즉시 하나님의 명령에 순종했듯이, 예배를 통하여 하나님의 임재를 경험하면 주께서 마지막으로 당부하신 '가서 제자 삼으라'는 명령에 순종하게 된다. 우리가 예배를 수없이 드리지만, 삶의 변화가 거의 일어나지 않고 주님의 유언적 명령에 순종하지 않는 것은, 예배를 통하여 하나님을 만나지 못하기 때문이다.

교회는 더 나은 예배를 드리기 위해서 나름대로 최선을 다한다. 예배 공간을 리모델링하고 조명과 음향시스템을 갖추어 예배 분위기를 고조시킨다. 또한 목회자는 성도들이 은혜를 받도록 최선을 다해 설교를 준비한다. 그러나 이보다 더 우선적으로 해야 할 것이 있다. 그것은 예배자들이 하나님을 예배할 때 하나님의 임재를 경험하도록 기도하는 것이다.

일반적으로 교회들은 주일예배를 드리는 당일에 중보기도팀을 운영한다. 그러나 여기서 멈추지 말고 주중에 미리 주일예배를 위하여 기도하도록 가르쳐야 한다. 성도들이 미리 예배를 위해 기도하면 주일예배를 사모하게 되고 능동적으로 예배에 참여하므로 주님을 경험하는 은혜를 누리게 된다.

성경은 마지막 때 짐승이 경배를 받는다고 예언한다.

> "그가 먼저 나온 짐승의 모든 권세를 그 앞에서 행하고 땅과 땅에 사는 자들을 처음 짐승에게 경배하게 하니 곧 죽게 되었던 상처가 나은 자니라 큰 이적을 행하되 심지어 사람들 앞에서 불이 하늘로부터 땅에 내려오게 하고 짐승 앞에서 받은 바 이적을 행함으로 땅에 거하는 자들을 미혹하며 땅에 거하는 자들에게 이르기를 칼에 상하였다가 살아난 짐승을 위하여 우상을 만들라 하더라 그가 권세를 받아 그 짐승의 우상에게 생기를 주어 그 짐승의 우상으로 말하게 하고 또 짐승의 우상에게 경배하지 아니하는 자는 몇이든지 다 죽이게

하더라"(계 13:12-15).

지금은 말세지말이다. 마귀는 자기의 때가 얼마 남지 않은 것을 알기에 하나님의 택한 백성들을 멸망시키려고 온갖 수단과 방법을 가리지 않고 공격하고 있다. 마귀의 공격을 물리치고 참된 예배를 드리므로 하나님의 임재를 경험할 수 있는 길은 오직 한 가지뿐이다. 이는 기도밖에 없다.

기도 이외에는 마귀의 공격을 물리칠 수 없다. 베드로도 이를 알기에 다음과 같이 권면한 것이다.

"근신하라 깨어라 너희 대적 마귀가 우는 사자같이 두루 다니며 삼킬 자를 찾나니"(벧전 5:8).

우리의 힘과 능력으로는 영적 전쟁에서 이길 수 없기에 참된 예배를 드릴 수 없다. 참된 예배를 드림으로 하나님의 임재를 경험하려면 기도해야 한다.

왜 기도가 주의 임재를 경험하는 데 있어서 절대적인가? 마귀도 하나님처럼 경배받기를 원하여 우리의 예배를 방해하는데 기도 없이는 마귀와의 싸움에서 이길 수 없기 때문이다.

"…만일 내게 엎드려 경배하면 이 모든 것을 네게 주리라"(마 4:9).

이는 마귀가 얼마나 경배받기를 원하는지를 보여준 것이다. 마귀가 예수님을 마지막으로 시험한 것은 그의 예배관이다. 예수께서 마귀의 시험에 어떻게 반응하셨는가?

"이에 예수께서 말씀하시되 사탄아 물러가라 기록되었으되 주 너의 하나님께 경배하고 다만 그를 섬기라 하였느니라"(마 4:10).

이렇게 예수께서 마귀의 시험을 받으시고 "주 너의 하나님께 경배하고 다만 그를 섬기라"라고 말씀하실 수 있었던 것은 예수께서 기도하셨기 때문이다.

사람은 누구나 경배받기를 원하기에 기회와 능력만 주어지면 그런 위치에 앉으려고 한다. 질주하는 경주마처럼 경배받기 위해 수단과 방법을 가리지 않는다. 사람들이 권력을 잡고 싶어 하고, 부자가 되고 싶어 하고, 유명한 사람이 되고 싶어 하고, 명예를 얻고자 하는 것은 모두 칭찬받고 경배받기를 원하는 인간적 본능에 기초한다. 갈보리의 십자가에서 그리스도와 함께 죽음을 경험하지 못한 자들은 숭배받고자 하는 본능을 숨기려고 해도 숨길 수 없다. 느부갓네살은 금 신상을 만들어서 경배를 강요하지 않았던가?

참된 예배자가 되기 위해서 골방에서 충분히 기도해야 한다. 은밀히 기도하는 생활 없이 자신의 몸을 충분히 주님 앞에 드릴 수 없다. 참된 예배를 드리기 위해 좋은 옷을 입고 교회에 오는 것보다 상한 심령과 애통하는 마음으로 기도하는 자가 드리는 예배가 훨씬 주님께서 받으시는 예배라는 사실을 기억해야 한다. 참된 예배는 그냥 만들어지지 않는다. 참된 예배는 기도로 만들어진다.

기도는 삶의 예배로 인도한다

　앞으로 기도와 삶의 관계를 다루기 때문에 여기서는 굳이 이를 다루지 않아도 된다. 그런데 내가 이를 다루는 데는 나름대로 이유가 있다. 한마디로 예배는 크게 예배당 예배와 삶의 예배로 나눌 수 있기 때문이다. 즉 삶과 예배는 불가분의 관계에 있기 때문이다. 성경은 기도와 예배와 삶을 나누지 않는다. 기도한 대로, 예배를 드린 대로 살아야 하므로 기도와 삶과 예배는 일치해야 한다.

　그런데 오늘날 우리의 현실은 어떠한가? 기도와 예배와 삶이 거의 일치하지 않고 서로 긴밀한 관계에 있다는 것을 크게 자각하지도 못하고 있다. 그래서 한국교회가 기도와 예배를 강조하지만, 삶의 열매가 거의 없기에 비신자들로부터 비난과 조롱을 받는 것이다. 그러나 이런 현상은 오늘날 우리에게만 일어나는 것이 아니다. 과거나 지금이나 마찬가지다. 심지어 스스로 하나님을 경배하는 일에는 타의 추종을 불허하는 이스라엘 백성에게서도 일어났다.

　이사야 선지자는 당시 이스라엘 백성들이 하나님을 섬기는 자와는 거리가 먼 삶을 살았다고 고발한다.

"여호와께서 말씀하시되 너희의 무수한 제물이 내게 무엇이 유익하뇨 나는 숫양의 번제와 살진 짐승의 기름에 배불렀고 나는 수송아지나 어린 양이나 숫염소의 피를 기뻐하지 아니하노라 너희가 내 앞에 보이러 오니 이것을 누가 너희에게 요구하였느냐 내 마당만 밟을 뿐이니라 헛된 제물을 다시 가져오지 말라 분향은 내가 가증히 여기는 바요 월삭과 안식일과 대회로 모이는 것도 그러하니 성회와 아울러 악을 행하는 것을 내가 견디지 못하겠노라 내 마음이 너희의 월삭과 정한 절기를 싫어하나니 그것이 내게 무거운 짐이라 내가 지기에 곤비하였느니라 너희가 손을 펼 때에 내가 내 눈을 너희에게서 가리고 너희가 많이 기도할지라도 내가 듣지 아니하리니…"(사 1:11-15a).

하나님께서 그들에게 이렇게 말씀하신 이유가 있다.

"…이는 너희의 손에 피가 가득함이라 너희는 스스로 씻으며 스스로 깨끗하게 하여 내 목전에서 너희 악한 행실을 버리며 행악을 그치고 선행을 배우며 정의를 구하며 학대받는 자를 도와주며 고아를 위하여 신원하며 과부를 위하여 변호하라 하셨느니라"(사 1:15b-17).

한마디로 이스라엘 백성들이 하나님을 향해서는 열심히 제사와 절기를 지키지만, 삶 속에서 하나님을 사랑하는 모습을 보여주지 않았기 때문이다. 즉 이웃 사랑을 실천하지 않았기 때문이다.

사무엘 선지자는 사울 왕에게 이렇게 말했다.

"…순종이 제사보다 낫고 듣는 것이 숫양의 기름보다 나으니"(삼상

15:22).

무슨 말씀인가? 하나님의 말씀에 순종하지 않으면서 드리는 제사는 하나님께서 기뻐하시지 않는다는 것이다. 또한 솔로몬은 성전과 궁전을 봉헌하면서 다음과 같이 기도했다.

"내 이름으로 일컫는 내 백성이 그들의 악한 길에서 떠나 스스로 낮추고 기도하여 내 얼굴을 찾으면 내가 하늘에서 듣고 그들의 죄를 사하고 그들의 땅을 고칠지라"(대하 7:14).

무슨 말씀인가? 악한 길에서 떠나고 하나님께 기도해야 하나님의 구원을 경험할 수 있다는 것이다. 즉 기도(예배)와 삶이 일치해야 한다는 것이다.

그들이 하나님께 열심히 제사를 드렸지만, 하나님의 심판을 받은 것은 기도와 제사와 삶의 관계를 온전히 몰랐기 때문이다. 즉 그들이 기도하고 제사를 드리는 이유가 하나님의 말씀대로 살아가기 위한 것인 줄 깨닫지 못했기 때문이다. 기도와 예배 자체가 목적이 되어서는 안 된다. 우리가 일을 하기 위해서 음식을 먹지, 단지 음식을 먹기 위해서 먹지 않는다. 마찬가지로 기도와 예배는 하나님의 말씀대로 살기 위한 수단이지, 그 자체를 위한 것이 아니다.

바울이 다메섹 도상에서 예수 그리스도를 만난 후 복음 전도자가 되었고 끝까지 하나님께 온전히 쓰임을 받았다. 그가 이렇게 될 수 있었던 이유는 무엇인가? 그가 로마교회 성도들에게 권면한 내용을 보면 알 수 있다.

"그러므로 형제들아 내가 하나님의 모든 자비하심으로 너희를 권하노니 너희 몸을 하나님이 기뻐하시는 거룩한 산 제물로 드리라 이는 너희가 드릴 영적 예배니라 너희는 이 세대를 본받지 말고 오직 마음을 새롭게 함으로 변화를 받아 하나님의 선하시고 기뻐하시고 온전하신 뜻이 무엇인지 분별하도록 하라"(롬 12:1-2).

바울은 번제물로 드려진 제물처럼 우리의 몸을 하나님께서 기뻐하시는 거룩한 산 제물로 드리라고 권면한다. 즉 삶으로 하나님을 예배하라는 것이다. 바울은 이렇게 삶으로 예배를 드렸기에 하나님께서 이를 기뻐하시고 그를 사용하신 것이다.

그리스도인의 삶은 곧 예배이다. 따라서 예배와 삶은 하나이다. 제2차 세계대전 당시 대영제국은 나치 독일과의 싸움에서 승산 없는 전쟁을 하고 있었다. 수상 윈스턴 처칠(Winston Churchill)은 윌리엄 템플 목사에게 대국민 연설을 부탁했다.

"국민 여러분, 전쟁이 큰일이지만 예배는 더 큰 일입니다. 하나님만 바라고 예배할 때 우리가 예배한 하나님의 도우심으로 이 전쟁에서 승리할 것입니다."

이튿날 영국 전역은 예배드리는 사람들로 인산인해를 이루었고 결국 대영제국은 불가능해 보였던 전쟁에서 승리를 얻었다. 이는 예배와 삶이 무관하지 않다는 것을 보여준 것이다.

하나님을 바르게 경배하는 자는 예배와 삶을 구분하지 않는다. 머리와 몸통이 분리될 수 없듯이, 예배와 삶은 결코 분리될 수 없다. 일치하지 않고 분리되는 것은, 잘못 기도를 하고 예배를 드리는 것이다. 예수께서 바리새인과 서기관들을 향하여 외식하는 자들이라고 책망하신 것은 그들이 하나님께는 열심을 내었지만, 말씀대로 살지 않았기 때문이다. 즉 기도(예배)와 삶이 분리되어 있었기 때문이다. 기도와 예배는 삶을 위한 것이고, 삶은 기도와 예배를 위한 것이다.

참고로 다음과 같은 질문을 던질 필요가 있다. "왜 삶이 예배가 되어야 하고 예배는 삶이 되어야 하는데 그렇게 하지 못하는가?" 여기에는 크게 세 가지 이유가 있다고 본다.

첫째로, 예배의 목적이 바르지 않기 때문이다. 구원의 은혜에 감사하여 예배를 드리지 않고 이 세상의 복을 받기 위해 예배하기 때문이다.

둘째로, 하나님의 편재성을 인식하지 않기 때문이다. 하나님께서 안 계신 곳은 없기에 매 순간 코람데오의 정신으로 살아가야 한다. 에녹이 300년간 삶의 예배에 성공할 수 있었던 것은 바로 이 때문이다.

셋째로, 구원론에 대한 오해 때문이다. 즉 오직 믿음으로 구원받는다는 말을 오해하기 때문이다. 구원을 행위가 아니라 믿음으로 받는다는 것은, 행위로는 구원을 받을 수 없다는 뜻이지 아무렇게나 살아도 된다는 것을 뜻하지 않는다. 한국에서 이를 오해하여 물의를 빚는 대표적인 기독교 이단이 구원파다.

CHAPTER 4

기도는 교제다

기도는 주님과 교제하는 것이다
기도는 주님과 사랑을 나누는 것이다
간구형 기도보다는 교제형 기도를 해야 한다
주님과의 교제가 텅 빈 기도는 위험하다
주님과의 교제를 멈추지 말아야 한다

기도는 주님과 교제하는 것이다

기도는 하나님과의 대화이다. 기도는 히브리어, 헬라어, 심지어 라틴어 단어까지 모두 대화와 관련이 있다. 히브리어 '아마르'(אמר)는 '말하다 혹은 대화하다'라는 뜻이고, 헬라어 '프로슈코마이'(προσεύχομαι)도 '누구에게 말하다'이고, 라틴어 '오라러'(orare)도 '누구와 말하다'라는 뜻이다. 그런데 유독 한국어만 '기도'가 '비나이다'라는 뜻을 가지고 있다.

왜 우리는 기도를 하나님과 대화한다는 의미로 사용하지 않고 '빌다'라는 뜻으로 사용하고 있는가? 성경을 번역할 때 불가피하게 기존의 종교 언어를 빌려서 사용했기 때문일 것이다. 이것이 기복적 신앙을 강화시킨 면도 없지 않은 것 같고 자연히 신자들이 기도를 하나님께 빈다는 뜻을 중심으로 이해하게 된 것으로 보인다.

하나님께서는 우리를 하나님의 형상을 따라 만드시고 교제하도록 부르셨다. 이는 첫 사람 아담이 하나님의 형상으로 창조된 것을 통해 알 수 있다.

"하나님이 이르시되 우리의 형상을 따라 우리의 모양대로 우리가 사람을 만들고 그들로 바다의 물고기와 하늘의 새와 가축과 온 땅과 땅에 기는 모든 것을 다스리게 하자 하시고 하나님이 자기 형상 곧 하나님의 형상대로 사람을 창조하시되 남자와 여자를 창조하시고"(창 1:26-27).

하나님께서 인간만 하나님의 형상을 따라 만드신 것은 바로 우리와 교제하시기 위한 것이다.

바울은 고린도교회 성도들에게 보낸 편지에서 "너희를 불러 그의 아들 예수 그리스도 우리 주와 더불어 교제하게 하시는 하나님은 미쁘시도다"(고전 1:9)라고 했다. 이는 하나님께서 그리스도를 통하여 우리와 교제하기를 원하신다는 것을 표현한 것이다. 사도 요한은 "우리가 보고 들은 바를 너희에게도 전함은 너희로 우리와 사귐이 있게 하려 함이니 우리의 사귐은 아버지와 그의 아들 예수 그리스도와 더불어 누림이라"(요일 1:3)라고 말한다.

여기서 사귐은 인격적인 교제를 의미한다. 모든 그리스도인은 하나님 아버지와 그의 아들 예수 그리스도와 사귐을 가져야 한다.

하나님께서 우리와 어떻게 사귀기를 원하시는가? 우리와 대화를 통해서다. 기도는 하나님과 대화하는 통로다. 따라서 기도를 단순히 우리의 필요와 요구를 하나님께 구하는 것으로 만족하지 말고 교제의 수단으로 생각해야 한다. 기도보다 하나님과 용이하게 교제하는 방법은 없다.

알렉산드리아의 초대 교부인 클레멘트는 이렇게 말했다. "기도는 하나님과 교제를 유지하는 것이다." 사람들이 기도하지 않는 것은 훈련이나 기술 혹은 시간이 부족해서가 아니라 하나님과의 깊은 관계가 결여되어 있기 때문이다. 하나님께서 우리의 기도에 응답하시는 것도 결국은 하나님과 친밀한 관계를 맺게 하시는 데 있다.

야고보는 아브라함이 하나님의 벗이라 칭함을 받았다고 말한다 (약 2:23). 벗은 일상적으로 사랑받는 친구라는 뜻인데 아브라함이 하나님의 벗이라고 칭함을 받았다고 한 것은 그가 하나님과 얼마나 친밀한지를 보여준 것이다. 벗에게는 자신의 속마음을 털어놓듯이 하나님께서는 아브라함에게 속마음을 털어놓으셨다(창 18:17-18).

아브라함이 소돔과 고모라에 살고 있는 조카 롯을 위해 기도한 것도 하나님께서 소돔과 고모라를 심판하실 뜻을 아브라함에게 말씀하셨기 때문이다(창 18:20-21). 하나님께서는 아브라함의 기도를 들으시고 조카 롯을 소돔과 고모라 심판에서 구원하셨다(창 19:29). 이 사건으로 아브라함은 성경에 나오는 최초의 중보자로 불리게 되었다.

아브라함은 어떻게 평생 하나님과 친구 관계를 유지했는가? 그것은 믿음에 기초한 지속적인 기도를 통해서다. 신뢰 관계가 없이는 지속적으로 친밀함을 유지할 수 없다. 우리는 기도 앞에서 평등하다. 의인이나 죄인이나, 부자나 가난한 자나, 유명한 자나 무명한 자나, 권세 있는 자나 억압받는 자나 모두 기도할 수 있다. 즉 기도를 통해 누구든지 하나님과 교제할 수 있다.

사람은 누구와 교제하느냐에 따라 인생을 다르게 살아간다. 하나님과 친밀히 사귀는 자는 하나님처럼 존귀한 인생을 살아갈 수 있다. 우리는 언제든지 전지전능하신 하나님과 교제할 수 있다. 이 세상에서는 자기 마음대로 교제의 대상을 선택할 수 없다. 심지어 자기의 가족이라 할지라도 일방적으로 교제할 수 없다. 그런데 만왕의 왕이신 하나님과 대화하고 싶으면 아무 때나 교제한다는 것은 보통 영광스러운 것이 아니다.

그런데 단지 대상만 마음대로 선택할 수 있는 것이 아니다. 교제의 시간과 장소도 우리 마음대로 선택할 수 있다. 시편의 기자들도 아침, 낮, 저녁 등 수시로 기도했고(시 55:17; 단 6:10), 한밤중에도 기도했다(시 119:62). 동시에 특정한 시간대에 하나님을 찾았다.

"여호와여 아침에 주께서 나의 소리를 들으시리니 아침에 내가 주께 기도하고 바라리이다"(시 5:3).

"…아침마다 깨우치시되 나의 귀를 깨우치사 학자들같이 알아듣게 하시도다"(사 50:4).

"내가 날이 밝기 전에 부르짖으며 주의 말씀을 바랐사오며"(시 119:147).

예수께서는 아무 때나 어디서나 기도하실 수 있었지만, 특정한 시간과 장소에서 기도하셨다.

"새벽 아직도 밝기 전에 예수께서 일어나 나가 한적한 곳으로 가사 거기서 기도하시더니"(막 1:35).

"무리를 보내신 후에 기도하러 따로 산에 올라가시니라 저물매 거기 혼자 계시더니"(마 14:23).

예수께서 아무 때나 아무 곳에서 기도할 수 있는데 굳이 특정한 시간대에 특정한 장소를 찾으신 이유는 무엇인가? 주변의 영향을 받지 않고 주님과 친밀하게 교제하기 위해서다.

이 세상에서도 상대방과의 원활한 소통을 위해 힘쓰고 노력하듯이 하나님과 교제를 잘하기 위해 부지런히 배워야 한다. 하나님과 교제를 잘하는 법을 배우면 범사에 유익하다. 예를 들어 기도가 친구와 이야기하는 것임을 깨닫게 되면 기도하는 것을 어렵게 생각하지 않기 때문에 쉽게 기도할 것이고 솔직하게 기도하므로 풍성하게 기도의 응답을 받을 것이다.

이 세상에 하나님과 교제하는 시간보다 가치 있고 의미 있는 것은 없다. 예수께서 눈코 뜰 사이가 없을 정도로 매우 바쁘셨지만, 새벽에 일어나 한적한 곳으로 나가 기도하신 것은 바로 이를 아셨기 때문이다(막 1:35). 우리도 아무리 바빠도 하나님과 교제하기 위해 기도해야 한다. 마틴 루터는 바쁠수록 더 기도하라고 하였고, 빌 하이벨스는 너무 바쁘기에 1시간 기도한다고 했다. 스펄전은 이렇게 말했다.

> "사랑하는 형제들이여 기도하자. 우리 모두 논쟁할 수 없으나 우리 모두 기도할 수 있다. 우리 모두 지도자가 될 수 없으나 우리 모두 기도의 사람이 될 수 있다."

기도는 주님과 사랑을 나누는 것이다

하나님께서 우리를 그의 형상대로 지으셨기에 우리와 교제하기를 원하신다. 기도는 우리와 교제하기를 원하시는 하나님과 교제하는 것이다. 따라서 기도는 본질적으로 어떤 것을 얻기 위한 수단이 아니라 우리를 사랑하시는 하나님과 사귐을 가지는 것이다.

그런데 하나님과의 교제가 어떻게 시작되었는가? 하나님의 일방적인 찾아오심에 대한 우리의 반응으로 시작되었다. 따라서 교제는 하나님의 사랑에 대한 인간의 반응이다. 하나님과 교제하기 위해서는 하나님의 사랑을 인식해야 하고 하나님을 사랑해야 한다. 사랑을 떠나서는 하나님과 교제할 수 없다. 그래서 어거스틴은 "참되고 완전한 기도는 사랑 외에 아무것도 아니다"라고 말했다.

하나님은 사랑이시므로 우리와 사랑으로 교제하신다. 그리고 우리가 사랑으로 하나님과 교제하기를 원하신다. 기도는 하나님과 교제하는 것 그 이상이다. 즉 하나님과 사랑을 나누는 것이다. 기도를 하나님과 사랑을 나누는 것이라고 하는 것은, 주님을 사랑하는 마음으로 기도해야 하기 때문이다. 따라서 하나님과의 교제에 있어서 가장 중요한 것은, 단지 말을 주고받는 데 있지 않고 서로 마음과 마음을 주고받는 데 있다.

기도는 하나님과 사랑을 나누는 사랑의 교제이므로 사랑이 없이는 하나님과 지속적으로 교제할 수 없다. 기도하고 있지 않다면 하나님에 대한 사랑이 식었다는 증거다. 누군가를 사랑하면 그와 항상 대화하고 싶어하듯이 하나님을 사랑한다면 하나님을 가까이하기 위해 힘쓰는 것은 당연하다. 하나님을 사랑한다고 하면서 기도하는 것을 즐기지 않으면 이는 말로만 하나님을 사랑하는 것이지, 진심으로 하나님을 사랑하는 것이 아니다.

다윗은 사울 왕과 모든 원수들의 손에서 건짐을 받은 날 이렇게 기도했다.

> "여호와는 나의 반석이시요 나의 요새시요 나를 건지시는 이시요 나의 하나님이시요 내가 그 안에 피할 나의 바위시요 나의 방패시요 나의 구원의 뿔이시요 나의 산성이시로다 내가 찬송 받으실 여호와께 아뢰리니 내 원수들에게서 구원을 얻으리로다 사망의 줄이 나를 얽고 불의의 창수가 나를 두렵게 하였으며 스올의 줄이 나를 두르고 사망의 올무가 내게 이르렀도다 내가 환난 중에서 여호와께 아뢰며 나의 하나님께 부르짖었더니 그가 그의 성전에서 내 소리를 들으심이여 그의 앞에서 나의 부르짖음이 그의 귀에 들렸도다"(시 18:2-6).

그런데 다윗이 이렇게 기도하면서 가장 먼저 고백한 말이 무엇인가? "나의 힘이신 여호와여 내가 주를 사랑하나이다"(시 18:1)라는 고백이었다. 그의 기도를 통해 무엇을 알 수 있는가? 그가 원수들로부터 구원받은 것 때문에 하나님께 기도한 것이 아니라 하나님을 사랑하기 때문에 기도했다는 것이다.

바울은 우리가 무엇을 하든지 사랑으로 행해야 한다고 힘주어 말한다.

> "내가 사람의 방언과 천사의 말을 할지라도 사랑이 없으면 소리 나는 구리와 울리는 꽹과리가 되고 내가 예언하는 능력이 있어 모든 비밀과 모든 지식을 알고 또 산을 옮길 만한 모든 믿음이 있을지라도 사랑이 없으면 내가 아무것도 아니요 내가 내게 있는 모든 것으로 구제하고 또 내 몸을 불사르게 내줄지라도 사랑이 없으면 내게 아무 유익이 없느니라"(고전 13:1-3).

방언과 천사의 말을 하고, 예언의 능력을 가짐으로 모든 비밀과 모든 지식을 알고, 모든 재산을 나누어주고, 자신의 몸을 던진다는 것은 대단한 일이지만 이를 사랑으로 하지 않으면 아무 유익이 없다는 것이다. 마찬가지로 기도는 하나님과 교제하는 것이므로 이보다 가치 있고 의미 있는 일은 없다. 그러나 기도조차도 하나님을 사랑하는 마음으로 하지 않으면 아무 유익이 없다.

하나님을 사랑하면 기도하게 되고 기도하면 하나님을 더욱 사랑하게 된다. 그리고 사랑하는 대상을 닮아가게 된다. 그런데 기도를 많이 한다고 하지만 그리스도를 닮아가기는커녕 오히려 주변 사람의 눈살을 찌푸리게 하는 행동을 하는 자들이 부지기수다.

왜 이런 현상이 빚어지는가? 하나님과 사랑을 나누기 위해 기도하지 않고 다른 이유로 기도하기 때문이다. 예를 들어 문제의 해결을 받기 위해서, 하나님의 능력을 받기 위해서, 다른 사람에게 기도를 많이 하는 사람으로 보이기 위해서 기도하기 때문이다.

아무리 기도를 많이 해도 하나님과 사랑을 나누기 위해 기도하는 것을 우선순위에 두지 않으면 그리스도를 닮아갈 수 없다. 왜 부부는 서로 닮는다고 하는가? 서로 사랑을 나누기 때문이다. 부부가 된 지 오래되어도 닮지 않는 것은, 서로 사랑하지 않기 때문이다.

사랑하는 사람과는 자꾸 이야기를 하고 싶다. 만나고 헤어진 지 얼마 되지 않아도 또 만나고 싶어 안달한다. 마찬가지로 하나님과 사랑의 교제를 하면 할수록 더 계속하고 싶은 마음이 든다. 주님을 사랑하는 마음과 기도하는 시간은 비례한다. 많은 시간 기도하지 않고 있다면 하나님을 사랑하지 않는 것이다.

그러나 신앙 경력과 기도 시간은 비례하지 않는다. 거듭난 지 얼마 되지 않았어도 많은 시간 동안 기도할 수 있고, 수십 년 신앙생활을 했어도 전혀 기도하지 않을 수도 있다. 기도의 질과 양을 결정하는 것은 하나님에 대한 사랑이다. 한두 마디 용건만 간단히 말하거나, 형식적으로 하는 기도는 하나님을 진심으로 사랑하지 않는 것이다.

물론 하나님을 사랑하지 않으면서도 오랜 시간 동안 기도할 수 있다. 이는 바리새인들의 기도를 통하여 확인할 수 있다.

> "또 너희는 기도할 때에 외식하는 자와 같이 하지 말라 그들은 사람에게 보이려고 회당과 큰 거리 어귀에 서서 기도하기를 좋아하느니라 내가 진실로 너희에게 이르노니 그들은 자기 상을 이미 받았느니라"(마 6:5).

왜 바리새인들이 회당과 큰 거리 어귀에서 기도했는가? 하나님을 사랑하기 때문이 아니라 사람들에게 기도를 많이 하는 것처럼 보이기 위해서다.

오래 기도하는 사람이 모두 하나님을 사랑한다고는 할 수 없지만, 하나님을 진심으로 사랑하는 자는 오랜 시간 기도한다. 기도를 많이 해도 사랑의 마음으로 하지 않는다면 이는 기도를 잘못 하고 있는 것이다.

　기도의 본질은 하나님과 밀애를 즐기는 것이다. 기도를 이렇게 생각하는 사람은 기도를 하나님과 거래의 도구로 사용하지 않는다. 자신이 구한 것을 응답받지 못해도 낙심하거나 절망하지 않는다. 기도의 응답이 없거나 늦어져도 크게 영향을 받지 않는다. 야곱이 칠 년 동안이나 라반을 섬겼는데 마치 며칠처럼 여겼던 것은, 그가 라헬을 사랑했기 때문이다(창 29:20).

　우리가 하나님과 사랑의 교제를 하면 힘들고 어려운 상황을 쉽게 이겨낼 수 있다. 다윗이 사울 왕에게 13년간 쫓겨 다녔지만, 믿음을 잃지 않았던 것은 그가 하나님과 사랑의 교제를 나누었기 때문이다.

　사랑하는 마음으로 기도하고 있는지를 점검해야 한다. 하나님께서는 우리가 사랑의 마음으로 하는지, 의무로 하는지를 다 아신다. 입으로는 하나님을 사랑한다고 말하지만, 기도하는 일에 나태하다면 이는 진짜 하나님을 사랑하지 않는 것이다. 기도를 제쳐 놓고 다른 일에 더 분주하면 하나님을 사랑한다는 고백은 한낱 사탕발림에 불과한 것이다. 주님을 사랑하기에 매일의 삶 속에서 기도를 최우선의 자리에 두어야 한다.

간구형 기도보다는 교제형 기도를 해야 한다

기도는 크게 두 가지로 나눌 수 있다. 하나는 응답을 받기 위한 기도와 다른 하나는 하나님과 교제하기 위한 기도다. 전자를 간구형 기도라고 하고, 후자는 교제형 기도라고 한다. 사람들은 일반적으로 하나님과의 교제보다는 당면한 문제를 해결받기 위해 기도하는 경향이 짙다. 그러나 응답보다 하나님과의 교제를 위해 기도를 해야 한다.

성경은 하나님과 인간의 만남은 하나님께서 첫 사람 아담을 만드신 후 직접 찾아오심으로 이루어졌다고 기록하고 있다.

> "…동산 각종 나무의 열매는 네가 임의로 먹되 선악을 알게 하는 나무의 열매는 먹지 말라 네가 먹는 날에는 반드시 죽으리라…"(창 2:16-17).

그러나 이를 하나님과 인간의 첫 대화로 보는 것은 무리다. 왜냐하면 이는 하나님께서 일방적으로 아담에게 명령하신 것이지 대화한 것은 아니기 때문이다.

그러면 언제부터 하나님과 인간의 대화가 시작되었다고 보아야 하는가? 아담이 하나님께서 금하신 선악과를 먹은 다음이다. 하나님께서 아담에게 "네가 어디 있느냐"(창 3:9) 하고 물으시자, 아담은 "…내가 동산에서 하나님의 소리를 듣고 내가 벗었으므로 두려워하여 숨었나이다"(창 3:10)라고 답했다. 이것이 성경에서 가장 먼저 나오는 하나님과 인간의 대화이다. 그런데 기도는 하나님과의 대화이므로 이를 성경에 나오는 최초의 교제형 기도로 볼 수 있다.

그러면 간구형 기도는 언제 시작되었을까? 이는 셋이 야베스를 낳은 후다.

> "셋도 아들을 낳고 그의 이름을 에노스라 하였으며 그때에 사람들이 비로소 여호와의 이름을 불렀더라"(창 4:26).

여호와의 이름을 불렀다는 것은 기도했다는 뜻이다. 왜 셋이 야베스를 낳은 후에야 기도했는가? 이는 '야베스'라는 이름을 통해 알 수 있다. '야베스'는 연약함이라는 뜻이다. 즉 인간은 자신의 연약함을 깨달은 후 비로소 하나님께 도움을 청하는 기도, 즉 간구형 기도를 시작한 것이다.

마태는 예수께서 "너희가 악한 자라도 좋은 것으로 자식에게 줄 줄 알거든 하물며 하늘에 계신 너희 아버지께서 구하는 자에게 좋은 것으로 주시지 않겠느냐"(마 7:11)라고 말한다. 그런데 누가는 "너희가 악할지라도 좋은 것을 자식에게 줄 줄 알거든 하물며 너희 하늘 아버지께서 구하는 자에게 성령을 주시지 않겠느냐 하시니라"(눅 11:13)라고 말하고 있다.

CHAPTER 4 기도는 교제다

누가가 기도하면 성령을 받는다고 말한 것은, 기도의 최고봉은 성령 하나님을 만나는 것임을 뜻한다. 이를 통해 무엇을 깨달아야 하는가? 우리의 기도가 단지 응답받기 위한 간구형 기도가 아니라 하나님과 교제하기 위한 교제형 기도가 되어야 한다는 것이다.

왜 우리의 기도가 간구형보다는 교제형이 되어야 하는가? 몇 가지 실제적인 이유가 있다.

첫째로, 하나님께서 이를 간절히 원하시기 때문이다. 하나님께서는 우리와 항상 교제하길 원하신다. 왜냐하면 우리를 하나님의 형상을 따라 만드셨기 때문이다. 사무엘이 기도하기를 쉬는 죄를 범치 않겠다고 말한 것은 이를 깨달았기 때문이리라. 믿음의 사람들이 한결같이 기도하기를 힘썼던 것도 하나님께서 이를 원하시고 기뻐하심을 깨달았기 때문이다. 사탄이 우리의 기도를 방해하는 것은 하나님께서 우리와 대화하기를 원하신다는 것을 너무나 잘 알기 때문이다.

둘째로, 하나님의 뜻을 알게 되기 때문이다. 상대방과 대화를 오래 하면 그의 생각과 뜻이 무엇인지를 알 수 있듯이 하나님과 대화를 오래 하다 보면 하나님의 뜻을 알게 된다. 예수께서 죽음을 앞두시고 제자들과 함께 겟세마네 동산에 오르셨다. 예수께서는 십자가에 처형당하시는 것이 얼마나 고통스러운지를 아셨기에 그 잔을 자신에게서 옮겨달라고 기도하셨다. 그런데 오랜 시간 기도하는 과정에서 자신이 십자가에 못 박혀 죽는 것이 하나님의 뜻임을 아시고 이에 순종하셨다. 만일 예수께서 겟세마네 동산에서 교제형 기도를 하시지 않고, 간구형 기도만 하셨다면 아마도 시험에 드셨을 것이다.

셋째로, 주님을 닮아가게 된다. 사람은 누구나 자주 대화하는 사람의 영향을 받을 수밖에 없다. 기도는 하나님과의 대화이므로 하나님의 영향을 받을 수밖에 없다. 하나님의 성품은 거룩, 사랑, 용서,

자비다. 따라서 하나님과 자주 대화하면 이런 하나님의 성품을 닮게 된다. 기도를 많이 하는 사람들 중에 실제로 교회에서 문제를 일으키는 사람들이 상당수 있는 것은, 하나님과의 교제에 목적을 두지 않고 자신의 뜻을 이루기 위해서만 기도하기 때문이다. 예수께서는 온유하고 겸손하시다. 그분과 자주 대화하여 온유하고 겸손해져야 한다.

넷째로, 주님께 죽도록 충성하게 된다. 최고의 사랑은 상대방을 위하여 자신의 목숨을 내어주는 것이다(요 15:13). 따라서 주님과의 교제가 깊어지면 주님을 사랑하게 되고 마침내 목숨까지 내어드린다. 즉 주님께 죽도록 충성하게 된다. 기도를 많이 해도 주님께 충성하지 않는 것은 교제형 기도를 하지 않고 간구형 기도를 하기 때문이다.

다섯째로, 풍성한 열매를 맺게 된다. 주님과의 교제에 집중하는 기도는 신앙생활에 풍성한 열매를 가져온다. 예수께서 다음과 같이 말씀하셨다.

> "내 안에 거하라 나도 너희 안에 거하리라 가지가 포도나무에 붙어 있지 아니하면 스스로 열매를 맺을 수 없음같이 너희도 내 안에 있지 아니하면 그러하리라 나는 포도나무요 너희는 가지라 그가 내 안에, 내가 그 안에 거하면 사람이 열매를 많이 맺나니 나를 떠나서는 너희가 아무것도 할 수 없음이라"(요 15:4-5).

기도를 통해 하나님과 교제하는 것은 마치 나무에 가지가 잘 붙어 있는 것과 같다. 가지가 나무에 붙어 있으면 자동적으로 열매를 맺듯이 주님과 교제하면 자연스럽게 예수님 안에 거하므로 열매를 맺을 수밖에 없다. 기도를 많이 하지만 풍성한 열매를 맺지 못하는 것은, 하나님과의 교제보다는 응답받기 위해 기도하기 때문이다. 풍성한 열매를 맺기 원한다면 기도하는 목적을 바꿔야 한다. 응답을 받기 위해 하지 말고 하나님과 교제하기 위해 해야 한다.

과감하게 기도의 패러다임을 바꿔야 한다. 자신의 소원을 이루기 위한 간구형 기도가 아니라, 우선 하나님과 사귐을 주요 관심사로 삼는 교제형 기도로 바꾸어야 한다. 래리 크랩의 《파파 기도》(The Papa Prayer)는 기도 패러다임을 바꾸는 데 크게 도움을 준다. 이는 '아빠'를 의미하는 영어의 'PAPA'로 요약되는 새로운 방식의 기도로서 하나님과 더 친밀한 관계를 맺는 데 초점을 둔다.

그는 책 제목의 첫 글자를 따서 네 가지 단계를 제시한다. 1단계는 자신이 하나님을 어떻게 생각하는지 주시하라(Present). 2단계는 기도의 대상인 하나님의 참모습을 알려고 하라(Attend). 3단계는 하나님과의 관계를 가로막는 것은 무엇이든지 제거하라(Purge). 4단계는 하나님을 당신의 1순위로 여기고 나아가라(Approach).

주님과의 교제가 텅 빈 기도는 위험하다

앞서 간구형 기도보다 교제형 기도를 해야 하는 근원적인 이유는 하나님께서 우리를 교제의 파트너로 만드셨기 때문임을 밝혔다. 그리고 구체적으로 우리가 왜 교제형 기도를 해야 하는지를 살펴보았다. 여기서 한 걸음 더 나아가 간구형 기도를 선호하지 말아야 하는 이유를 알아야 한다.

첫째로, 간구형 기도는 주님께서 진짜 원하시는 기도가 아니기 때문이다. 주님께서 우리에게 기도하라고 말씀하신 것은, 주로 교제하시기 위해서다. 주님께서 종종 우리에게 고난을 허락하시는 것도, 종국적으로는 우리가 기도하므로 주님과 교제하기를 원하시기 때문이다. 따라서 교제형 기도를 하지 않고, 주로 간구형 기도를 하는 것은 주객이 전도된 것이다. 이는 마치 나그네가 도리어 주인 노릇 하는 것과 같다. 하나님께서 대화를 원하시는데 이에는 전혀 관심을 두지 않고 자신의 문제만 해결해 달라고 한다면 주님께서 어찌 기뻐하시겠는가?

둘째로, 간구형 기도는 하나님의 뜻보다는 자기의 욕망을 이루는 데 목적을 두기 때문이다. 교제형 간구는 하나님의 뜻을 알게 되지만 간구형 기도는 자신의 욕심을 이루게 한다. 그런데 야고보는 욕심이 잉태하면 죄를 낳고 죄가 장성하면 사망을 낳는다고 말한다(약 1:15).

이스라엘 백성들은 광야에서 하늘에서 내리는 만나로 만족하지 않고 그들의 욕심을 채워줄 음식을 간구했다. 하나님께서 그들의 원대로 코에서 냄새가 나도록 메추라기를 공급하셨다. 이로써 그들은 만족했는가? 도리어 그들의 영혼은 파리해졌다. 영혼만 비쩍 마르게 된 것이 아니라 결국 육신까지 병들어 죽게 되었다. 실로 아이러니하지 않을 수 없다. 하나님께서 그들의 욕심대로 응답하셨지만, 그들의 영혼은 굶주리고 말랐다(민 11장, 참조 시 106:13-15).

예수께서는 간구형 기도를 하는 제자들을 향하여 믿음이 없다고 책망하셨다.

"제자들이 나아와 깨워 이르되 주여 주여 우리가 죽겠나이다 한대 예수께서 잠을 깨사 바람과 물결을 꾸짖으시니 이에 그쳐 잔잔하여지더라"(눅 8:24).

셋째로, 간구형 기도는 자칫 하나님을 목적이 아니라 수단으로 생각할 수 있기 때문이다. 우리의 존재 목적은 하나님께 영광을 돌리는 것이다.

"그런즉 너희가 먹든지 마시든지 무엇을 하든지 다 하나님의 영광을 위하여 하라"(고전 10:31).

따라서 기도도 하나님의 영광을 위해서 해야 한다. 그런데 간구형 기도는 하나님을 목적이 아니라 수단으로 삼을 수 있기 때문에 하나님께 영광을 돌리는 것과는 거리가 멀게 된다. 우상숭배자는 하나님을 목적으로 삼지 않고 수단으로 삼기 때문에 하나님의 나라를 유업으로 받지 못한다(고전 6:9).

넷째로, 간구형 기도는 주님을 닮지 않고 세상을 닮아가기 때문이다. 대화를 오래 하면 자신도 모르게 상대방을 닮아간다. 기도도 마찬가지다. 교제형 기도를 많이 하면 하나님을 닮아간다. 그러나 간구형 기도는 주로 이 세상의 육신적인 문제를 위해 하기 때문에 주님을 닮지 않고 세상을 닮아간다. 세상을 닮아가는 것은 거룩함을 잃고 욕심을 따라 살아가는 것이다.

> "모든 사람과 더불어 화평함과 거룩함을 따르라 이것이 없이는 아무도 주를 보지 못하리라"(히 12:14).

주를 보지 못하는 것은 영원히 불행을 맞이하는 것이다.

다섯째로, 간구형 기도는 하나님을 사랑하지 않고 자기를 사랑하기 때문이다. 말세의 징조 가운데 하나는 사람들이 자기를 사랑하는 것이다(딤후 3:2). 자기를 사랑하는 자는 하나님과 친밀하게 교제하지 않는다. 간구형 기도는 하나님과의 교제를 즐기지 않기 때문에 하나님을 사랑하지 않게 된다. 하나님을 사랑하지 않으면 결국은 저주를 받게 된다.

> "만일 누구든지 주를 사랑하지 아니하면 저주를 받을지어다…"(고전 16:22).

여섯째로, 간구형 기도는 마치 모래 위에 집을 짓는 것과 같기 때문이다. 모래 위에 세운 집은 비가 내리고 창수가 나고 바람이 불면 무너짐이 심하게 된다. 건물을 안전하게 세우려면 무엇보다 기초를 단단히 해야 한다. 기초를 든든히 하지 않은 채로 건물을 높이 세우면 세울수록 화를 부른다. 간구형 기도는 많이 응답받을수록 위험성도 증대한다. 하나님과 친밀하지 않은 상태에서 기도의 응답을 많이 받으면 신앙의 집이 전복될 수도 있다.

간구형 기도는 우리의 영적인 집을 텅 빈 집으로 만든다. 예수께서 바알세불 논쟁 후에 이렇게 말씀하셨다.

"나와 함께하지 아니하는 자는 나를 반대하는 자요 나와 함께 모으지 아니하는 자는 헤치는 자니라 더러운 귀신이 사람에게서 나갔을 때에 물 없는 곳으로 다니며 쉬기를 구하되 얻지 못하고 이에 이르되 내가 나온 내 집으로 돌아가리라 하고 가서 보니 그 집이 청소되고 수리되었거늘 이에 가서 저보다 더 악한 귀신 일곱을 데리고 들어가서 거하니 그 사람의 나중 형편이 전보다 더 심하게 되느니라"
(눅 11:23-26).

예수님과 함께하지 않는 자는 예수님을 반대하는 자요 예수님의 일을 방해하는 자다. 예수님과 함께하려면 반드시 예수님과 깊은 교제를 해야 한다.

예수님을 믿지만 그분과 친밀하게 교제하지 않는 것은 마치 귀신을 쫓아낸 후 청소되고 수리된 텅 빈 집과 같다. 예수님과의 교제로 텅 빈 공간을 가득 채워야 한다. 마귀에게 틈을 주지 않는 비결은 교제형 기도로 텅 빈 공간을 메우는 것이다. 예수께서 베드로에게 "그러나 내가 너를 위하여 믿음이 떨어지지 않기를 기도하였노니 너는 돌이킨 후에 네 형제를 굳게 하라"(눅 22:32)라고 말씀하셨다. 교제형 기도를 하면 마귀가 비집고 들어올 공간을 내어주지 않는다.

전통적으로 복음을 전하고 예수님을 영접시키려고 할 때 요한계시록 3장 20절 말씀을 인용한다.

> "볼지어다 내가 문 밖에 서서 두드리노니 누구든지 내 음성을 듣고 문을 열면 내가 그에게로 들어가 그와 더불어 먹고 그는 나와 더불어 먹으리라"(계 3:20).

이는 예수께서 라오디게아교회가 첫사랑을 잃어버렸기에 회개하라고 책망하신 말씀이다. 따라서 이는 비신자에게 적용하지 말고 기신자에게 적용해야 한다. '내가 그에게로 들어가 그와 더불어 먹고 그는 나와 더불어 먹으리라'는 말씀에서 무엇을 느끼는가? 주님께서는 우리에게 친밀한 교제를 원하신다는 것이다.

내가 1985년부터 7년간 부교역자로 섬겼던 교회에서 있었던 일이다. 지금도 마찬가지이지만 매년 입시철이 되면 대학 입시생을 위해 특별 기도회를 한다. 당시 내가 섬겼던 교회는 꽤 규모가 컸다. 한 해 대학입시를 앞둔 고등학교 3학년 학생을 위해 새벽 기도회에 참석하는 학부모만 100명이 훌쩍 넘었다.

그들은 40일 특별새벽기도회 시작부터 끝까지 거의 빠지지 않고 참석하였다. 날마다 부르짖는 기도는 하늘을 찌를 듯했다. 만일 부모가 열심히 기도하는 것처럼 학생들이 열심히 공부했다면 소위 말하는 일류대학에 들어가고도 남았을 것이다.

그런데 안타까운 사실은 40일 기도가 끝나자, 절반 이상이 나오지 않았고, 합격자 발표가 난 후에는 거의 없었다. 왜 이런 현상이 빚어졌는가? 겉으로는 1차에 합격한 자가 10%에 불과했기 때문이지만 실제적으로는 교제형 기도를 하지 않고 간구형 기도를 했기 때문이다. 간구형 기도는 하나님과 친밀함을 유지할 수 없기에 자기가 원하는 기도의 응답을 받지 못하면 언제 하나님을 떠날지 아무도 모른다.

간구형 기도는 문제 해결에 목적이 있기 때문에 하나님을 향하여 마음의 문을 활짝 열지 않는다. 속마음을 나누지 않기 때문에 대화가 겉돌게 되고 기도 시간이 따분하고 지루하게 느껴진다. 하나님과 친밀하게 되는 가장 자연스러운 방법은 큰 일이건 작은 일이건 하나님께 아뢰는 것이다.

무엇을 구하고 있는가? 하나님 자신을 구하고 있는가? 하나님 외에 다른 것을 구하고 있는가? 주로 간구형 기도를 하고 있다면 하나님과의 교제가 텅 빈 것이며 영적으로 매우 위험한 상태에 있는 것이다.

주님과의 교제를 멈추지 말아야 한다

쉬지 말고 기도하라는 것은, 하나님과의 교제를 단절하지 말라는 뜻이다. 마치 기도는 피를 순환하는 영적 심장 기관과 같다. 피가 혈관을 통하여 몸 구석구석에 전달되어야 영양을 공급하고 몸속에 있는 병균들을 싸워서 물리치듯이, 기도로 하나님과의 교제를 멈추지 말아야 예수 그리스도의 피가 우리 몸 구석구석에 전달되어 영적인 영양을 공급하고, 영적인 병균들인 마귀와 싸워서 이길 수 있다. 따라서 영적 전쟁에서 승리하려면 하나님과의 교제를 멈추지 말아야 한다. 어떻게 하면 그것이 가능한가?

첫째로, 무엇보다 죄를 회개해야 한다. 성경은 곳곳에서 우리가 죄를 범하면 하나님과의 교제가 단절된다고 말씀한다.

> "사람이 회개하지 아니하면 그가 그의 칼을 가심이여 그의 활을 이미 당기어 예비하셨도다"(시 7:11).

"내가 나의 마음에 죄악을 품었더라면 주께서 듣지 아니하시리라"(시 66:18).

따라서 죄를 범하면 즉시 회개해야 한다.

"만일 우리가 우리 죄를 자백하면 그는 미쁘시고 의로우사 우리 죄를 사하시며 우리를 모든 불의에서 깨끗하게 하실 것이요"(요일 1:9).

죄를 회개하지 않고는 하나님과의 교제가 지속될 수 없다. 그러나 즉시 회개하는 것은 말처럼 쉽지 않다. 내가 수십 년 동안 살아오면서 뒤늦게 깨달은 것이 있다. 은혜 중에 최고의 은혜는 회개라는 것이다. 그렇다. 주님의 은혜가 없이는 결코 회개할 수 없다. 다윗도 이런 사실을 뒤늦게 깨달았다. 다윗이 밧세바와 동침한 후 나단 선지자가 왔을 때 그의 죄를 회개한 것이 시편 51편이다. 그가 그 시에서 가장 먼저 고백한 말이 무엇인가? 1절을 보라.

"하나님이여 주의 인자를 따라 내게 은혜를 베푸시며 주의 많은 긍휼을 따라 내 죄악을 지워주소서"(시 51:1).

다윗이 회개하면서 먼저 주의 은혜를 구한 것은, 주의 은혜가 없이는 회개할 수 없다는 것을 깨달았기 때문이다.

다윗이 인구조사를 한 것은 하나님께 큰 죄를 범한 것이다. 그런데 그가 이를 깨닫고 회개한 것은 언제였는가? 인구조사를 마친 후다. 요압이 다윗의 지시를 받아 인구조사를 마치는 데는 9개월 20일이 걸렸다. 따라서 다윗이 죄를 범한 후 즉시 회개하지 않았음을 알 수 있다. 우리 안에서 죄를 잠재우지 말고 즉시 토해내도록 회개의 은혜를 구해야 한다.

둘째로, 하나님의 말씀에 순종해야 한다. 사람들은 주님과의 교제와 말씀 순종이 얼마나 밀접한 관계에 있는지를 크게 생각하지 않는다. 그러나 주의 말씀에 순종하지 않으면 주님과의 교제는 중단될 수밖에 없다. 예수께서도 이를 분명히 말씀하셨다.

> "내가 아버지의 계명을 지켜 그의 사랑 안에 거하는 것같이 너희도
> 내 계명을 지키면 내 사랑 안에 거하리라"(요 15:10).

그리고 예수께서는 자신이 말씀하신 '계명'이 무엇인지를 설명하셨다.

> "내 계명은 곧 내가 너희를 사랑한 것같이 너희도 서로 사랑하라 하
> 는 이것이니라"(요 15:12).

하나님의 사랑 안에 거한다는 것은 하나님과의 교제가 온전히 이루어진다는 뜻이다. 따라서 하나님과의 교제를 멈추지 않게 하려면 예수님처럼 대계명을 지켜야 한다. 즉, 하나님을 사랑하고 이웃을 사랑해야 한다. 지상명령에 순종하는 것은 대계명을 지키는 것이다. 대계명을 지키면 하나님과의 교제가 멈추지 않게 된다.

그래서 예수께서 지상명령을 하시면서 "…볼지어다 내가 세상 끝날까지 너희와 항상 함께 있으리라…"(마 28:20)라고 약속하신 것이다. 하나님과 교제의 최고봉은 하나님과 항상 함께 있는 것이다. 따라서 주님께서 마지막으로 당부하신 명령에 순종하지 않으면서 주님과 교제를 잘하고 있다고 생각한다면 이는 마귀에게 속는 것이다.

셋째로, 기도를 우선순위에 두어야 한다. 주님과 교제하는 것

다 중요한 것은 없다. 사무엘 선지자가 하나님과의 교제를 멈추지 않았던 이유가 무엇인가? 그가 기도를 삶의 우선순위에 두었기 때문이다.

> "나는 너희를 위하여 기도하기를 쉬는 죄를 여호와 앞에 결단코 범하지 아니하고 선하고 의로운 길을 너희에게 가르칠 것인즉"(삼상 12:23).

기도를 가장 중요하게 생각해야 기도를 멈추지 않고 계속할 수 있다. 다니엘이 기도하다가 발각되면 죽음을 면치 못한다는 것을 알고 있었음에도 불구하고 하루 세 번 예루살렘을 향해 기도한 것은, 자신의 생명을 지키는 것보다 주님과의 교제를 더 소중하게 생각했기 때문이다. 예수께서는 이 땅에 전도하러 오셨다(막 1:38). 그런데 복음을 전하시기 전 새벽 일찍 일어나서 기도하신 것은, 전도하는 것보다 하나님과의 교제를 우선시하셨기 때문이다.

기도는 영적인 호흡이기에 인생 제단의 기도 불은 결코 꺼지도록 버려두면 안 된다. "불은 끊임이 없이 제단 위에 피워 꺼지지 않게 할지니라"(레 6:13). 기도는 종교적 행위가 아니다. 한번 했다가 멈추는 이벤트가 아니다. 호흡하는 것처럼 쉬지 말고 행해야 한다. 기도하지 않는 자가 할 수 있는 것은, 악취를 풍기는 것 외에 아무것도 없다. 죽은 시체에서 숨소리조차 들을 수 없듯이 하나님과의 교제를 중단한 자에게서는 그 어떤 것도 기대하지 말아야 한다.

윌리엄 캐리는 근대 선교 운동의 아버지로 불린다. 그가 그렇게 불리도록 사역할 수 있었던 것은 그를 위해 기도하기를 멈추지 않은 이가 있었기 때문이다. 그는 주변의 강한 반대를 무릅쓰고 가족과 의료 선교사 토머스 박사와 함께 네덜란드 상선을 타고 인도로 갔다. 곳곳에 힌두신을 섬기는 신전이 있고 남편이 죽으면 미망인을 함께 불에 태워 장사 지내는 '사티'(Sati)라는 관습이 행해져 매년 1만여 명의 과부들이 남편과 함께 산 채로 화장되었고, 어린아이를 여신에게 바친다며 강물에 던져 악어에게 먹히게 하는 일이 빈번하게 일어나고 있었다.

그런데 이토록 악조건인 인도에서 캐리는 수많은 장애를 극복하고 복음을 증거하여 많은 영혼들을 구원하였다. 그리고 벵골어, 힌두어 등 44개 언어로 성경을 번역해 출간하였다. 윌리엄 캐리는 18세기 잠자는 영국 교회를 깨워 선교사를 파송하는 나라로 만들었고, 19세기 프로테스탄트 교회 선교의 가장 중요한 자극제가 되었다.

윌리엄 캐리는 1834년 73세를 일기로 그의 선교지 인도 땅에서 일생을 마쳤다. 그의 비문에는 그가 늘 외쳐왔던 말이 새겨져 있다. "하나님으로부터 위대한 일을 기대하라! 하나님을 위하여 위대한 일을 시도하라."

그런데 윌리엄 캐리가 이렇게 사역할 수 있었던 이유를 알아야 한다. 윌리엄 캐리의 전기를 쓴 작가가 그의 삶을 자세히 살피던 중 한 가지 놀라운 사실을 발견하였다. 윌리엄 캐리에게는 몸을 쓰지 못하고 침상에 누워 지내는 누나가 있었는데, 그녀는 윌리엄 캐리가 파송될 때 선교 사역을 위해 항상 기도하겠다고 약속했고 이를 지켰다. 윌리엄 캐리가 선교사에 획을 긋는 사역을 할 수 있었던 것은 그를 위해 쉬지 않고 기도한 누나가 있었기 때문이다.

바울도 이를 너무 잘 알고 있었기에 "또한 우리를 위하여 기도하되 하나님이 전도할 문을 우리에게 열어 주사 그리스도의 비밀을 말하게 하시기를 구하라…"(골 4:3)라고 권면한 것이다. 마귀는 수단과 방법을 가리지 않고 기도하지 못하게 하므로 하나님과의 교제를 멈추게 한다. 예수님의 제자들이 겟세마네 동산에서 시험에 들어 예수님을 모른다고 부인한 것은, 한 시간 동안 기도하는 일에 실패했기 때문이다. 즉 하나님과의 교제를 중단했기 때문이다. 마귀는 계속해서 기도보다 다른 것에 우선순위를 두도록 유혹한다. 하나님과의 교제를 중단하지 않으려면 마귀의 유혹을 물리쳐야 한다. 영적 전쟁에 이기지 않고서는 하나님과의 교제를 지속적으로 할 수 없다.

CHAPTER 5

기도는 사명이다

기도는 '나의 사명'이다
왜 기도를 사명으로 인식해야 하는가?
기도는 또 다른 사명을 낳는다
기도를 멈추면 사명도 멈춘다

기도는 '너의 사명'이다

앞서 밝힌 대로 나는 구원받기 전 3일 금식 기도를 했다. 기도는 구원받은 자가 하나님 아버지께 구하는 것이다. 그리고 금식기도는 구원받은 자가 음식을 입에 대지 않고 기도하는 것이다. 따라서 내가 구원받기 전에 3일 금식을 한 것은 흔한 일이 아니다. 하루는 '왜 하나님께서 나에게 이를 허락하셨을까?' 하는 궁금증이 생겼다. 그래서 주께 다음과 같이 여쭈었다.

"주님, 제가 구원을 받기도 전에 3일 금식 기도를 하게 하신 이유가 무엇입니까?"

"기도가 너의 사명인 것을 깨닫게 하기 위해서다."

기도가 나의 사명임을 깨닫고 난 후였다. 생각지 않은 문제로 앞이 칠흑같이 캄캄했다. 문제를 해결하기 위해 하나님께 부르짖어 기도하고 싶었지만, 입 안에서만 맴돌고 한마디도 밖으로 나오지 않았다. 마치 하나님과 나 사이에 두꺼운 벽이 가로막고 있는 것같이 느

꺼졌다.

그러나 이전에도 기도가 잘되지 않을 때 포기하지 않고 버티다가 마침내 기도에 승리한 경험이 있었기에 억지로라도 무릎을 꿇고 멍하니 앞에 놓인 십자가를 응시하고 있었다. 자신도 모르게 찬송가 254장(내 주의 보혈은)을 부르고 있었다.

"큰 죄인 복 받아 살 길을 얻었네
한없이 넓고 큰 은혜 베풀어 주소서
내가 주께로 지금 가오니
십자가의 보혈로 날 씻어 주소서"

갑자기 '큰 죄인 복 받아 살 길을 얻었네'를 부를 때 나도 모르게 눈물이 폭포수같이 쏟아졌다. 눈물을 주체할 수 없었다. 이는 회개의 눈물이 아니라 감사의 눈물이었다. 큰 죄인이 구원받아 하나님의 자녀가 된 것이 얼마나 큰 복을 받은 것인지를 새삼 깨달았다. 그리고 더 큰 은혜를 받으려면 하나님께 나아가야 한다는 마음이 들었다. 그렇다. 하나님의 은혜로 하나님의 자녀가 되었어도 기도하지 않으면 계속해서 주의 은혜를 받을 수 없다.

찬송가 254장 4절을 통하여 이를 깨닫고 난 후, 종전에 거듭나기 전 3일 금식하게 하신 이유를 주께 물었을 때 "기도는 너의 사명인 것을 깨닫게 하기 위해서다"라는 주님의 음성이 다시 떠올랐다. 그리고 하나님께서 나에게 기도의 사명을 주신 것은, 하나님의 자녀로 삼아주신 은혜에서 멈추시지 않고 한없이 넓고 큰 은혜를 계속해서 누리며 살아가게 하신 것임을 새삼 깨달았다. 하나님의 은혜를 계속해서 받고 누리려면 기도를 자신의 사명으로 알고 목숨이 멈추는 그 순간까지 기도해야 한다.

사명은 개인 또는 여러 사람들에게 주어지거나 맡겨진 임무이다. 한동안 교계에서 돌풍을 일으켰던 복음 성가 '사명'은 그리스도인의 사명이 무엇인지를 일깨워 준다.

"주님이 홀로 가신 그 길 나도 따라가오
모든 물과 피를 흘리신 그 길을 나도 가오
험한 산도 나는 괜찮소 바다 끝이라도 나는 괜찮소
죽어 가는 저들을 위해 나를 버리길 바라오
아버지 나를 보내주오 나는 달려가겠소
목숨도 아끼지 않겠소 나를 보내주오"

예수께서 걸어가신 고통의 길을 걸어가야 하는 것이 그리스도인의 사명이다. 그러나 단지 이 노래를 부른다고 사명의 길을 걷는 것이 아니다. 예수께서 걸어가신 길을 걷기 위해서는 반드시 기도해야 한다. 그래서 기도는 우리의 사명인 것이다.

기도하라는 명령에 종종 함께하는 수식어가 있다. '항상, 끊임없이, 쉬지 말고, 계속해서'다. 기도하라는 명령에 이런 수식어가 따라 다닌다는 것은 기도는 멈추지 않고 계속해야 할 우리의 사명이기 때문이다.

기도는 아무나 하는 것이 아니다. 오직 구원받은 하나님의 자녀라야 가능하다.

"너희는 다시 무서워하는 종의 영을 받지 아니하고 양자의 영을 받았으므로 우리가 아빠 아버지라고 부르짖느니라"(롬 8:15).

구원받은 자라야 기도할 수 있기에 기도는 그리스도인의 사명이다.

기도를 그리스도인의 사명이라고 하는 것은, 기도하지 않으면 그리스도인으로서 존재의 의미가 없다는 뜻이다. 혹시 기도를 쉬고 있는가? 그렇다면 자신의 사명을 잊고 있다는 증거다.

사무엘이 기도하기를 쉬는 죄를 여호와 앞에 결단코 범하지 않겠다고 한 것은, 기도를 그의 사명으로 인식했기 때문이다. 다니엘이 예루살렘을 향하여 기도하면 죽임을 당할 것을 알고서도 전에 하던 대로 하루 세 번씩 기도한 것도 기도를 그의 사명으로 인식했기 때문이다. 기도는 해도 되고 하지 않아도 되는 신앙의 부속품이 아니다. 그리스도인에게 기도는 본질적인 사명이다.

왜 기도를 사명으로 인식해야 하는가?

종종 'D3전도중심제자훈련' 세미나를 인도할 때, 이렇게 질문한다.
"기도는 그리스도인의 특권입니까? 의무입니까?"
그러면 대부분 둘 중의 하나라고 답한다. 그러면 기도는 그리스도의 특권인 동시에 의무라고 하면서 이렇게 묻는다.
"기도가 우리의 특권인데 만일 기도하지 않으면 어떻게 됩니까? 그리고 기도가 우리의 의무인데 만일 기도하지 않으면 어떻게 됩니까?"
그들이 답하기 전에 다시 묻는다.
"기도를 해서 특권을 누리시겠습니까? 기도를 안 해서 불이익을 받으시겠습니까?"
그러면 모두가 기도해서 특권을 누리겠다고 하지, 기도하지 않아 불이익을 받겠다고 하는 사람은 하나도 없다. 이렇게 기도를 그리스도인의 권리와 의무라고 강조하는 것은, 그들이 기도를 사명으로 생각하도록 하기 위해서다. 왜 그리스도인은 기도를 사명으로 인식해야 하는가?

첫째로, 주님과 친밀함을 누려야 하기 때문이다. 예수께서 한 곳에서 기도하시고 마치시매 제자 중 하나가 "…주여 요한이 자기 제자들에게 기도를 가르친 것과 같이 우리에게도 가르쳐 주옵소서"(눅 11:1)라고 했다. 제자들은 이미 예수님의 제자가 되기 전에도 기도하는 일에 익숙했다. 유대인들은 항상 시간을 정해 놓고 기도했다. 유대인 역사학자 요세푸스는 당시 독실한 유대인들은 18가지 다른 기도문을 암송했다고 말한다.

유대 사회에서 전능하신 하나님께 기도를 드리는 것은 대대로 이어오는 습관이다. 이런 사실은 베드로와 요한이 제 구 시 기도 시간에 성전에 올라갔다고 말한 것을 통해서도 쉽게 알 수 있다(행 3:1). 또 우리가 잘 알고 있는 과부와 재판관의 비유에서 예수께서 항상 기도하고 낙심하지 말라고 말씀하신 것(눅 18:1)과 바리새인과 세리 비유에서 두 사람이 기도하러 성전에 올라간 사실(눅 18:10)을 통해서도 알 수 있다.

그런데 왜 제자들은 예수님께 기도를 가르쳐 달라고 했는가? 예수께서 자신들과 다르게 기도하셨기 때문이다. 제자들은 예수님과 함께하면서 그들과 다르게 기도하시는 것을 발견했다. 그들은 기도하기 위해 성전을 찾는데 예수께서는 한적한 곳을 찾으셨고, 그들은 정해진 시간에만 기도하는데 예수께서는 하루를 시작하시기 전과 후에 기도하셨고, 심지어 피곤하신 상황에서도 밤을 새워가며 기도하셨다.

또한 그들은 하나님을 아버지라고 하지 않는데, 예수님은 하나님을 아버지라고 부르며 기도하셨다. 가장 큰 차이는 자신들은 하나님께 일방적으로 기도하는데 예수께서는 마치 대화하는 식으로 기도하셨다. 제자들은 이를 통하여 무엇을 발견했는가? 예수께서는 하나님과 매우 친밀한 관계라는 것이다.

예수께서 이렇게 하나님과 친밀함을 유지할 수 있었던 것은 예수께서 기도를 사명으로 인식하셨기 때문이다. 예수께서 새벽에도 기도하시고, 밤을 새우며 기도하시고, 금식하며 기도하시고, 십자가에 못 박혀 죽으시기 전 겟세마네 동산에 올라가셔서 밤새도록 기도하시고, 십자가에 못 박혀 운명하시는 순간까지도 기도하신 것은, 기도를 그의 사명으로 인식하셨기 때문이다. 예수께서 기도를 사명으로 인식하므로 하나님과 친밀함을 누릴 수 있었듯이, 우리도 기도를 사명으로 인식하므로 주님과 친밀함을 누려야 한다.

둘째로, 어떤 상황에서도 기도해야 하기 때문이다. 사람은 사명감을 가지는 일에 목숨을 걸게 마련이다. 이런 사실은 바울을 통해서 알 수 있다. 바울은 예루살렘에 가면 죽음이 기다리고 있는 것을 알면서도 밀레도에서 에베소교회의 장로들을 초청하여 이렇게 말했다.

> "보라 이제 나는 성령에 매여 예루살렘으로 가는데 거기서 무슨 일을 당할는지 알지 못하노라 오직 성령이 각 성에서 내게 증언하여 결박과 환난이 나를 기다린다 하시나 내가 달려갈 길과 주 예수께 받은 사명 곧 하나님의 은혜의 복음을 증언하는 일을 마치려 함에는 나의 생명조차 조금도 귀한 것으로 여기지 아니하노라"(행 20:22-24).

사명은 죽음보다 강하다. 기도를 사명으로 알면 죽음을 앞둔 상황에서도 하나님께 맡기고 기도할 수 있다. 미국의 초대 대통령 조지 워싱턴이 독립 전쟁 시 매일 오후 6시를 기도 시간으로 정하고, 일체의 면회를 사절하고 하나님께 기도했다. 당시 워싱턴 장군이 거느린 독립군은 수도 부족하고 탄약 등 장비도 부족하여 패전을 거듭함으로 독립의 희망이 없다고 단정하는 사람이 많았다. 그런데 워싱턴의 군대가 영국군을 이기고 미국의 독립을 쟁취할 수 있었던 것은 워싱턴이 기도를 사명으로 알고 기도하였기 때문이다.

셋째로, 기도 없이는 주의 일을 온전히 감당할 수 없기 때문이다. 하나님께서 우리에게 주신 가장 큰 사명은 복음 전도이다. 전도는 한마디로 마귀에게 종 노릇 하는 자를 하나님의 자녀가 되게 하는 것이다. 이 과정에서 마귀와 영적 전쟁이 불가피하다. 전능자의 도움을 받지 않고서는 영적 전쟁에서 승리할 수 없다. 우리가 기도하면 전능하신 하나님께서 일하시는데, 하나님의 마음을 움직이는 길은 기도다.

하나님께서는 기도하는 사람을 통해 일하신다. 우리는 끊임없이 새로운 방법을 찾지만, 하나님께서는 항상 기도하는 사람을 찾으신다.

> "여호와의 눈은 온 땅을 두루 감찰하사 전심으로 자기에게 향하는 자들을 위하여 능력을 베푸시나니 이 일은 왕이 망령되이 행하였은 즉 이후부터는 왕에게 전쟁이 있으리이다 하매"(대하 16:9).

기도해야 하나님의 능력을 받을 수 있고 마귀와의 싸움에서 승리하므로 영혼을 구원할 수 있다. 가장 중대한 복음 전도 사명을 감당하기 위해 기도를 사명으로 알고 기도해야 한다.

넷째로, 쉬지 말고 기도하라는 주의 명령에 순종해야 하기 때문이다. 바울은 데살로니가교회에 보낸 편지에서 "쉬지 말고 기도하라"(살전 5:17)라고 당부했다. 또한 골로새교회에도 "기도를 계속하고 기도에 감사함으로 깨어 있으라"(골 4:2)라고 권했다. 쉬지 말고 기도하라는 것은 주님의 명령이다. 어떻게 '쉬지 말고 기도하라'는 명령에 순종할 수 있는가? 혹자는 이를 문자적으로 이해하여 이 명령에 순종하는 것은 불가능한 일이라고 주장한다.

그러나 이는 문자 그대로 계속해서 기도하라는 뜻이라기보다는 하나님을 의지하고 항상 하나님과 소통하라는 뜻으로 이해해야 한다.

성경의 인물 가운데 쉬지 않고 기도한 대표적인 사람은 에녹이다. 그는 300년 동안 하나님과 동행했다. 그가 하루 이틀도 아니고 300년을 하나님과 동행할 수 있었던 것은, 기도로 하나님과 연결되어 그분의 능력으로 살았기 때문이다. 컴퓨터를 '껐다, 켰다' 하면 지속적으로 작업을 할 수 없고, 스위치를 '껐다 켰다' 하면 기계를 제대로 작동할 수 없듯이 계속해서 하나님께 접속되어 있지 아니하면 "쉬지 말고 기도하라"라는 주의 명령에 순종할 수 없다.

쉬지 않고 기도하기 위해서는 기도를 자신의 사명으로 인식해야 한다. 이스라엘 역사에 가장 긴 기간 동안 크게 영향력을 행사한 사람은 사무엘 선지자다. 사무엘은 사사시대 말기에서부터 사울 왕의 통치 때까지 사사로, 제사장으로, 선지자로 활동했다. 사무엘이 그렇게 오랫동안 영향력 있는 선지자로 일할 수 있었던 것은 그의 이름의 뜻대로 기도의 사람이었기 때문이다(삼상 3:19-20).

그는 어떻게 기도의 사람이 될 수 있었는가? 무엇보다 그의 모친 한나로부터 영향을 크게 받았기 때문이다. 한나는 아이를 달라고 기도했고 하나님께 응답받은 후에도 뱃속의 아이를 위해 기도했다(삼상 1:10-19). "뱃속에서의 열 달 가르침은 스승의 십 년 교육보다 낫다"는 말이 있듯이, 사무엘은 한나의 뱃속에서 기도를 들으며 자랐기에 자연스럽게 기도 사람이 될 수 있었다. 또 어려서부터 하나님의 성소에서 기도 훈련을 받으며 자랐기 때문이다. 물론 성전에서 자란다고 반드시 기도의 사람이 되는 것은 아니다. 이는 엘리나 그의 자식들만 봐서도 알 수 있다.

사무엘이 기도의 사람이 될 수 있었던 가장 큰 이유는 기도를 자신의 사명으로 인식했기 때문이다. 이는 그의 말을 통해 확인할 수 있다.

> "나는 너희를 위하여 기도하기를 쉬는 죄를 여호와 앞에 결단코 범하지 아니하고 선하고 의로운 길을 너희에게 가르칠 것인즉"(삼상 12:23).

사무엘이 하나님께 기도하기를 쉬는 것을 죄라고 생각한 것은 기도를 자신의 사명으로 알고 있었다는 뜻이다. 그가 유년기와 청소년기와 청년기를 거쳐 마지막 사사와 첫 선지자로 세움을 받기까지 기도의 자리를 벗어나지 않았던 것은, 기도를 그의 사명으로 인식했기 때문이다. 어찌 보면 사무엘은 기도를 위해 태어난 사람이다.

> "사무엘이 이르되 온 이스라엘은 미스바로 모이라 내가 너희를 위하여 여호와께 기도하리라 하매 그들이 미스바에 모여 물을 길어 여호와 앞에 붓고 그날 종일 금식하고 거기에서 이르되 우리가 여호와께 범죄하였나이다 하니라 사무엘이 미스바에서 이스라엘 자손을 다스리니라"(삼상 7:5-6).

기도는 또 다른 사명을 낳는다

　기도는 그리스도인의 사명이다. 그러나 기도하면 또 다른 사명을 깨닫게 된다. 기도는 사명을 탄생시키고 확장시키며 견고하게 한다. 이런 사실은 예수님의 기도를 통해서도 확인할 수 있다.

　먼저, 기도가 사명을 탄생시킨 경우를 살펴보자. 예수께서 30세가 되시자 공생애를 시작하셨다. 그런데 누가는 예수께서 공생애를 시작하시기 전 세례를 받으시고 기도하실 때 어떤 일이 일어났는지를 알려준다.

"백성들이 다 세례를 받을새 예수도 세례를 받으시고 기도하실 때에 하늘이 열리며 성령이 비둘기 같은 형체로 그의 위에 강림하시더니 하늘로부터 소리가 나기를 너는 내 사랑하는 아들이라 내가 너를 기뻐하노라 하시니라"(눅 3:21-22).

　공관복음서가 예수께서 세례받으신 사건을 기록하고 있지만 예수께서 세례를 받으실 때 기도하신 것은 오직 누가만 기록한다. 누가는 예수께서 기도하실 때 세 가지 현상이 나타났다고 말한다. 하늘이 열리고, 성령께서 비둘기 같은 형체로 예수께 내려오시고, 하늘로부터는 "너는 내 사랑하는 아들이라 내가 너를 기뻐하노라"라는 음성이 들렸다. 예수께서는 기도하실 때 나타난 현상을 통하여 자신의 공생애가 시작되었다는 것을 확신하실 수 있었다. 즉 기도로 그의 사명이 시작되었음을 확신하셨다. 이를 통하여 기도와 사명의 관계를 알 수 있다. 기도는 사명을 낳는 데 기여한다.

바울은 다메섹 도상에서 예수께서 그리스도이심을 깨닫고 거듭났다. 그런데 바울이 다메섹 도상에서 예수님을 만난 후 곧바로 복음 전도를 한 것이 아니다. 누가는 바울이 거듭난 후 그가 복음 전도자로 살아가는 과정을 자세히 밝혔는데 하나님께서 바울에게 직접 사명을 말씀하시지 않고 먼저 아나니아를 통해서 알게 하셨다고 기록한다.

"주께서 이르시되 가라 이 사람은 내 이름을 이방인과 임금들과 이스라엘 자손들에게 전하기 위하여 택한 나의 그릇이라"(행 9:15).

이 말씀에는 바울의 사명이 드러나 있다. 그런데 하나님께서 바울에게 이를 말씀하신 것이 아니다. 주께서 아나니아에게 직가라 하는 거리로 가서 유다의 집에 있는 다소 사람 바울을 찾으라고 하시자 아나니아가 이의를 제기했고 그를 설득하시는 과정에서 말씀하신 것이다.

여기서 한 가지 궁금한 것이 있다. 우리가 알다시피 바울은 예루살렘에서 핍박하는 유대인들(행 22:15)과 아그립바 왕 앞에서(행 26:16-18) 복음을 변증할 때 자신의 사명을 언급했다. 그러나 하나님께서 바울을 부르실 때 직접 그의 사명을 말씀하시지 않았는데 그가 어떻게 이를 알고 말할 수 있었느냐는 것이다.

혹자는 아나니아가 바울에게 이를 전달했을 것이라고 주장한다. 즉 하나님께서 아나니아에게 바울에 대해 말씀하신 것을 그대로 그에게 전달했다는 것이다. 물론 바울이 아나니아를 통해서 그의 사명을 깨달았을 수도 있다. 그러나 나는 아래의 말씀에서 찾는다.

"주께서 이르시되 일어나 직가라 하는 거리로 가서 유다의 집에서 다소 사람 사울이라 하는 사람을 찾으라 그가 기도하는 중이니라"
(행 9:11).

바울은 다메섹에서 예수님을 만난 후 곧바로 사역한 것이 아니라 먼저 기도하는 시간을 가졌다. 바울이 기도하는 과정에서 무엇을 알았을까? 이는 예수께서 아나니아에게 하신 말씀을 보면 엿볼 수 있다.

"그가 내 이름을 위하여 얼마나 고난을 받아야 할 것을 내가 그에게 보이리라 하시니"(행 9:16).

예수께서 바울에게 그가 고난받아야 할 것을 말씀하시겠다고 하신 것은, 그의 사명이 무엇인지 말씀하시겠다는 것이다.

하나님께서 바울에게 큰 일을 맡기시면서 그에게 직접 이를 말씀하시는 것은 지극히 당연하다. 바울은 거듭난 후 기도하는 과정에서 자신이 평생 무엇을 해야 할지 알 수 있었다. 기도는 하나님과의 대화이다. 상대방과 대화하면 상대방의 뜻을 알 수 있듯이 하나님과 대화하면 우리를 향한 그분의 뜻을 알 수 있다. 기도하면 우리의 사명이 무엇인지를 알 수 있다.

다음은 기도가 사명을 확장시킨 경우다. 예수께서 첫 번째 수난 예고(마 16:21; 막 8:31; 눅 9:22)를 말씀하신 후, 베드로와 야고보와 요한을 데리고 변화산으로 올라가셨다. 이 산이 무슨 산인가에 대해서는 이론이 분분하다. 초창기에는 다볼산이라는 견해가 지배적이었지만 최근에는 가이사랴와의 근접성을 고려하여 빌립보와 가버나움 사이에 있는 메론산이라고 주장하는 견해도 있다. 문제는 주님이 그 산에서 변형되셨다는 것이다.

예수께서 어떻게 변형되셨는가? 마태는 얼굴이 해같이 빛나며 옷이 빛과 같이 희어졌다고 말한다. 그런데 예수께서 변화산에서 이렇게 변형되신 것은 기도하실 때다.

> "기도하실 때에 용모가 변화되고 그 옷이 희어져 광채가 나더라"(눅 9:29).

변형은 겉과 속이 모두 완전히 다른 모습으로 바뀐 것을 의미한다. 이는 예수께서 신적인 영광을 드러내신 것이다. 다시 말해 예수께서 십자가에 못 박혀 죽으시고 부활하실 것을 보여주신 것이다. 변화산의 사건은 예수께서 걸어가는 고난의 길을 하나님께서 기뻐하시며 하늘의 영광을 미리 보여주신 것이다. 즉 예수께서 기도하실 때 그의 사명을 다시 한번 확증시켜 주신 것이다.

다음은 기도가 사명을 견고하게 한 경우다. 예수께서 십자가에 죽음을 앞두시고 겟세마네 동산에 가셔서 이렇게 기도하셨다.

> "이르시되 아버지여 만일 아버지의 뜻이거든 이 잔을 내게서 옮기시옵소서 그러나 내 원대로 마시옵고 아버지의 원대로 되기를 원하나

이다 하시니 천사가 하늘로부터 예수께 나타나 힘을 더하더라 예수께서 힘쓰고 애써 더욱 간절히 기도하시니 땀이 땅에 떨어지는 핏방울같이 되더라"(눅 22:42-44).

예수께서는 이미 자신이 십자가에 못 박히시기 위해 오신 것을 알고 계셨다.

"인자가 온 것은 섬김을 받으려 함이 아니라 도리어 섬기려 하고 자기 목숨을 많은 사람의 대속물로 주려 함이니라"(마 20:28).

"도둑이 오는 것은 도둑질하고 죽이고 멸망시키려는 것뿐이요 내가 온 것은 양으로 생명을 얻게 하고 더 풍성히 얻게 하려는 것이라"(요 10:10).

그런데 예수께서 자신이 십자가에 못 박혀 죽는 것이 하나님의 뜻인지를 여러 번 여쭈면서 결론적으로 하나님 아버지의 뜻대로 되기를 원한다고 하신 것은 기도를 통하여 자신의 사명을 더욱 견고하게 하신 것이다. 기도는 단지 우리의 사명을 깨닫게 할 뿐만 아니라, 확장시키고 굳게 한다.

기도를 멈추면 사명도 멈춘다

기도는 그리스도인의 사명이다. 그런데 기도는 다른 사명에도 영향을 미친다. 기도하지 않으면 다른 사명을 이룰 수 없다. 하나님께서 아담을 창조하시고 에덴동산에 두어 그것을 경작하며 지키게 하시고 한 가지 명령을 하셨다.

> "여호와 하나님이 그 사람에게 명하여 이르시되 동산 각종 나무의 열매는 네가 임의로 먹되 선악을 알게 하는 나무의 열매는 먹지 말라 네가 먹는 날에는 반드시 죽으리라 하시니라"(창 2:16-17).

하나님께서 이를 명령하셨기에 아담은 지켜야 할 사명을 가진 것이다. 그런데 아담은 하나님께서 그에게 주신 사명을 헌신짝처럼 버렸다. 아담이 선악과를 먹었다는 것은 어떤 의미인가? 하나님의 명령에 순종하지 않고 뱀의 말에 순종했다는 것이다. 즉 아담이 영적 전쟁에서 졌다는 뜻이다.

여기서 왜 아담이 영적 전쟁에서 싸워보지도 못하고 졌는지를 알아야 한다. 그가 하나님의 능력으로 사탄과 싸우지 않고 자신의 힘과 능력으로 사탄을 마주했기 때문이다. 즉 영적 전쟁에서 기도하지 않았기 때문이다. 영적 전쟁에서 이기려면 반드시 기도해야 한다.

이런 사실은 예수께서 베드로에게 하신 말씀을 통해 확인할 수 있다.

> "시몬아, 시몬아, 보라 사탄이 너희를 밀까부르듯 하려고 요구하였으나 그러나 내가 너를 위하여 네 믿음이 떨어지지 않기를 기도하였노니 너는 돌이킨 후에 네 형제를 굳게 하라"(눅 22:31-32).

베드로가 마귀의 시험을 받고 잠시 예수님을 모른다고 부인했지만 회개하고 결국은 '네 형제를 굳게 하라'는 사명을 감당할 수 있었던 것은 예수께서 그를 위해 기도하셨기 때문이다. 기도하지 않으면 마귀와의 영적 전쟁에서 이길 수 없기에 그 어떤 사명도 이룰 수 없다. 기도가 멈추면 사명도 멈추고 기도가 가면 사명도 간다.

첫 사람 아담은 하나님의 명령에 순종해야 할 사명을 감당하지 못했지만 둘째 아담이신 예수께서는 맡으신 사명을 끝까지 감당하셨다. 예수께서 그렇게 하실 수 있었던 것은 기도하셨기 때문이다. 예수께서는 평소 때와 장소를 가리지 않고 기도하셨고, 특별히 체포되시기 전날 밤에는 겟세마네 동산에 올라가셔서 땀이 핏방울처럼 땅에 떨어질 정도로 간절히 기도하셨고, 심지어 십자가에 달리셔서 운명하시는 순간까지 기도하셨다.

주의 제자들이 끝까지 사명을 감당할 수 있었던 것 역시 기도했기 때문이다. 제자들은 예수께서 구속사역을 완성하시고 승천하시기 전 갈릴리에서 '가서 제자 삼으라'고 하신 명령과 성령을 보내주신다는 약속을 받고 그 약속이 이루어질 때까지 한 장소에 모여 간절히 기도했다(행 1:14). 그러자 성령께서 오순절에 임하시므로 성령의 충만을 받아 그들에게 주신 사명을 감당할 수 있었다. 그들이 기도하지 않았다면 결코 그들에게 주어진 사명을 감당할 수 없었을 것이다.

그리스도인은 거듭나는 순간 복음 전도의 사명을 가지고 있다(벧전 2:9). 이 사명을 온전히 감당하려면 반드시 기도해야 한다. 코리 텐 붐은 테레사 수녀와 함께 20세기 성녀로 불린다. 그녀는 제2차 세계대전 당시 네덜란드에 있는 자기 집에 유대인들을 숨겨준 것이 나치에게 발각되어 독일의 최대 여성 수용소에 갇혔다. 거기서 아버지와 언니를 잃었고, 그녀만 구사일생으로 살아났다.

그 후 유명한 복음 전도자가 되어 전쟁으로 인해 상처 입고 고통하는 사람들을 돌보며 하나님의 사랑을 전하였다. 그녀가 용서의 메시지를 전하는 곳곳마다 놀라운 삶의 변화가 일어났다. 그러나 그녀의 마음을 짓누르는 고통이 있었다. 그것은 독일과 독일 사람에 대한 분노와 증오였다. 그녀는 독일은 망해야 하고, 독일 사람들은 더 고통을 당해야 한다고 생각했다. 그러나 성령께서 독일에도 가서 복음을 전하라고 강권하심에 순종하여 사랑과 용서의 복음을 전하였다.

어느 날 집회가 끝난 후 교인들과 일일이 인사를 하며 감사의 악수를 나누고 있을 때였다. 자기 앞에 서서 손을 불쑥 내미는 노신사를 바라보다가 너무 놀라 얼굴이 창백해지고 피가 거꾸로 솟는 것 같았다. 그는 다름 아닌 자기 가족을 극심하게 고문해서 죽게 만들었을 뿐 아니라, 당시 처녀였던 자신의 옷을 전부 벗기고 고문하며 말할 수 없는 고통과 수모를 주었던 바로 그 장본인이었기 때문이다. 자신의 내부에 숨어 있던 고통스런 기억들과 발가벗김 당했을 때의 모욕과 수치심이 다시 끓어오르면서 이 사람만큼은 결코 용서할 수 없었기에 얼른 마음속으로 기도했다.

"예수님, 저는 하늘에서 진노의 벼락이 내려 이 사람을 때리기 전에는 용서할 수 없습니다. 저를 도와주십시오. 저는 도저히 이 사람만은 용서할 수 없습니다. 예수님, 저를 좀 이해해 주십시오."

그러자 예수께서 이렇게 말씀하셨다.

"십자가에서 나를 못 박고 죽이고 침 뱉으며 채찍으로 때리고 조롱하며 가시관을 씌워서 나를 괴롭히는 사람들을 내가 용서하지 않았느냐? 너도 용서해 주거라."

주의 명령에 순종하여 그의 손을 잡았다. 그러자 그는 이렇게 말했다.

"네덜란드 사람인 당신이 전쟁 때 우리 독일 사람이 저지른 죄를 용서하고 복음을 전해 주어서 얼마나 기쁜지 모릅니다. 저는 죄를 많이 지은 사람입니다. 죄를 용서받고 새 사람이 되기 위해서 오늘 주님 앞에 나왔으니 저를 위해서 기도해 주십시오."

갑자기 하늘 문이 열리고 주님의 사랑이 코리 텐 붐 여사에게 넘치게 임했다. 순식간에 미움과 원한이 눈 녹듯이 다 녹아버렸다. 그는 그리스도의 큰 사랑으로 그를 용서해 주었고 기도해 주었다. 그로 인해 마음속에 남아 있던 쓰라린 원한의 상처가 치료되었다. 그 후로 그는 온 세계에 다니면서 용서와 사랑을 힘 있게 전할 수 있었다고 간증한다.

코리 텐 붐이 기도하지 않았다면 그를 용서하지 못했을 것이다. 복음의 최대 능력은 용서다. 용서하지 않고 어떻게 온전한 복음을 전할 수 있겠는가? 그녀가 기도의 사명을 감당하자 복음 전도의 사명을 온전히 이룰 수 있었던 것이다.

예수께서 제자들과 함께 최후의 만찬을 나누신 다락방에서 마지막으로 대제사장적 기도를 하셨다(요 17장). 한마디로 온 인류를 위한 하나님의 계획이 이루어지기를 기도하신 것이다. 내용은 크게 세 부분으로 나눌 수 있다. 인류 구속의 희생제물로 드리는 자기 자신을 위해, 남겨질 제자들을 위해, 미래의 모든 성도들을 위해서다.

예수께서 하나님의 구원계획을 위해 자신뿐 아니라 제자들과 우리를 위해서 대제사장적 기도를 하신 것은, 복음 증거의 사명을 감당하기 위해서는 기도가 필수적인 것을 가르치신 것이다. 그렇다. 구조적으로 악한 세상에서 기도하지 않고 어떻게 지상명령에 순종하라는 사명을 감당할 수 있겠는가? 마지막까지 이 사명을 잘 감당하기 위해서 기도를 멈추지 말아야 한다.

CHAPTER 6

기도는 삶이다

기도와 삶은 불가분리나
기도는 선택이 아니라 필수다
기도는 삶을 지향해야 한다
기도는 위대한 인생을 만든다

기도와 삶은 불가분리다

기도는 그리스도인의 삶이다. 기도와 삶은 분리될 수 없다. 기도는 뿌리이고 삶은 그 열매다. 삶을 능가하는 기도가 없고 기도를 능가하는 삶도 없다. 인간은 하나님과 절대적 의존 관계에 있기에 삶은 기도로 이루어져야 한다.

나무의 뿌리가 튼튼하지 않으면 모진 비바람에 쓰러져 버리듯이 기도하지 않는 그리스도인은 인생의 위기가 불어닥치면 쉽게 쓰러진다. 열심히 봉사하던 사람이 갑자기 하찮은 일로 시험에 드는 것은 기도를 통해 하나님의 능력을 받지 않고 자신의 능력으로 봉사하기 때문이다. 즉 기도와 삶이 분리되어 있기 때문이다.

왜 기도와 삶이 분리되는 일이 발생하는가? 이원론적 사고에 영향을 받아 생활하기 때문이다. 이원론은 존재하는 실제를 두 개의 근본적인 카테고리로 나누려는 생각이다. 다른 말로 이분법적 사고라고도 한다. 쉽게 말하면 흑백논리로 사고하는 것이다.

기도와 삶을 분리하는 것은, 마치 하나님은 예배당 안에만 계신다고 생각하는 것과 같다. 교회에서는 하나님을 믿는데 교회 밖에서는 전혀 다르게 행동하는 자들이 부지기수다. 예를 들어, 사람이 많이 모이는 기도원에서 열심히 기도하고 나오면서 자기의 낡은 신발은 두고 다른 사람의 새 신발을 신고 가는 것이다.

하나님께서는 일주일에 한두 시간만 예배드리는 것을 원치 않으신다. 한 주 158시간을 모두 주님께 드리기를 원하신다. 기도와 삶은 분리할 수 없다. 하나님께서는 영으로 존재하시므로 안 계신 곳이 없다. 하나님을 믿는 자에게 기도는 삶의 일부가 아니라 전부이다.

내가 거듭난 지 일 년도 채 되지 않았을 때다. 서울 은평구 녹번동에 위치한 임마누엘기도원에서 금식하며 기도한 적이 있다. 둘이 같은 방을 썼는데 다른 한 분이 하루는 새벽 예배를 마치고 들어오더니 기쁨이 충만하여 이렇게 말했다. "안 형제님, 오늘 로마서 12장 1절을 통해 매우 놀라운 비밀을 깨달았어요." 그리고 곧바로 성경을 펴서 읽었다.

> "그러므로 형제들아 내가 하나님의 모든 자비하심으로 너희를 권하노니 너희 몸을 하나님이 기뻐하시는 거룩한 산 제물로 드리라 이는 너희가 드릴 영적 예배니라."

그는 자신이 깨달은 것을 열정적으로 외쳤다. 한마디로 삶이 예배라는 것이다. 그러나 당시 나는 새 신자였기 때문에 이 말이 무슨 의미인지를 몰랐다. 1970년대만 해도 삶과 예배는 전혀 다른 영역으로 생각하던 때였다. 즉 예배당은 거룩한 곳이고 세상은 죄악이 가득한 곳이라는 생각이 팽배했다. 그런데 예배가 삶이고 삶이 예배라고 깨달은 것은 가히 놀라운 것이다. 얼마 지나지 않아 나도 이 말씀의 의미를 깨닫고 그분처럼 뛸 듯이 기뻤다.

바울은 골로새교회에 보낸 편지에서 "기도를 계속하고 기도에 감사함으로 깨어 있으라"(골 4:2)라고 말한다. '계속하라'의 원어적 의미는 '철썩 들러붙어 있다' 혹은 '꼭 붙들고 있다'이다. 즉 기도는 하나님 품에 꼭 붙어 있는 것이다. 따라서 타 종교처럼 일정한 때를 정해 놓고 형식적, 반복적으로 기도하는 것이 아니라, 기도가 곧 삶이고 삶이 곧 기도여야 한다는 것이다. 결코 기도와 삶을 분리하지 말라는 뜻이다.

이스라엘 백성들은 구약시대부터 기도하는 전통을 가지고 있다. 그들은 정한 시간에 성전에서 기도한다. 예수께서 성전을 가리켜 만민이 기도하는 집(마 21:13; 막 11:17; 눅 19:46)이라고 하신 것은 이를 뒷받침한다. 예수님 당시에도 유대인들은 회당에 모여 기도를 드렸고, 백성의 선생들은 제자들에게 기도를 가르쳤다. 세례 요한도 이러한 전통을 따라 제자들에게 기도를 가르쳤다. 제자들이 예수께 기도를 가르쳐 달라고 한 것도 이런 배경에서 비롯된 것이다.

이렇게 기도하는 전통을 가지고 있다는 것은 무엇을 의미하는가? 기도와 삶은 불가분의 관계에 있다는 것이다. 우리는 종종 기도를 '영혼의 호흡'이라고 한다. 기도를 이렇게 표현하는 것은 호흡이 멈추면 죽음을 맞이하듯이 기도하지 않으면 영적인 죽음을 맞이하기 때문이다. 기도는 그리스도인에게 가장 중요한 것이고 삶 자체이다.

기도는 본질이지 장식품이 아니다. 기도는 단순히 그리스도인의 하루 일과의 필수요소나 어려울 때 도움의 출처가 아니다. 주일 아침이나 식사 시간에 국한된 것도 아니다. 기도는 먹고 마시는 것, 움직이고 쉬는 것, 가르치고 배우는 것, 놀고 일하는 것이다. A.W. 토저는 "가장 좋은 기도란 그 사람의 삶 전체로 드리는 것이다. 우리의 기도는 오직 우리의 삶만큼 강력해진다. 우리는 잘 사는 만큼 잘 기도할 수 있다"라고 했다. 이처럼 기도와 삶은 불가분리다.

한목협(한국기독교목회자협의회)이 실시한 '한국인의 종교 생활과 의식 조사'에서 목회자는 하루 평균 1시간 28분을 기도한다(크리스천투데이, 22.11.16). 반면에 평신도는 하루 평균 24분을 기도하는데, 5명 중 1명(22.5%)은 기도를 전혀 하지 않고, 10분 이하로 기도한다는 응답이 29.7%로 가장 많다(국민일보, 23.7.1). 이는 무엇을 뜻하는가? 평신도들은 "기도를 계속하고 기도에 감사함으로 깨어 있으라"(골 4:2)는 명령을 자신들과는 전혀 관련이 없다고 생각하고 있다는 것이다. 그러나 기도와 삶은 절대 분리하지 말아야 한다.

안타깝게도 기도와 삶을 분리하여 생각하는 분들이 의외로 많다. 예를 들어 기도하는 시간은 거룩한 시간이고 세상에서 일하는 것은 그렇지 않다고 생각하거나 특정한 시간을 정해 놓고 하는 것만 하나님께 드리는 기도이고 그 이외의 삶은 기도와 전혀 상관이 없다고 생각한다.

그런데 성경은 어떻게 말씀하는가?

"모든 기도와 간구를 하되 항상 성령 안에서 기도하고 이를 위하여 깨어 구하기를 항상 힘쓰며 여러 성도를 위하여 구하라"(엡 6:18).

'항상 성령 안에서 기도하라'는 것은 기도와 삶은 본질적으로 하나라는 뜻이다. 아직도 기도와 삶을 다른 영역으로 생각하고 있지는 아니한가? 기도와 삶은 결코 분리될 수 없고 분리가 되어서도 안 된다.

기도는 선택이 아니라 필수다

앞서 살펴보았듯이 기도와 삶은 불가분리다. 따라서 기도는 삶이 되어야 하고 삶은 기도가 되어야 한다. 그런데 이렇게 되려면 먼저 기도가 삶에 필수인 것을 절실히 깨달아야 한다. 실제 기도하지 않더라도 기도가 삶에 있어서 필수인 것은, 모두 인정할 것이다. 기도가 삶의 필수라는 것은, 반드시 기도해야 한다는 뜻이다. 이는 마치 호흡을 유지하기 위해서 공기는 절대적인 것과 마찬가지로 그리스도인의 삶에 있어서 기도는 절대적이다.

왜 우리의 삶에 기도는 필수인가? 하나님과 우리가 절대적 의존 관계에 있기 때문이다. 예수께서 이 땅에 살아가시는 동안 전적으로 하나님 아버지께 의존하셨다.

"내가 아무것도 스스로 할 수 없노라 듣는 대로 심판하노니 나는 나의 뜻대로 하려 하지 않고 나를 보내신 이의 뜻대로 하려 하므로 내 심판은 의로우니라"(요 5:30).

예수께서 "나는 아무것도 스스로 할 수 없노라"라고 말씀하신 것은, 하나님과 절대적 의존 관계에 있다는 것을 말씀하신 것이다. 예수께서 항상 기도하셨던 것은 하나님을 전적으로 의존하셨기 때문이다.

사람들이 기도하지 않는 것은 무엇이든지 자신의 힘과 능력으로 할 수 있다고 생각하기 때문이다. 예수께서 아무것도 스스로 할 수 없다고 하셨는데 어떻게 우리가 스스로 할 수 있는 것이 많다고 생각할 수 있는가? 맨정신이 아니고서야 이렇게 말할 수 없다. 바울도 "내게 능력 주시는 자 안에서 내가 모든 것을 할 수 있느니라"(빌 4:13)라고 고백하지 않았던가? 우리는 하나님을 절대적으로 의지하며 살아가도록 만들어졌음을 알고 기도를 선택이 아니라 필수로 알아야 한다.

제자들이 예수께 천국에서는 누가 큰지를 묻자, 예수께서 한 어린아이를 불러 그들 가운데 세우시고 이렇게 말씀하셨다.

> "…진실로 너희에게 이르노니 너희가 돌이켜 어린아이들과 같이 되지 아니하면 결단코 천국에 들어가지 못하리라 그러므로 누구든지 이 어린아이와 같이 자기를 낮추는 사람이 천국에서 큰 자니라"(마 18:3-4).

여기서 어린아이들과 같이 자기를 낮춘다는 것이 어떤 의미인지를 알아야 한다. 이는 문자 그대로 자신을 낮춘다는 의미가 아니다. 어린아이가 자신을 낮추는 것을 본 적이 있는가? 어린아이들은 자신을 뽐내고 자랑하려고 하지 결코 낮추려고 하지 않는다. 여기서 낮춘다는 것은 부모님과의 관계에 있어서 자신의 생각을 드러내지 않고 전적으로 부모의 뜻에 따른다는 것이다. 즉 부모와 절대적인 의존 관계에 있다는 것을 안다는 의미다. 기도는 하나님과 절대적 의존 관계에 있음을 인식하는 자라야 할 수 있다. 기도하지 않는 것은, 하나님의 도움이 없어도 얼마든지 자신의 힘과 능력으로 살 수 있다고 생각하고 하나님으로부터의 독립을 외치고 있는 것이다.

제자들이 기도하는 방법을 가르쳐 달라고 하자 예수께서 이를 거절하시지 않고 가르쳐주신 것은, 기도가 삶에서 필수적이기 때문이다. 실제로 주기도의 내용을 보면 우리의 삶에 절대적으로 필요한 것들이다. 주기도는 하나님의 통치를 구하고, 육체적인 양식과 영적인 양식을 구하고, 하나님께 용서를 구하며, 탐욕에 빠지지 않도록 구하라고 가르친다. 예수께서 이렇게 기도하도록 가르치신 것은 무엇보다도 이 세상을 통치하시는 분이 하나님이심을 인정하라는 것이고, 자기 자신의 힘으로 살려고 하지 말고, 전적으로 하나님 아버지를 의지하여 살아가라는 것이다.

예수께서 다메섹 도상에서 바울을 만나시고 3일 동안 눈이 멀게 하시고 그를 기도의 자리로 인도하셨다. 바울은 그곳에서 아무것도 먹지도 마시지도 않고 금식기도를 했다. 왜 예수께서 바울을 복음 전도자로 사용하시기 전 사흘을 금식기도를 하게 하셨는가? 그가 '직가'에서 기도한 것과 관련이 있다(행 9:11). 직가는 '곧은길'이라는 뜻이다. 바울이 기도하지 않고서는 장차 곧은길을 갈 수 없기에 직가에서 금식하며 기도하게 하신 것이다.

기도가 우리의 삶에 미치지 않는 곳은 하나도 없다. 기도는 삶의 전 영역에서 지대한 영향을 미친다. 우리가 호흡하지 않으면 2분 안에 기절하고 4분이 지나면 뇌사에 빠지는 것처럼 기도는 영적인 삶에 절대적이다. 심지어 정신이나 내면세계에도 미친다.

응용심리학의 최고 권위자였던 윌리엄 제임스는 기도가 종교 행위 가운데 인간에게 가장 본질적인 도움을 준다고 말하며 구체적으로 다음과 같은 영향을 미친다고 말한다. 첫째로 성품 개선에 효과가 크고, 둘째로 뇌를 치유하고 성장시키고, 셋째로, 면역체계를 강화하고, 넷째로, 자기 절제력을 높여주며, 다섯째로, 정신세계에 큰 영향을 미친다.

우리는 다방면으로 타 종교들과 영적으로 전쟁 중이다. 가장 강력한 상대는 유대교와 이슬람이다. 유대교인들과 무슬림의 공통적인 점은, 모두 시간을 정해 놓고 기도한다는 것이다. 유대인은 매일 세 번씩 기도한다. 성경은 다니엘과 다윗도 하루에 세 번씩 기도했다고 말한다(시 55:17; 단 6:10). 구약시대에는 시간개념이 뚜렷하지 않아서 그냥 '저녁과 아침과 정오'로 표시했는데, 신약시대에는 분명해졌다. 유대인의 기도 시간은 오전 9시, 12시, 오후 3시였다(막 15:25; 마 27:45-46; 행 3:1). 유대인들이 하루 세 번 기도한 것은 예수께서 십자가에 못 박히시고 죽으신 것과 일치한다.

무슬림의 하루는 기도로 시작하여 기도로 끝난다. 새벽부터 밤까지 하루 다섯 번 기도한다. 절차도 간단하지 않다. '알라는 위대하다'는 것을 외치는 것으로 시작하여, 5가지 절차로 진행된다. 그들을 위한 기도 장소가 곳곳에 있다. 인천공항이나 롯데월드나 코엑스와 같은 곳에도 무슬림 기도실이 있다.

심지어 얼마 전 삼성과 LG에서는 하루 5번 기도하는 이슬람 문화를 고려해서 그들만을 위한 맞춤형 가전제품을 내놓았다. 가전관리 앱인 '스마트싱스'의 기도 모드를 통해 기도에 집중할 수 있도록 환경을 조성시킨다. 기업들이 무슬림의 성향을 가전제품에까지 반영한 것은, 그들이 기도를 얼마나 중요하게 생각하는지를 알고 가전제품을 기도의 조력자로 만든 것이다.

그런데 우리는 기도를 얼마나 중요하게 생각하고 있는가? 과연 기도를 우리의 삶에 있어서 필수로 생각하고 있는가? 점점 기도의 절대성이 잊혀져 가고 있다. 이는 개인의 기도 시간이 점점 줄어들고 새벽기도회와 금요기도회에 참석하는 사람들이 현저히 줄어든 것만 봐도 알 수 있다.

기도가 신앙생활에 절대적인데 이를 하지 않고 있다는 것은, 신앙생활이 무너지고 있다는 증거다. 내가 이 책을 집필하게 된 동기 중 하나도 여기에 있다. 기도를 살려야 한다. 선택과목으로 바뀌어 가고 있는 기도를 다시 필수과목으로 바꾸어야 한다.

지금 한국의 출산율은 심각한 상황에 놓여 있다. 이대로 가면 대한민국 자체가 사라질 수도 있다. 그런데 이보다 더 큰 문제는 점점 줄어가고 있는 아이들을 두고 기독교와 타 종교와 세상이 각축전을 벌이고 있는데, 그들을 교회로 인도할 힘과 능력이 없다는 것이다. 타 종교와 세상과의 싸움에서 이기고 그들을 교회로 인도하려면 영적인 힘이 있어야 한다. 즉 기도하는 일에 성공해야 한다.

영적 전쟁에서 기도는 절대적이다. 바울도 이를 알고 있기에 "모든 기도와 간구를 하되 항상 성령 안에서 기도하고 이를 위하여 깨어 구하기를 항상 힘쓰며 여러 성도를 위하여 구하라"(엡 6:18)라고 명령한 것이다. 기도보다 강력한 무기는 없다. 기도하지 않고 영적 전쟁을 하는 것은 마치 군인이 총칼 없이 전쟁터에 나가는 것과 같다.

그런데 우리의 현실은 어떠한가? 기도해야 한다는 것은 알고 있지만 기도에 목숨을 걸지 않는다. 얍복 나루터의 야곱이 되지 않으면 절대로 영적 전쟁에 이길 수 없고 신앙생활을 건강하게 할 수 없다.

에이브러햄 링컨이 기도의 사람이란 것은 주지의 사실이다. 링컨은 노예해방을 내걸고 북군을 주재하며 남군과 대치하고 있었다. 그러나 남군을 쉽게 굴복시키지 못하고 오히려 북군이 치명타를 입고 있었다. 죽어 가는 병사들을 바라보며 가슴 아파하던 링컨은 이 전쟁이 사람의 힘으로 종식될 수 없다는 사실을 절감하고 하루에도 몇 시간씩 하나님께 기도를 드렸다. 그가 전쟁 중에 이렇게 기도한 것은 그가 기도를 절대적으로 생각하기 때문이다.

솔직히 요즘 큰 고민거리가 생겼다. 스마트폰이 기도를 방해하고 있는데 과감하게 스마트폰을 멀리하지 못하고 있기 때문이다. 기도는 주님과 대화이다. 윗사람과 대화해도 전화가 오면 받지 않는데 만왕의 왕이신 하나님과 대화하는데 전화벨 소리가 울리면 그리로 시선이 향한다. 기도 중에는 전화벨이 울려도 받지 않기로 마음을 먹지만, 혹시 급한 연락이 올 수도 있다는 생각에 이 결심이 무너지는 경우가 종종 있다. 이는 기도에 집중하지 않는 것이고 전심으로 하나님께 구하지 않고 있다는 증거다. 하나님의 면전에서 그분의 얼굴을 바라보는 것보다 더 우선할 것은 없다.

기도는 삶을 지향해야 한다

　기도는 방향이 있어야 한다. 즉 기도는 삶을 바라보아야 한다. 우리가 세상으로부터 비판을 받는 것은 기도한 대로 살지 않기 때문이다. 예수께서 중대한 일을 앞두고 기도하신 것은, 그의 기도가 삶으로 향했다는 것을 뜻한다.
　핵가족 시대가 열리기 전에는 한 교회에서 시어머니와 며느리가 함께 신앙생활을 하는 가정들이 종종 있었다. 하루는 심방을 갔는데 며느리인 여집사가 나에게 이렇게 하소연했다.
　"목사님, 아시다시피 시어머니께서 우리 교회 권사이시고 새벽예배를 한 번도 빠지시지 않지만, 가정에서는 예수님을 믿지 않는 사람보다 더 저를 혹독하게 대해요. 너무 시집살이를 시켜서 언제까지 결혼을 유지할지 모르겠어요."
　하루는 평소 잘 알고 지내는 사모가 찾아와서 이렇게 하소연했다.
　"우리 목사님은 강단에서 설교하는 것과 집에서 생활하는 것이 전혀 다릅니다. 이를 누구에게 이야기할 수도 없고 어떻게 해야 할지 모르겠어요."

너무 가슴 아픈 일이 아닐 수 없다. 이렇게 기도와 삶이 전혀 다른 것은 기도를 잘못하는 것이고, 차라리 하지 않는 것보다도 못하다. 삶까지 나아가지 않는 기도는 무당이 귀신에게 비는 것과 다를 바 없다. 아무리 많은 시간 기도해도 삶의 변화가 없다면 이는 공허한 메아리에 불과하다.

예수께서는 기도와 삶이 다른 자를 외식하는 자라고 호되게 책망하셨다.

> "또 너희는 기도할 때에 외식하는 자와 같이 하지 말라 그들은 사람에게 보이려고 회당과 큰 거리 어귀에 서서 기도하기를 좋아하느니라 내가 진실로 너희에게 이르노니 그들은 자기 상을 이미 받았느니라"(마 6:5).

> "그들은 과부의 가산을 삼키며 외식으로 길게 기도하는 자니 그 받는 판결이 더욱 중하리라 하시니라"(막 12:40).

예수께서는 기도하신 대로 사셨다. 즉 예수께서는 기도와 삶을 분리하시지 않았다. 이런 사례를 살펴보자.

첫째로, 기도로 공생애를 시작하셨다. 공관복음서 기자, 즉 마태, 마가, 누가는 모두 예수께서 공생애를 시작하시기 전 세례 요한에게 세례를 받으셨다고 말씀한다(마 3:13-17; 막 1:9-11; 눅 3:21-22). 그런데 누가는 마태, 마가와 달리 예수께서 세례를 받으시고 기도를 하셨다고 기록한다.

> "백성이 다 세례를 받을새 예수도 세례를 받으시고 기도하실 때에 하늘이 열리며"(눅 3:21).

예수께서 공생애를 시작하실 때에 기도하신 것은 그의 공생애를 하나님의 손에 맡기시겠다는 선언이다. 즉 기도로 삶을 이어가시겠다는 고백이다.

둘째로, 기도하시고 치유사역을 하셨다. 누가는 예수께서 바쁘신 가운데서도 기도하는 것을 게을리하시지 않았다고 말한다.

> "예수의 소문이 더욱 퍼지매 수많은 무리가 말씀도 듣고 자기 병도 고침을 받고자 하여 모여 오되 예수는 물러가사 한적한 곳에서 기도하시니라"(눅 5:15-16).

병을 고치고 귀신을 쫓아내 본 사람은 그 사역이 얼마나 힘들고 어려운지를 안다. 육신적으로 피곤할 뿐 아니라 영적으로도 매우 지친다. 더군다나 한두 명이 아니라 많은 사람을 상대로 사역을 하면 몸은 지칠 대로 지치고 만신창이가 된다.

그런데 예수께서는 그런 상황에서도 한적한 곳에 가서 기도하셨다. 그런데 누가는 '기도하시니라'에 해당하는 헬라어 동사를 단회적인 행동을 나타내는 동사가 아니라 반복적인 행동을 나타내는 동사를 사용하고 있다. 이는 예수께서 치유 사역을 기도로 하셨다는 것을 보여준다. 예수께서 평소 기도의 습관을 가지셨기에 피곤하신 상황에서도 치유를 위해 기도하셨다.

하루 24시간은 모든 사람에게 공평하게 주어졌다. 24시간을 어떻게 사용하느냐는 전적으로 각자에게 달려 있다. 기도를 우선순위에 두는 사람들은 피곤해도 첫 시간을 기도로 시작한다. 피곤해도 기도하는 습관을 만들어야 한다.

셋째로, 기도하시고 중요한 것을 결정하셨다. 예수님은 얼마 있지 않아 곧 이 세상을 떠나실 것을 아셨기에 예수님을 대신하여 사역할 자를 미리 준비하지 않으면 안 되었다. 제자들은 예수님의 사역을 계속해서 이어가야 할 자로서 예수님께는 매우 중요한 존재이다. 예수께서 제자 중 열두 명을 사도로 임명하기 전 밤새워 기도하신 것은 바로 이 때문이다.

> "이때에 예수께서 기도하시러 산으로 가사 밤이 새도록 하나님께 기도하시고 밝으매 그 제자들을 부르사 그 중에서 열둘을 택하여 사도라 칭하셨으니"(눅 6:12-13).

예수님께서 중대한 결정을 내리기 전 간절히 하나님께 기도하셨듯이 우리도 중대한 결정을 내리기 전 하나님께 간절히 기도해야 한다. 만일 중대한 일의 결정을 앞두고 있는데 이를 주님께 묻지 않는다면 기도와 무관한 삶을 살아가는 것이다.

넷째로, 절망적인 소식을 접하신 상황에서도 기도하셨다. 예수님의 공생애 중 불어닥친 가장 슬픈 소식은, 아마도 세례 요한의 죽음이었을 것이다(마 14:12). 세례 요한과 예수님은 사촌지간으로 예수님의 길을 준비하던 자다. 만약 우리가 예수님과 같은 상황을 맞이하였다면 어떠했을까? 비통함을 금할 길 없었을 것이다. 그리고 세례 요한이 묻힌 장소를 찾았을 것이다.

그런데 예수께서 그렇게 하시지 않았다. 마태는 예수께서 세례 요한의 사형 소식을 접하신 후 배를 타고 따로 빈 들에 가셨다고 말씀한다(마 14:13). 왜 예수께서 따로 빈들에 가셨는가? 하나님과 독대하는 시간을 가지기 위해서다. 즉 예수께서는 죽음을 맞이해야 하는 절망적인 상황에서도 기도하신 것이다.

다섯째로, 기도로 십자가의 죽음을 준비하셨다. 사람은 일반적으로 죽음을 앞두고 유언을 한다. 그리고 유언으로 그의 인생을 갈음한다. 그래서 죽음을 앞두고 유언을 하려면 마음의 준비도 하고 재산상속 등 중요하게 여기는 일들을 처리하기 위해 법적 자문이나 상담을 받기도 한다. 이것으로 죽음의 준비를 하는 것이다. 그런데 예수께서는 십자가의 죽음을 앞두고 겟세마네 동산에 올라가서 기도하셨다. 이는 예수께서 자신의 죽음을 기도로 준비하셨다는 뜻이다.

여섯째로, 기도로 그의 삶을 마감하셨다. 예수께서는 예루살렘 북쪽 성벽 밖 골고다에서 십자가에 달리셨는데 이때 예수께서 하신 일곱 마디 말씀을 가상칠언이라고 한다. 이 중에서 맨 마지막에 하신 말씀은 "…내 영혼을 아버지 손에 부탁하나이다…"(눅 23:46)이다. 예수께서 이렇게 기도하시고 운명하신 것은 무엇을 의미하는가? 기도로 그의 삶을 마치셨다는 것을 뜻한다. 예수께서 공생애를 기도로 마감하신 것은, 그의 삶 전체가 기도였다는 것을 의미한다.

바울은 데살로니가교회 성도들을 위해 기도했다(고전 3:10-13). 그의 기도를 크게 구분하면 네 가지다. 첫째로 하나님께서 데살로니가 교회 성도에게 갈 수 있도록 길을 여시기를 기도했고, 둘째로 피차 사이에서만 아니라 모든 사람을 사랑하도록 기도했고, 셋째로 그들의 마음이 굳건하게 되기를 기도했고, 넷째로 하나님 아버지 앞에서 거룩함에 흠이 없도록 기도했다.

그의 기도와 우리의 기도가 얼마나 다른지를 알 수 있다. 우리는 주로 이 세상의 문제를 해결하기 위해 기도한다. 그런데 바울은 주로 데살로니가교회 성도들의 신앙적인 삶을 위해 기도했다. 기도의 열심보다 더 중요한 것이 방향이다. 삶을 지향하지 않는 기도는 많이 할수록 위험하다. 예수께서 삶을 지향하시고 기도하신 것처럼 우리도 삶을 지향하고 기도해야 한다. 예수께서 기도하시고 그대로 사셨듯이 우리도 기도한 대로 살아가야 한다.

기도가 삶이 되어야 하는 이유는 무엇인가? 첫째로, 기도가 삶이 되지 않으면 하나님의 뜻대로 살아갈 수 없기 때문이다. 기도는 하나님의 뜻대로 살아가게 한다. 예수께서 하나님의 뜻대로 살아가실 수 있었던 것은 기도하셨기 때문이다. 이런 사실은 특별히 겟세마네 동산의 기도를 통해서 확인할 수 있다(마 26:39-42). 예수께서 이 땅에 오신 것은 대속의 죽음을 위해서다. 그래서 이를 위해 기도하셨고 하나님의 뜻대로 십자가에서 운명하셨다. 예수께서 하나님의 뜻대로 사셨던 것은 오직 기도로 말미암은 것이다.

둘째로, 기도가 삶이 되지 않으면 지상명령에 순종할 수 없다. 그리스도인은 지상명령에 순종해야 한다. 복음을 전하려면 마귀와의 싸움을 피할 수 없다. 우리의 힘과 능력으로는 마귀와의 싸움에서 이길 수 없고 마귀에게 종노릇 하는 자들을 건져낼 수도 없다. 기도가 삶이 되어야 영적 전쟁에서 이길 수 있고 지상명령에 순종할 수 있다. 그리스도인이라면 지상명령이 무엇인지 다 알고 있다. 그런데 실제로 지상명령에 순종하는 사람은 찾아보기 힘들다. 왜냐하면 기도가 삶이 되지 못하기 때문이다.

기도는 위대한 인생을 만든다

바울은 하나님께서 우리를 만드셨다고 말한다.

"우리는 그가 만드신 바라…"(엡 2:10).

영어 번역본(NLT)은 이를 '우리는 하나님의 걸작품'이라고 번역한다. 걸작품에 해당하는 헬라어는 '포이에마'(ποίημα)이다. 여기서 '시'(詩)를 뜻하는 영어단어 '포임'(poem)이 나왔다. 시인이 하나의 시를 만들기 위해 문장을 다듬고 또 다듬듯이, 하나님께서 그리스도인 한 사람 한 사람을 잘 빚어서 가장 소중한 작품으로 만드셨다. 그런데 하나님께서만 위대한 작품을 만드시는 것이 아니다. 우리도 기도로 위대한 인생을 만들 수 있다.

사무엘은 이스라엘 역사 중 판관(사사) 시대의 사실상 최후의 사사이다. 그는 사사가 활동한 시대의 말기에서 왕정 시대의 초기에 걸쳐 활약한 사람으로 이스라엘 백성의 신앙과 생활을 지도하였다

(삼상 1:20, 7:6; 대상 6:28). 성경은 사무엘을 기도의 사람이고(시 99:6), 모세에 필적할 만한 위대한 지도자로 소개한다(렘 15:1). 누가는 그리스도가 오실 것을 예언한 선지자라고 말하고(행 3:24), 히브리서 기자는 하나님을 기쁘시게 한 믿음의 용사였다고 칭찬한다(히 11:32).

성경에서 이런 평가를 받는다는 것은 보통 영광스러운 것이 아니다. 그가 이토록 위대한 사람으로 평가를 받을 수 있었던 이유는 무엇인가? 한나의 기도로 탄생했을 뿐 아니라, 그 역시 기도의 사람이었기 때문이다. 기도가 사무엘을 위대한 사람으로 만든 것이다(삼상 1:10-11).

한동안 한국교회에 야베스의 열풍이 분 적이 있다. 성경은 야베스를 이렇게 소개한다.

> "야베스는 그의 형제보다 귀중한 자라 그의 어머니가 이름하여 이르되 야베스라 하였으니 이는 내가 수고로이 낳았다 함이었더라 야베스가 이스라엘 하나님께 아뢰어 이르되 주께서 내게 복을 주시려거든 나의 지역을 넓히시고 주의 손으로 나를 도우사 나로 환난을 벗어나 내게 근심이 없게 하옵소서 하였더니 하나님이 그가 구하는 것을 허락하셨더라"(대상 4:9-10).

야베스의 이름에서 알 수 있듯이 그는 태어날 때부터 많은 연약함을 가지고 있었다. 그가 어떤 계기로 기도하게 되었는지는 추측에 의존할 뿐 정확히 모른다. 아마도 모든 것이 하나님께 속한 것을 깨닫고 하나님께 온전히 매달리기로 결심했기 때문이리라. 하나님께서 그의 기도를 들으시고 응답하시므로 '그의 형제보다 귀중한 자'라는 말을 들을 수 있었다. 야베스가 이렇게 된 것은, 전적으로 그의 기도

CHAPTER 6 기도는 삶이다　**255**

때문이다. 기도는 별 볼 일 없는 자를 모든 사람에게 존경받는 자로 바꾸는 힘이 있다.

다윗은 사울 왕에게 10년 이상을 쫓겨 다녔다. 그런데 마침내 이스라엘의 왕의 자리에 올랐고, 지금까지도 유대인들에게 가장 존경을 받는 인물이다. 다윗이 그토록 위대한 인물이 될 수 있었던 이유는 무엇인가? 스스로 그 이유를 밝힌다.

"여호와여 왕이 주의 힘으로 말미암아 기뻐하며 주의 구원으로 말미암아 크게 즐거워하리이다 그의 마음의 소원을 들어 주셨으며 그의 입술의 요구를 거절하지 아니하셨나이다(셀라) 주의 아름다운 복으로 그를 영접하시고 순금 관을 그의 머리에 씌우셨나이다 그가 생명을 구하매 주께서 그에게 주셨으니 곧 영원한 장수로소이다 주의 구원이 그의 영광을 크게 하시고 존귀와 위엄을 그에게 입히시나이다"(시 21:1-5).

하나님께서 다윗을 영접하시고 그의 머리에 순금 관을 씌우시고 그의 영광을 크게 하시고 존귀와 위엄을 입히신 것은, 그의 기도를 들어주시고 그의 입술의 요구를 거절하시지 않았기 때문이다. 그렇다. 다윗이 이토록 존귀한 자가 된 것은 하나님께서 다윗의 기도를 들으시고 그에게 은혜를 베풀어주셨기 때문이다. 즉 다윗이 기도의 사람이었기 때문이다.

이 책을 읽으면서 '그'의 자리에 여러분의 이름을 넣어서 읽어볼 것을 강력히 추천한다. 하나님께서는 다윗의 기도만 들어주시는 것이 아니라, 하나님을 사모하고 바라고 기도하는 모든 자들의 기도를 들어주신다. 그리고 기도하는 자들을 이 세상뿐 아니라 천국에서도 존귀하게 만드신다.

한동안 설교자들이 기도에 대한 예화를 고를 때 우선순위에 둔 것은 '기도하는 손'이다. 나도 수없이 사용하면서 은혜와 감동을 받았다. 이는 독일 르네상스 시기의 위대한 예술가인 알브레히트 뒤러(Albrecht Dürer, 1471-1528)의 작품이다. 뒤러는 종교개혁자 마틴 루터와 동시대에 유럽에서 활동한 작가다. '기도하는 손'을 잘 모르는 분들을 위해 이 작품이 만들어지게 된 동기를 간단히 설명한다.

젊은 화가 뒤러와 프란츠 나이스타인(Franz Knigstein)은 절친한 친구 사이였다. 이 둘은 너무 가난했기에 생계를 위해 일을 하면서 틈나는 대로 그림을 그려야 했다. 하지만 얼마 지나지 않아 이들 둘은 두 가지 일을 할 수 없다는 것을 알고서 제비를 뽑아 한 사람이 돈을 벌어서 다른 사람을 돌보아 주기로 결정했다. 그 결과 프란츠는 일하게 되었고, 뒤러는 그의 뒷바라지로 학교에서 그림을 배우게 되었다. 뒤러는 유명한 화가 밑에서 공부하여 유명한 화가가 되었고 돈도 많이 벌게 되었다.

이제 역할을 바꾸려고 했다. 그러나 프란츠는 친구를 위해 너무 오랫동안 희생하며 험한 육체노동을 했기에 손이 굳어서 더 이상 그림을 그릴 수 없었다. 어느 날 프란츠를 찾아간 뒤러는 창을 통해 그가 무릎을 꿇고 두 손을 모아 기도를 올리는 모습을 보았다. 그는 뒤러를 위해 간절히 기도하고 있었던 것이다.

"주님! 저의 손은 이미 일하다 굳어서 그림을 그리는 데는 못 쓰게 되었습니다. 내가 할 몫을 뒤러가 할 수 있도록 도와주시고 주님의 영광을 위해 참 아름다운 그림을 그릴 수 있게 하소서!"

이 광경을 본 뒤러는 흐르는 눈물을 닦을 생각조차 하지 않고 북받치는 감정을 참으며 그 자리에서 즉시 연필과 그림 도구를 펼치고 친구의 기도하는 손을 정성스럽게 스케치했다. 이 그림을 그리고 난 후 뒤러는 이렇게 말했다.

"기도하는 손이 가장 깨끗한 손이요, 가장 위대한 손이요, 기도하는 자리가 가장 큰 자리요, 가장 높은 자리다."

프란츠의 기도가 뒤러를 위대한 화가로 만든 것이고, "기도하는 손"이라는 위대한 작품을 탄생시킨 것이다. 위대한 기도는 위대한 인생을 만든다. 인생의 크기는 기도의 크기에 달려 있다고 해도 과언이 아니다. 하나님께서는 기도하는 자를 가까이하시기 때문이다(신 4:7).

야베스와 다윗처럼 스스로 자신을 위해 기도하므로 위대한 자가 될 수도 있고, 사무엘처럼 부모가 자식을 위해 기도하므로 위대한 사람을 만들 수 있고, 다른 사람을 중보함으로써 위대한 사람을 만들 수 있다. 기도하면 이 세상과 영원까지 그리스도 예수 안에서 존귀한 자가 된다.

CHAPTER 7

기도는 사역이다

기도는 최고의 사역이다
기도 시간이 점점 줄어들고 있지는 아니한가?
기도 사역은 말씀 사역과 함께해야 한다
기도 없는 사역은 재앙이다
기도는 복음 전도를 지향해야 한다
기도 사역 이후를 주의하라

기도는 최고의 사역이다

　기도에 대한 고전적인 정의는 크게 두 가지다. 하나는 기도는 영혼의 호흡이고, 다른 하나는 하나님과의 대화이다. 그런데 나는 《8확신으로 이겼다》(우리하나, 2020)에서 이것 외에 세 가지를 추가하였다. 첫째는 기도는 영적 전쟁이다. 둘째는 기도는 그리스도인의 의무와 권리이다. 셋째는 기도는 사역이다.
　그런데 본서에서는 목차에서 볼 수 있듯이 '기도는 ~이다'라는 형식으로 다양하게 기도의 정의를 말하고 있다. 내가 이렇게 하는 데는 그럴만한 이유가 있다. 한 사람이라도 기도의 중요성을 깨달아 기도하도록 하기 위해서다.
　일반적으로 기도와 사역의 관계를 어떻게 이해하는가? 기도는 사역을 위한 준비 단계라고 생각한다. 그래서 종종 기도 앞에는 '준비 찬양'처럼 준비를 붙여서 '준비 기도'라고 부른다. 그러나 기도는 기도이고, 찬양은 찬양이다. 우리가 '준비 기도'라고 말한다고 하나님께서 듣지 않으시거나 '준비 찬양'이라고 말한다고 하나님께서 받으시지 않는 것이 아니다. 우리가 준비하는 마음으로 기도해도 하나님께서 들으시고 응답하신다. 준비하는 마음으로 찬양을 드려도 하나님께서 이를 기쁘게 받으신다.

오스왈드 챔버스는 《기도》에서 이렇게 주장한다. "기도는 사역을 위한 지원이 아니라 사역 그 자체다." 나도 이에 전적으로 동의한다. 내가 기도를 사역 그 자체로 이해하는 데는 크게 두 가지 이유가 있다.

첫째로, 사역의 유무와 상관없이 기도해야 하기 때문이다. 사역을 한다고 기도하고, 사역을 하지 않는다고 기도를 하지 않는 것이 아니다. 기도는 영혼의 호흡이므로 사역과 상관없이 항상 해야 한다. 그런데 만일 기도를 사역을 위한 준비 단계로만 이해하면 어떻게 되겠는가? 사역이 없는 경우는 기도하지 않을 것이고, 사역이 있는 경우만 기도할 것이다. 반면에 기도를 사역 그 자체라고 생각한다면 어떻게 하겠는가? 사역이 있든 없든 기도할 것이다.

앞서도 언급했듯이 평신도들이 하루 평균 24분을 기도하는데, 그중에서 5명 중 1명(22.5%)은 아예 기도하지 않고, 기도해도 10분 이하로 기도한다는 응답이 29.7%나 된다. 왜 이런 현상이 일어나는가? 여러 가지 이유가 있겠지만 무엇보다 기도의 중요성을 모를 뿐 아니라 기도를 사역 자체로 생각하지 않기 때문이다.

예수께서 우리에게 시험에 들지 않도록 요구하신 기도의 시간은 한 시간이다.

> "제자들에게 오사 그 자는 것을 보시고 베드로에게 말씀하시되 너희가 나와 함께 한 시간도 이렇게 깨어 있을 수 없더냐"(마 26:40).

그런데 우리가 그렇게 하지 않는 것은, 기도를 사역 자체로 이해하지 않기 때문이다.

둘째로, 어떤 일을 하면 그에 따르는 성과가 나타나듯이 기도하면 그에 상응하는 열매가 나타나기 때문이다. 예수께서는 우리가 기도하면 그에 상응하는 성과가 나타난다고 약속하셨다.

> "너희가 내 이름으로 무엇을 구하든지 내가 행하리니 이는 아버지로 하여금 아들로 말미암아 영광을 받으시게 하려 함이라 내 이름으로 무엇이든지 내게 구하면 내가 행하리라"(요 14:13-14).

우리가 기도하면 예수께서 행하시기 때문에 기도는 곧 사역이다. 예레미야 선지자도 우리가 기도하면 하나님께서 일을 행하신다고 말한다.

> "일을 행하는 여호와, 그것을 만들며 성취하시는 여호와, 그의 이름을 여호와라 하는 이가 이와 같이 이르시도다 너는 내게 부르짖으라 내가 네게 응답하겠고 네가 알지 못하는 크고 은밀한 일을 네게 보이리라"(렘 33:2-3).

예수께서 기도를 사역으로 이해하신 것은, 공생애를 시작하시기 전 40일 동안 금식 기도를 하신 것을 통해서도 알 수 있다. 통상적으로 예수께서 40일 동안 금식 기도를 하신 것을 공생애를 준비하신 것으로 이해한다. 그러나 그와 동시에 공생애를 기도로 사역하실 것을 미리 보여주신 것이라고 보아야 한다. 왜 그런가? 예수께서 공생애를 시작하신 후에도 계속해서 기도로 사역하셨기 때문이다. 공생애 동안 예수께서 사역하신 현장을 주목해 보라. 기도로 사역하시지 않은 경우를 어느 하나라도 찾아볼 수 없다.

바울도 기도를 사역으로 이해했다. 바울은 다메섹 도상에서 예수께서 그리스도이신 것을 깨닫고 복음 전도자로 거듭났다. 그런데 누가는 그가 복음 전도자로 거듭나는 과정에서 기도했다고 알려준다.

"주께서 이르시되 일어나 직가라 하는 거리로 가서 유다의 집에서 다소 사람 사울이라 하는 사람을 찾으라 그가 기도하는 중이니라"
(행 9:11).

그가 거듭난 후 복음 전도자로 살아가기에 앞서 기도했다는 것은 어떤 의미를 지니는가? 물론 장차 사역을 위한 준비였다고 생각할 수 있다. 그러나 그와 동시에 장차 그가 기도로 사역할 것을 미리 보여준 것으로 해석한다. 왜냐하면 바울도 예수님처럼 사역하기 전이나 후나 계속해서 기도했기 때문이다.

그러나 기도를 사역 그 자체로 이해하는 데서 멈추지 말고 최고의 사역으로 생각해야 한다. 왜 그런가? 하나님께서 일하시는 것과 사람이 일하는 것은, 하늘과 땅만큼이나 차이가 나기 때문이다. 사람이 일하면 사람이 예상하는 결과가 나오고, 하나님께서 일하시면 사람이 예상할 수 없는 결과를 초래한다. 우리가 기도하면 하나님께서 일하시므로 기적이 일어난다. 기적은 하나님께서 일하심의 결과물이다.

성경은 우리가 기도하면 하나님께서 대신 일하시므로 우리의 기대와 예상을 뛰어넘는 열매를 맺는다고 말씀한다.

"내가 진실로 진실로 너희에게 이르노니 나를 믿는 자는 내가 하는 일을 그도 할 것이요 또한 그보다 큰 일도 하리니 이는 내가 아버지께로 감이라"(요 14:12).

기도하면 성령께서 일하시므로 우리가 일하는 것보다 훨씬 많은 일을 하게 된다. 그리스도인이 해야 할 일은 헤아릴 수 없이 많다. 가정에서도 해야 할 일이 많고, 교회에서도 해야 할 일이 많고, 직장에서도 해야 할 일이 많다. 그러나 이 모든 일 가운데 기도를 가장 우선해야 한다. 성경에 등장하는 사람들은 모두 기도를 앞세우고 살아간 기도의 사람이었다.

하나님께서는 전심으로 기도하는 자를 통하여 일하시고 영광을 받으신다. 기도 사역은 그리스도의 사역을 이어받아 하나님의 뜻이 이루어지도록 하는 것이다. 따라서 우리는 성령의 능력 안에서 기도로 예수 그리스도께서 하신 일을 계속 수행해야 한다.

기도는 단순히 우리의 필요를 채우고 하나님의 기적을 경험하는 수단이 아니라 최고의 사역이다. 기도의 사람 사무엘은 이렇게 말했다.

> "나는 너희를 위하여 기도하기를 쉬는 죄를 여호와 앞에 결단코 범하지 아니하고 선하고 의로운 길을 너희에게 가르칠 것인즉"(삼상 12:23).

사무엘은 백성을 가르치는 것보다 기도하는 것을 더 중요하게 생각했다. 그는 기도를 최고의 사역으로 이해했다. 기도보다 위대하고 강한 사역은 없다.

기도 시간이 점점 줄어들고 있지는 아니한가?

나는 2007년부터 2014년까지는 주로 국내에서 바쁘게 사역했지만, 그 후로는 해외에서 주로 사역하고 있다. 어떤 경우는 한 달에 네 나라를 다녀올 정도로 해외 사역에 집중하고 있다. 특별히 유대인 목회자 제자훈련에 최선을 다하고 있다. 그래서 기도 생활에 큰 변화가 찾아왔다. 한곳에 머물지 않고 자주 옮겨 다니는 과정에서 규칙적인 기도 생활의 패턴이 무너졌다.

그리고 이전보다 기도하는 시간이 상대적으로 많이 줄어들었다. 또한 과거에는 기도를 많이 하여 목이 항상 쉬어 있었지만, 요즘은 열강으로 목이 쉬는 경우가 잦다. 어느 날 자신도 모르게 달라진 것을 발견하고 이런 의문이 들었다.

'하나님께서는 기도로 목이 쉬는 것을 기뻐하실까? 강의로 목이 쉬는 것을 기뻐하실까?'

처음에는 나의 주된 강의가 제자훈련을 통해 복음을 전해야 한다는 것, 즉 전도를 해야 한다고 외치므로 하나님께서 후자를 더 기뻐하실 것이라고 생각했다. 그런데 어느 날 하나님께서 내게 가장 원하시는 것은 사역이 아니라 사귐이라는 것을 깨달았다. 그렇다. 하나님께서 우리를 부르신 가장 큰 목적은 교제다.

"너희를 불러 그의 아들 예수 그리스도 우리 주와 더불어 교제하게 하시는 하나님은 미쁘시도다"(고전 1:9).

따라서 기도할 시간이 없을 정도로 사역이 많거나 사역을 핑계로 기도 시간이 줄어드는 것은 하나님께서 기뻐하실 일이 아니다.

나는 이를 깨닫고 고민하기 시작했다. 어떻게 하면 사역으로 인해 줄어드는 기도 시간을 막을 수 있을지를 기도하던 중 현재보다 두 가지를 더 강화하기로 결심했다.

하나는, 기도를 우선순위에 두는 것이다. 성공적인 인생을 살아가는 데 가장 중요한 것은 우선순위를 정하는 일이다. 우선순위가 분명하지 못하면 정작 중요한 것과 그렇지 않은 것을 구분하지 못하고 인생을 분주하게 살면서 시간을 낭비하게 된다. 시간은 하나님께서 우리에게 맡겨주신 최고의 자원이다. 시간을 허비하지 않고 주님의 뜻대로 효과적으로 사용하기 위해서 기도를 우선순위에 두어야 한다.

그러나 기도를 우선순위에 둔다는 것은 말처럼 쉬운 것이 아니다. 왜냐하면 마귀가 그렇게 하지 못하도록 극렬하게 방해하기 때문이다. 마귀가 어떻게 방해하는가? 별로 중요하지 않은 일에 소중한 시간을 쏟게 하거나 기도처럼 우선적으로 반드시 해야 할 일을 뒤로 미루게 하거나, 미뤄도 되는 일을 서두르게 한다. 마귀에게 속지 말고 기도에 우선순위를 두어야 한다.

마가는 예수께서 해질 저녁까지 각종 병든 자를 고치시고 귀신을 내쫓으셨어도 다음 날, 새벽 아직도 밝기 전에 일어나 한적한 곳으로 가서 기도하셨다고 기록한다(막 1:32-37). 예수께서 '새벽 아직도 밝기 전'에 일어나 기도하셨다는 것은 평소보다 앞당겨 기도하신 것을 뜻한다.

예수께서 이렇게 기도하신 이유는 무엇인가? 예수께서 각종 병든 자를 고치시고 많은 귀신을 내쫓으셨다는 소문을 듣고 무리들이 이른 아침부터 몰려오면 충분히 기도하실 수 없다는 것을 아셨기 때문이다. 즉 예수께서는 사역으로 인하여 기도 시간을 빼앗기지 않기 위해 평소보다 더욱 일찍 일어나셔서 기도하신 것이다. 예수께서는 그의 삶에 있어서 기도를 가장 우선순위에 두셨다.

초대교회가 크게 부흥하자, 헬라파 과부들이 매일 구제에 빠지므로 히브리파 유대인들에게 불평을 털어놓는 일이 발생했다. 성령 충만했던 초대교회에도 불평과 불만의 투덜거림이 있다는 것은 우리에게 시사하는 바가 크다. 그러자 사도들은 그 문제가 어디서 비롯되었는지를 알고서 다음과 같이 말한다.

"…우리가 하나님의 말씀을 제쳐 놓고 접대를 일삼는 것이 마땅하지 아니하니"(행 6:2).

여기서 '제쳐놓다'라는 단어는 '카탈레이포'(καταλείπω)로서, '남겨두다, 뒤에 남기다'라는 뜻이다. 즉 기도 사역과 말씀 사역을 구제 사역 뒤에 두었다는 것은, 구제 사역을 기도 사역과 말씀 사역보다 앞세웠다는 것이다. 교회의 사역은 모두 중요하다. 그러나 기도 사역과 말씀 사역보다 더 우선한 것은 없다.

그래서 사도들은 매우 중대한 결정을 했다.

"우리는 오로지 기도하는 일과 말씀 사역에 힘쓰리라"(행 6:4).

여기서 '힘쓰다'는 헬라어 '프로스카르테레오'(προσκαρτερέω)는 '충성하다, 굳게 계속하다'의 의미이다. 즉 기도 사역과 말씀 사역에 충성하였다는 뜻이다. 그러자 초대교회는 어떻게 되었는가?

"하나님의 말씀이 점점 왕성하여 예루살렘에 있는 제자의 수가 심히 많아지고 허다한 제사장들의 무리도 이 도에 복종하니라"(행 6:7).

그 어떤 사역보다 중요한 것은 기도라는 사실을 이보다 더 확실하게 예증해 주는 것이 어디 있는가?

다른 하나는, 자투리 시간을 이용하여 기도하는 것이다. 앞서 언급했듯이 기도 시간이 줄어들게 된 이유 중의 하나는 해외 사역이 잦아지므로 특정한 장소와 시간에 기도하는 것이 어렵게 되었기 때문이다. 그래서 이 문제를 해결하기 위해 내가 실행하는 것이 있다. 그것은 자투리 기도(틈새 기도)이다. 자투리는 옷을 재단하고 남는 조각 천을 뜻한다. 자투리 시간은 조각 시간, 틈새 시간, 대기 시간, 예상하지도 않았는데 남는 시간이다.

푼돈 모아 목돈을 만들 수 있듯이 자투리 시간을 활용하면 많은 시간을 기도할 수 있다. 그러나 자투리 기도를 하기 위해서는 기도에 대한 목마름과 열정이 있어야 한다. 시간이 남아돌아도 기도하지 않는 사람이 자투리 시간을 이용하여 기도할 생각을 하겠는가? 자투리 시간이라도 기도하겠다는 열정이 없이는 자투리 기도는 불가하다.

신앙은 현재다. 과거에 믿음으로 살았어도 지금 믿음으로 살고 있지 않다면 믿음으로 살지 않는 것이다. 과거에는 기도를 많이 했지만 지금 기도를 많이 하지 않는다면 기도를 많이 하지 않는 것이다. 바울은 갈라디아교회에 이렇게 편지했다.

"너희가 이같이 어리석으냐 성령으로 시작하였다가 이제는 육체로 마치겠느냐"(갈 3:3).

우리도 갈라디아교회처럼 책망받지 않으려면 믿음의 항상성과 성장세를 유지해야 한다. 그리고 기도에 대한 갈망이 마르지 않고 열정이 식지 않도록 해야 한다.

인생에 있어서 하나님과 대화하는 것보다 우선해야 할 일은 없다. 사역에 바쁘다는 핑계로 기도하는 시간을 줄이고 있다면 이는 사역의 위기를 맞이한 것이다. 지금 하는 일이 기도할 시간이 없을 정도로 바쁘다면 그것은 주님께서 원하시지도 기뻐하시지도 않는 것이다. 하나님께서는 우리가 사역을 많이 하는 것보다 그분과 대화하기를 원하신다. 과거보다 기도 시간이 줄어들고 있지는 아니한지 점검해야 한다. 그리고 기도 시간이 줄어들지 않도록 다양한 방법으로 막아야 한다.

기도 사역은 말씀 사역과 함께해야 한다

앞서 살펴본 바와 같이 기도는 곧 사역이다. 즉 기도 자체가 사역이다. 여기서 기도 사역이라는 말이 탄생한 것이다. 혹자는 기도 사역을 개인 기도와 구분하여 사용한다. 개인 기도는 개인적으로 기도하는 것이고, 기도 사역은 청중으로 하여금 깊은 기도에 잠기도록 영적 분위기를 이끄는 것으로 이해한다. 즉 상대방이 기도하도록 하는 것을 기도 사역으로 이해한다. 그러나 기도 자체가 사역이므로 굳이 개인 기도와 기도 사역을 구분할 필요는 없다.

기도 사역을 가장 효과적으로 하려면 말씀 사역과 함께해야 한다. 기도 사역과 말씀 사역은 떼려야 뗄 수 없을 정도로 밀접하다. 왜냐하면 말씀 사역과 기도 사역의 공통 분모가 하나님이시기 때문이다. 즉 기도 사역이나 말씀 사역이나 하나님께서 일하시도록 하는 사역이기 때문이다.

그런데 우리의 현실은 어떠한가? 말씀 사역과 기도 사역을 이분법적으로 생각하는 경향이 짙다. 그래서 어떤 교회는 말씀 사역에 치중

하고 기도 사역은 소홀히 한다. 정반대로 어떤 교회는 기도 사역에 치중하고 말씀 사역은 소홀히 한다. 심지어 서로 상대방을 비판하고 공격한다. 이런 현상은 그리스도인 개개인에게도 나타난다. 기도는 많이 하는데 말씀은 읽지 않는 사람이 있는가 하면, 말씀은 많이 읽는데 기도는 하지 않는 사람이 있다. 그리고 서로 상대방을 비난한다.

그러나 기도 사역과 말씀 사역 중 어느 한쪽으로 치우친 것은 바람직하지 않다. 어느 한쪽으로 치우치면 균형 잡힌 신앙생활은 불가하다. 인간의 세 가지 심적 요소가 있다. 지성, 감정, 의지다. 기도 사역을 강조하면 주로 감정을 터치하므로 다소 신비주의적 성향의 신앙생활을 하기 쉽고, 말씀 사역을 강조하면 지성을 터치하므로 다소 비판적이고 이성적인 신앙생활을 하기 쉽다.

흔히 사람들은 머리는 냉철해야 하고 가슴은 뜨거워야 한다고 말한다. 신앙생활에도 그대로 적용되어야 한다. 말씀 사역만 강조하므로 머리만 차갑게 하지 말고 기도 사역만 강조하므로 가슴만 뜨겁게 하지 말아야 한다. 두 사역을 함께함으로 어느 하나에 치우치지 말고 균형을 잡아가야 한다.

성경에서 기도 사역과 말씀 사역을 함께한 대표적인 교회가 예루살렘교회이다. 사도들은 날마다 예수는 그리스도라고 가르치고 전도하기를 그치지 않았다(행 5:42). 그러자 예루살렘교회가 크게 부흥하는 가운데 교회 안에서 헬라파 유대인들과 히브리파 유대인들 간에 갈등이 일어났다.

헬라파 유대인은 헬라어를 말하고 흩어져 살다가 유대 땅으로 돌아온 디아스포라 유대인이고, 히브리파 유대인은 아람어를 말하고 유대 땅에 계속해서 거주한 유대인들이다. 당시 예루살렘교회가 과부들과 가난한 사람들의 식사를 섬겼는데 그 과정에서 헬라파 유대인이 누락되자 원망과 불평이 일어났던 것이다.

사도들은 이 문제를 해결하기 위해서 성도들 가운데 성령과 지혜와 믿음이 충만한 일곱 사람을 세워 구제 사역을 감당하도록 하고 그들은 기도하는 것과 말씀 사역에 힘쓰기로 했다(행 6:2-3). 그러자 예루살렘교회는 어떻게 되었는가?

"하나님의 말씀이 점점 왕성하여 예루살렘에 있는 제자의 수가 더 심히 많아지고 허다한 제사장의 무리도 이 도에 복종하니라"(행 6:7).

무슨 말씀인가? 예루살렘교회가 기도 사역과 말씀 사역에 집중하자 놀랄 만한 부흥을 맞이했다는 것이다. 성령께서 일하시도록 하려면 초대교회처럼 말씀 사역과 기도 사역을 함께해야 한다.

여기서 잠시 사도들이 "우리가 하나님의 말씀을 제쳐놓고 접대를 일삼는 것이 마땅하지 아니하다"(행 6:2)라고 말한 것에 주목해야 한다. 무엇을 알 수 있는가? 사도들이 제쳐놓은 것은 하나님의 말씀이었지, 기도는 아니었다는 것이다. 즉 사도들이 바쁜 상황에서도 기도만큼은 게을리하지 않았음을 알 수 있다.

만일 두 가지 사역 중 어느 사역이 더 중요하냐고 묻는다면 어떻게 답해야 하는가? 누가를 통하여 답을 얻을 수 있다.

"우리는 오로지 기도하는 일과 말씀 사역에 힘쓰리라 하니"(행 6:4).

누가는 기도 사역과 말씀 사역 중에서 기도 사역을 앞세운다. 이것은 기도 사역이 모든 사역의 기본임을 뜻한다. 따라서 기도 사역 없이 말씀 사역은 아무 의미가 없다.

참고로 우리가 크게 눈여겨보아야 할 것이 있다. 누가는 사도들이 선택한 일곱 사람이 구제 사역을 하여 교회 안에 원망과 불평을 잠재웠다고 말하지 않고, 그들 중 스데반과 빌립 등이 복음을 전하고 가르치고 치유했다고 기록하고 있다는 것이다. 이를 어떻게 이해해야 하는가? 일곱 사람이 구제 사역을 감당하지 않았기 때문일까? 그렇지 않다. 구제 사역을 전담하기 위해 뽑혔기 때문에 그들은 당연히 구제 사역을 감당했다.

누가가 그들이 구제 사역을 감당한 결과를 기록하지 않고 오히려 말씀 사역을 했다고 기록한 것은 그들이 구제 사역을 하면서 사도들처럼 하나님의 말씀을 제쳐놓지 않았다는 것을 강조한 것이다.

기도 사역 없는 말씀 사역은 열매를 맺을 수 없다. 기도는 말씀과 함께해야 한다. 기도 없이 말씀은 능력이 될 수 없으며 말씀 없이 기도만으로도 하나님의 능력을 나타낼 수 없다. 기도 없는 말씀 사역은 영적 교만을 불러올 뿐이다.

안타까운 것은 요즈음 한국교회에 새벽기도회와 금요기도회를 하는 교회들이 점점 줄어들고 있다는 것이다. 혹 교회가 새벽기도회와 금요기도회를 해도 참석하는 사람들이 많지 않다. 또한 금요기도회를 한다고 해도 실제로는 기도보다는 찬양과 설교에 더 많은 시간을 할애하고 있다. 또한 말만 금요기도회라고 하지 점점 찬양집회로 변질되어 가고 있다. 기도와 말씀의 균형을 잡아야 한다.

그러나 교회만 기도 사역과 말씀 사역을 함께해야 하는 것이 아니다. 그리스도인도 각각 기도 사역과 말씀 사역을 함께해야 한다. 기도하는 시간과 말씀을 읽는 시간의 균형을 잡아야 한다. 만일 날마다 기도를 한 시간 한다면 말씀을 읽는 것도 그와 비슷하게 하는 것이 바람직하다. 나는 장기 금식을 할 때마다 기도하는 시간과 말씀 읽는 시간의 균형을 잡기 위하여 신경을 많이 썼다. 날마다 7-8시간 기도하고, 말씀도 그와 비슷하게 읽었다. 기도 사역과 말씀 사역은 영원히 함께하는 친구요 동반자다.

기도 없는 사역은 재앙이다

침신대 신대원에 다닐 때 매일 새벽 4시에 일어나서 8시까지 기도하고 말씀을 읽었다. 그렇게 할 수 있었던 것은 신학교 수업보다 기도와 말씀에 우선순위를 두었기 때문이다. 이렇게 훈련한 덕분으로 수십 년 동안 목회하면서 이런 기조를 유지할 수 있었다.

그러나 앞서 밝혔듯이 2014년부터 해외에서 사역하는 빈도가 급격히 잦아지므로 이런 기조에 금이 가기 시작했다. 급기야 십수 년 동안 금과옥조로 여기고 해오던 하루 세 번의 기도조차 할 수 없게 되었다. 이를 심각하게 고민하였고 신앙의 최대 위기를 맞았다는 진단을 내렸다. 왜냐하면 평소 기도가 무너지면 신앙의 집이 무너진다고 생각하고 있었기 때문이다. 기도를 앞세우지 않고 하는 사역은 재앙이다. 왜 그런가?

첫째로, 모든 사역은 하나님의 뜻대로 해야 하는데 기도 시간이 줄어들면 하나님의 뜻을 제대로 묻지 않고 자기 마음대로 할 확률이 높기 때문이다. 그리고 주님의 뜻보다는 자기의 뜻대로 사역하면 신앙의 집은 무너질 수밖에 없다.

예수께서 한 마을에 들어가시자 마르다가 영접하였다. 마르다는 음식을 준비하느라 마음이 분주하였지만, 마리아는 예수님의 발치에 앉아 말씀을 듣고 있었다. 마르다는 마리아가 자신의 일을 돕지 않자, 속이 상하여 예수님께 이렇게 청하였다.

"…주여 내 동생이 나 혼자 일하게 두는 것을 생각하지 아니하시나이까 그를 명하사 나를 도와주라 하소서"(눅 10:40).

예수께서 이를 들으시고 어떻게 하셨는가?

"…마르다야 마르다야 네가 많은 일로 염려하고 근심하나 몇 가지만 하든지 혹은 한 가지만이라도 족하니라 마리아는 이 좋은 편을 택하였으니 빼앗기지 아니하리라"(눅 10:41-42).

상식적으로 보면 마리아가 마르다와 함께 음식을 준비하는 것이 마땅하다. 따라서 예수께서 마르다의 말대로 마리아에게 언니를 도우라고 말씀하시는 것이 합리적이다. 그런데 예수께서는 그렇게 하시지 않고 도리어 마르다를 책망하시고 마리아는 칭찬하셨다.

왜 그런가? 마르다는 예수께서 자신의 집에 오신 이유를 제대로 몰랐기 때문이다. 예수께서 마르다의 집에 들르신 것은, 음식을 잡수시기 위해서가 아니라 그들에게 하실 말씀이 있었기 때문이다. 마리아는 이를 알고 주님의 말씀에 귀를 기울였기에 칭찬받은 것이고, 마르다는 이를 모르고 음식 만들기에 분주하여 말씀을 듣는 일에는 전혀 관심을 두지 않았기에 책망을 받은 것이다.

마찬가지로 아무리 주의 일을 열심히 해도 하나님의 뜻을 묻지 않고 자기 마음대로 사역을 하면 책망을 받을 수밖에 없다. 하나님의 뜻대로 사역하려면 주님과 대화하는 시간을 충분히 확보해야 한다.

둘째로, 기도는 은혜의 수단이므로 기도하지 않으면 하나님의 은혜를 받을 수 없기 때문이다. 하나님의 은혜를 받지 못하면 자신의 능력으로 살아갈 수밖에 없다. 예수께서 귀신 들린 아이를 고쳐주신 후 제자들이 예수님께 "…우리는 어찌하여 능히 그 귀신을 쫓아내지 못하였나이까"(막 9:28)라고 묻자, 예수께서는 "이르시되 기도 외에 다른 것으로는 이런 종류가 나갈 수 없느니라"(막 9:29)라고 말씀하셨다. 이는 기도하지 않으면 귀신을 쫓아낼 수 없다는 것이다. 즉 기도해야지만 성령의 능력을 받아 귀신을 쫓아낼 수 있다는 것이다.

기도 없이는 그 어떤 사역도 할 수 없다. 목회자는 대부분 설교를 준비하는 데 시간을 많이 쏟는다. 그리고 심방과 상담 등으로 매우 분주하다. 그러나 사역으로 바쁘다고 기도 없이 설교하고, 심방하며, 상담한다면 성령께서 역사하시지 않는다. 기도 없는 사역은 일시적으로 감동을 주고 위로할 수는 있어도 상처 입은 영혼을 치유할 수는 없다. 기도 없이 하는 사역은 주님의 책망과 재앙을 부를 뿐이다.

셋째로, 기도가 약해지면 성령의 능력에서 멀어지고 거룩함을 잃게 되기 때문이다. 바울은 하나님의 말씀과 기도로 거룩하여진다고 말한다(딤전 4:5). 성도는 거룩이 생명이다. 기도 없이는 거룩함을 결코 유지할 수 없다. 인간의 힘으로는 거룩할 수 없다. 기도하므로 성령의 능력을 받아야 거룩할 수 있다. 혹시 미움과 시기와 질투가 생겨나도 기도하면 거룩해질 수 있다. 고난과 어려움을 당해도 기도하면 거룩하게 살 수 있다.

예수께서도 우리의 거룩을 위해 기도하셨다.

"내가 비옵는 것은 그들을 세상에서 데려가시기를 위함이 아니요 다만 악에 빠지지 않게 보전하시기를 위함이니이다 내가 세상에 속하지 아니함같이 그들도 세상에 속하지 아니하였사옵나이다 그들을 진리로 거룩하게 하옵소서 아버지의 말씀은 진리니이다"(요 17:15-17).

구조적으로 악한 이 세상에서 악에 빠지지 않는 비결은 이를 위해 예수님처럼 기도하는 것이다. 예수께서 제자들을 세상에 보내시면서 마치 양을 이리 떼 가운데로 보내는 것과 같다고 말씀하셨다(마 10:16). 기도하지 않고는 구조적으로 악한 세상에서 거룩하게 살아갈 수 없고 능력있게 사역할 수 없다.

넷째로, 기도하지 않으면 하나님을 의지하지 않게 되기 때문이다. 하나님을 의지하지 않는 것은 자신의 힘으로 산다는 것이고 마음에서 하나님을 떠난다는 것이다. 예레미야 선지자는 이렇게 말한다.

"…무릇 사람을 믿으며 육신으로 그의 힘을 삼고 마음이 여호와에게서 떠난 그 사람은 저주를 받을 것이라"(렘 17:5).

기도하지 않는 것은 단순히 기도하지 않는 것이 아니다. 이는 하나님의 저주를 향해 달려가는 것이다. 시편 기자는 이렇게 말한다.

"하나님께 가까이 함이 내게 복이라 내가 주 여호와를 나의 피난처로 삼아 주의 모든 행적을 전파하리이다"(시 73:28).

다섯째로, 기도하지 않으면 주의 일에 성공할 수 없기 때문이다. 올바른 기도 자체가 성공적인 사역이라 해도 과언이 아니다. 기독교 역사에서 기도 없는 사역이 성공한 경우는 단 한 번도 보지 못했다.

예수께서도 기도하셨는데 연약한 우리들이 기도하지 않고 어떻게 세상을 이기고 성공적으로 사역을 할 수 있겠는가?

주의 일에 성공하려면 예수님처럼 기도를 우선순위에 두어야 한다. 기도 없이 출발하는 하루는 마치 목적지를 정하지 않고 운전하는 것과 같으므로 결코 성공할 수 없다. 기도의 사람 E.M. 바운즈는 이렇게 말한다.

"결코 어떤 사람도 기도의 골방에서 승리하지 않으면 삶에서 승리할 수 없다. 결코 어떠한 사역자라 할지라도 기도의 자리를 지키지 않는다면 그 사역은 결코 하나님께 영광을 올려 드릴 수 없다. 사람들은 사역자의 성공적인 열매를 보고 평가한다. 그러나 하나님께서는 그의 골방에서의 기도를 보고 평가하신다."

기도하는 시간은 결코 낭비하는 시간이 아니다. 바쁘다고 기도 시간을 줄이지 말아야 한다. 기도의 시간을 줄이는 것은 곧 재앙을 부르는 것이다. 많은 사역을 자랑하지 말고 하나님과 친밀히 교제하는 것을 자랑해야 한다. 성경은 기도 외에 다른 것으로는 이런 종류가 나갈 수 없다고 말씀한다(막 9:29). 그런데 사탄은 기도 외에도 다른 길이 있다고 속인다. 기도하지 않고도 주의 일을 할 수 있다고 유혹한다. 마귀는 바쁘게 하고 피곤하게 하여 기도하지 못하게 하지만 기도 없는 사역은 재앙인 줄 알고 기도에 힘써야 한다. 기도는 굳게 닫힌 하늘 문을 여는 열쇠이다.

기도는 복음 전도를 지향해야 한다

예수께서 이 땅에 오신 목적은 두말할 것 없이 영혼 구원이다.

"이르시되 우리가 다른 가까운 마을들로 가자 거기서도 전도하리니 내가 이를 위하여 왔노라 하시고"(막 1:38).

예수께서 이토록 전도를 중요하게 여기셨기 때문에 사복음서 모두 전도할 것을 말씀하고 있다.

"그러므로 너희는 가서 모든 민족을 제자로 삼아 아버지와 아들과 성령의 이름으로 세례를 베풀고 내가 너희에게 분부한 모든 것을 가르쳐 지키게 하라 볼지어다 내가 세상 끝날까지 너희와 항상 함께 있으리라 하시니라"(마 28:19-20).

"또 이르시되 너희는 온 천하에 다니며 만민에게 복음을 전파하라 믿고 세례를 받는 사람은 구원을 얻을 것이요 믿지 않는 사람은 정죄를 받으리라"(막 16:15-16).

"또 이르시되 이같이 그리스도가 고난을 받고 제삼일에 죽은 자 가운데서 살아날 것과 또 그의 이름으로 죄 사함을 받게 하는 회개가 예루살렘에서 시작하여 모든 족속에게 전파될 것이 기록되었으니 너희는 이 모든 일의 증인이라 볼지어다 내가 내 아버지께서 약속하신 것을 너희에게 보내리니 너희는 위로부터 능력으로 입혀질 때까지 이 성에 머물라 하시니라"(눅 24:46-49).

"예수께서 또 이르시되 너희에게 평강이 있을지어다 아버지께서 나를 보내신 것같이 나도 너희를 보내노라 이 말씀을 하시고 그들을 향하사 숨을 내쉬며 이르시되 성령을 받으라"(요 20:21-22).

예수께서 전도의 본을 보여주시고 우리에게 전도하라고 명령하셨기에 전도해야 한다.

"그러나 너희는 택하신 족속이요 왕 같은 제사장들이요 거룩한 나라요 그의 소유가 된 백성이니 이는 너희를 어두운 데서 불러 내어 그의 기이한 빛에 들어가게 하신 이의 아름다운 덕을 선포하게 하려 하심이라"(벧전 2:9).

그런데 전도하는 것보다 더 중요한 것이 있다. 예수께서 전도하시기 전 기도하셨듯이 우리도 기도해야 한다. 예수께서 무리가 목자 없는 양과 같이 고생하며 기진한 것을 보시고 그들을 불쌍히 여기시며 제자들에게 이렇게 명령하셨다.

"이에 제자들에게 이르시되 추수할 것은 많되 일꾼이 적으니 그러므로 추수하는 주인에게 청하여 추수할 일꾼들을 보내 주소서 하라 하시니라"(마 9:37-38).

한마디로 추수하는 주인에게 추수할 일꾼들을 보내달라고 기도하라는 것이다. 전도는 하나님의 일이다. 따라서 하나님께서 일꾼을 부르셔서 그들로 전도하게 하시면 된다. 그런데 추수할 일꾼을 보내달라고 기도하라고 말씀하신 것을 통해 무엇을 깨달아야 하는가? 기도하지 않으면 잃어버린 영혼을 구원할 수 없다는 것이다. 예수께서 복음을 전하시기 전 밤새도록 기도하신 것은 기도하지 않고는 전도할 수 없음을 아셨기 때문이다.

왜 전도하려면 반드시 기도해야 하는가? 전도는 마귀의 자녀를 하나님이 자녀가 되게 하는 것인데, 우리의 힘과 능력으로는 마귀의 자녀를 하나님의 자녀가 되게 할 수 없기 때문이다. 예수께서 빡빡한 사역 일정으로 피곤하심에도 불구하고 새벽마다 기도하신 것은 기도하지 않고서는 전도할 수 없다는 것을 아셨기 때문이다. 우리도 기도하지 않고는 전도할 수 없음을 알고 기도해야 한다.

그렇다. 우리는 복음 전도를 위하여 기도해야 한다. 즉 기도의 방향이 복음 전도를 향해야 한다. 예수께서 기도하시고 복음을 전하셨듯이 복음 전도를 위해 기도해야 한다. 안타까운 것은 대부분 자신의 문제를 해결하기 위한 기도회에는 참석해도 전도를 위해서 기도하자고 하면 거의 모이지 않는다. 그런데 바울은 우리에게 전도를 위해 기도할 것을 주문한다.

"또한 우리를 위하여 기도하되 하나님이 전도할 문을 우리에게 열어 주사 그리스도의 비밀을 말하게 하시기를 구하라 내가 이 일 때문에 매임을 당하였노라"(골 4:3, 참조 엡 6:19).

사람들은 전도가 어렵다고 말한다. 세상이 완악해지고 사람들의 마음이 굳어져서 예전처럼 전도가 되지 않는다고 말한다. 그러나 이런 이유로 전도가 되지 않는 것이 아니다. 영혼을 품고 기도하지 않기 때문이다. 전도는 영적인 일이기 때문에 기도하지 않고서는 절대로 불가하다.

마귀는 자기의 자녀를 빼앗기지 않기 위해 전도하지 못하도록 방해한다. 영적 전쟁에서 이기는 길은 기도하는 것이다. 기도할 때 사탄의 결박에서 자유를 얻게 된다. 기도하지 않고 자신의 힘과 능력으로 싸우려고 덤벼들었다가는 백전백패한다.

주의 재림이 심히 가까이 왔다. 이미 도끼가 나무뿌리에 놓인 상황이다(마 3:10). 노닥거리고 있을 때가 아니다. 아직도 지구촌에는 지옥행 특급열차를 타고 쾌속 질주하는 자들이 부지기수다. 한 영혼이라도 건지기 위해 기도하고 잃어버린 영혼을 찾아 나서야 한다.

예배당 안에서만 찬양하고, 말씀 듣고, 교제하는 것으로 끝내지 말고 전도 대상자를 위해 기도하고 전도하러 가야 한다. 기도를 많이 하는 것보다 더 중요한 것은, 기도의 방향이다. 영혼 구원을 위해서는 전혀 기도하지 않고, 오직 육신의 문제만을 해결하기 위해 기도하는 것은, 기도의 방향이 잘못된 것이다. 그리고 방향이 잘못된 기도는 사역이 아니다.

기도 사역 이후를 주의하라

앞서 언급했듯이 나는 평신도 때 서리 집사가 되었고 장기 금식을 여러 차례 했고, 40일 동안 매일 17시간 기도를 했고, 하루 세 번씩 십수 년 동안 기도했다. 기도를 상대적으로 많이 하다 보니 기적도 수없이 경험했다. 그런데 기도를 많이 하면 기적만 따르는 것이 아니라 교만도 따랐다. 영적 교만이 자신도 모르게 하늘로 치솟았다.

그러자 하나님께서 나에게 손을 대기 시작하셨다. 분당에서 IMF를 극복하고 잘 성장하던 교회가 건물주의 사기로 경매를 당해 7년간 싸우다가 결국은 교회의 문을 닫았다. 그 후 지방에서 잠시 부교역자로 사역하던 중 따르는 성도들이 많아지자, 사임의 압력을 받고 교회를 떠났다. 곧바로 서울로 올라와서 부교역자로 4년간 사역하다가 홍대 근처에 교회를 개척하였다. 개척한 지 3개월 만에 자립했지만 어처구니없는 일로 이혼의 위기를 겪기도 하였다.

하루는 기도하면서 연속되는 고난의 이유가 무엇인지를 주께 여쭈었다. 뜻밖에도 나의 교만 때문임을 깨닫게 하셨다. 그래서 펴낸

책이 《성공의 적, 교만》(우리하나, 2007)이다. 그리고 《성공의 적, 교만》을 집필하면서 기도와 관련하여 깨달은 중요한 교훈이 있다. 기도를 많이 하는 것도 중요하지만 기도를 많이 한다는 이유로 교만해서는 안 된다는 것이다. 교만에는 육적인 교만과 영적인 교만이 있다. 육적인 교만은 자신의 학식, 외모, 재산, 능력 등으로 인해 마음이 높아지는 것이고, 영적 교만은 영적인 일, 즉 기도를 많이 하거나, 말씀을 많이 알거나 큰 믿음으로 인해 마음이 높아지는 것이다.

이유를 불문하고 교만하지 말아야 하지만 특별히 영적으로 교만하지 말아야 한다. 왜냐하면 육적인 교만보다 영적인 교만이 훨씬 깨닫기 힘들고 치명적이기 때문이다. 예를 들어, 돈이 많아서 교만한 경우는 돈을 잃으면 사라진다. 건강으로 인한 교만은 병들면 사라진다. 미모로 인한 교만은 나이가 들면 무너진다. 그러나 영적 교만은 대가를 지불하기 전까지는 깨닫지 못한다. 성경은 교만하면 반드시 패망하고 넘어진다고 말씀한다(잠언 16:18, 11:2, 13:10).

기도는 은혜의 수단이다. 따라서 기도하면 은혜가 임한다. 그런데 왜 기도를 많이 하는데 영적으로 교만하게 되는가? 기도에 비례하여 응답과 기적을 경험하는데, 이 과정에서 하나님께서 자신만 특별히 사랑하신다고 생각하기 때문이다. 어떤 면에서 이런 생각을 갖는 것이 나쁜 것만은 아니다. 왜냐하면 하나님의 사랑을 확신하는 것과 하나님을 사랑하는 것은 상관관계에 있기 때문이다.

예수께서도 이를 말씀하시지 않았던가?

"이러므로 내가 네게 말하노니 그의 많은 죄가 사하여졌도다 이는 그의 사랑함이 많음이라 사함을 받은 일이 적은 자는 적게 사랑하느니라"(눅 7:47).

일반적으로 기도를 많이 하는 사람들은 그렇지 않은 사람들보다는 하나님을 뜨겁게 사랑한다. 그런데 마귀는 하나님을 뜨겁게 사랑하는 마음에 교묘한 방법으로 교만한 마음을 심어 놓는다.

어떻게 하면 기도를 많이 하고 헌신을 많이 해도 전혀 교만하지 않을 수 있는가? 성경은 우리에게 그 길을 알려준다. 한마디로 예수께서 오병이어의 기적을 행하신 후에 하신 대로 하면 된다. 예수께서 병든 자를 고치시고 귀신을 쫓아내시자 가시는 곳마다 인산인해를 이루었다. 하루는 유월절이 가까웠을 때였는데 날이 저물어 저녁 식사를 해야 하는 상황이었다.

예수께서 빌립에게 "우리가 어디서 떡을 사서 이 사람들을 먹이겠느냐"라고 하시자, 무리들이 다 먹으려면 적어도 200데나리온의 떡이 필요하다고 했다. 당시 노동자의 하루 일당이 1데나리온이므로 하루 품삯을 20만 원 정도로 계산하면 약 4천만 원에 달하는 큰돈이 있어야 떡을 살 수 있었다. 그런데 당시 그들이 가진 것이라고는 어떤 아이가 가지고 있는 보리떡 다섯 개와 물고기 두 마리밖에 없었다.

예수께서 사람들을 50명씩 혹은 100명씩 모여 앉게 하시고, 이를 들고 감사 기도를 하시고 제자들에게 이를 그들이 원하는 대로 나누어주게 하셨다. 그랬더니 여자와 아이를 제외한 성인 남성 오천 명이 배불리 먹고도 남은 것을 모아 담았더니 열두 광주리나 되었다. 이것이 오늘날 우리가 일컫는 오병이어의 기적이다.

이 기적은 사복음서에 모두 기록되어 있다(마 14; 막 6; 눅 9; 요 6). 이는 오병이어의 사건이 매우 중요하다는 것을 암시한다. 어떤 의미에서 그런가? 크게 두 가지 때문이다. 하나는, 그들이 먹은 떡은 하늘에서 내려오신 생명의 떡인 예수 그리스도를 상징하기 때문이다. 또 다른 하나는 하나님께서 광야에서 만나를 내리셔서 이스라엘 백성들을 먹이셨듯이 예수께서 광야에서 굶주리는 무리들을 먹이시므로 자신이 곧 하나님이신 것을 계시하신 사건이기 때문이다. 따라서 예수께서 이런 기적을 행하신 후 마음이 어떠하셨을까? 육신을 입고 계셨기에 몹시 흥분되셨을 것은 자명하다.

그런데 이런 상황에서 예수께서 어떻게 하셨는가? 즉시 예수께서 제자들을 재촉하여 배를 타게 하고, 건너편 벳새다로 가게 하시고 무리와 작별하신 후 산으로 기도하러 가셨다. 마가는 예수께서 이렇게 하신 이유를 설명하지 않지만, 요한은 분명히 밝힌다.

"…예수께서 그들이 와서 자기를 억지로 붙들어 임금으로 삼으려는 줄 아시고 다시 혼자 산으로 떠나가시니라…"(요 6:15).

예수께서 오병이어의 기적을 행하신 후 즉시 무리들과 결별하고 혼자서 산으로 가신 것은, 오병이어의 기적을 경험한 무리들이 예수님을 임금으로 삼으려고 하였기 때문이다. 육신은 가장 높고 편한 곳을 선호하므로 무리들이 자신을 임금으로 추앙하려는 움직임은, 예수님께 큰 시험이었음에 틀림이 없다. 예수께서 이 시험을 어떻게 물리치셨는가? 즉시 그 자리를 떠나서 기도하심으로 이기셨다.

예수께서 감사기도를 드리심으로 오병이어의 기적이 일어났듯이 기도 사역을 하는 곳에는 기적이 따른다. 그리고 예수께서 오병이어의 기적을 행하신 후 큰 시험이 왔듯이 기적을 행하면 시험이 따른다. 어떤 시험인가? 마치 자신이 기적을 행한 것 같은 마음을 품게 한다. 즉 교만한 마음을 갖게 한다. 이런 상황에서 예수께서 즉시 무리를 작별하셨기에 시험에서 이기셨듯이, 풍성한 사역의 열매로 자신도 모르게 교만한 마음이 들면 예수님처럼 즉시 기도의 자리로 나아가야 한다.

왜 믿음의 사람 다윗이 우리아의 아내 밧세바를 취한 일로 혹독한 대가를 지불했는가? 전쟁 중임에도 자신이 나가지 않아도 이길 수 있다는 교만한 마음을 먹고 기도의 자리로 나아가지 않고 침상에서 늦게 일어나 한가하게 왕궁의 옥상에서 거닐었기 때문이다(삼하 11:1-2). 지금도 하나님께 크게 쓰임을 받던 사역자들이 넘어지는 것은, 마음이 교만해져서 계속해서 기도의 자리로 나아가지 않기 때문이다.

기도는 다다익선이다. 그러나 기도를 많이 한다는 이유로 교만해진다면 이는 기도를 잘못한 것이다. 벼가 익을수록 고개를 숙이듯이 기도할수록 겸손하고 온유한 마음을 가져야 한다. 기도를 주님과의 대화라고 하지 않는가? 대화하면 상대방을 닮듯이 하나님과 대화를 많이 할수록 주님의 마음을 닮아가야 한다.

CHAPTER 8

기도는 비전이다

기도는 비전을 낳는다
텔아비브 공항 사건
최고의 비전은 지상명령에 순종하는 것이다
조지 뮬러 & 스탠리 존스
2030123007000 비전
메시아닉 쥬(Messianic Jew) 교회 사역 비전

기도는 비전을 낳는다

비전을 논하기에 앞서 꿈과 비전의 차이를 알아야 한다. 꿈과 비전이 모두 미래를 지향한다는 점에서 비슷하다. 그러나 꿈은 그 시작이 내 안에서 출발하고, 비전은 위에 계신 하나님에게서 주어진다는 점에서 전혀 다르다. 꿈은 열심히 해서 실력을 기르면 이뤄질 확률이 크지만, 비전은 내 힘으로 이룰 수 있는 게 아니라 그분의 능력과 지혜로만 이뤄지므로 먼저 하나님과의 관계가 바르게 되어야 한다.

비전의 최고 모델은 예수 그리스도이시다. 예수께서는 스스로 무언가를 하려고 하시지 않았고, 아버지께서 보여주신 것에 순종하셨다(요 5:19-20). 결국 비전의 성취는 하나님과의 관계성에 달려 있다. 다윗처럼 하나님의 마음에 합한 자가 되어야 하나님께서 우리를 통하여 이루시고자 하는 뜻이 이루어진다.

참고로 잠언 29장 18절을 바르게 이해해야 한다.

"묵시가 없으면 백성이 방자히 행하거니와 율법을 지키는 자는 복이 있느니라."

혹자는 '묵시'를 꿈과 비전으로 생각하고 이것이 없으면 인생을 성공적으로 살아갈 수 없다고 해석한다. 그러나 잠언 29장 18절은 그런 뜻이 아니다. 계시의 말씀이 없으면 백성이 방자해지지만, 하나님의 법을 지키는 자는 복을 받는다는 뜻이다.

우리는 종종 "비전을 만든다"라고 말한다. 그러나 엄밀히 말하면 비전은 만드는 것이 아니라 발견하는 것이다. 어떻게 비전을 발견할 수 있는가? 여러 가지 도구가 있다. 말씀, 각종 정보, 경험, 불편과 불만, 영적인 은사, 재능, 꿈, 사건과 사고 등이다. 그러나 가장 보편적인 도구는 기도이다.

기도는 하나님의 비전을 발견하는 가장 중요한 방편이다. 기도는 많은 것을 보게 해준다. 비전은 기도할 때 발견한다. D. L. 무디는 "발돋움을 하고 선 철학자보다 무릎을 꿇은 크리스천이 더 많이 본다"라고 했다. 우리가 기도하면 하나님께서 우리에게 바른 인생의 길을 보여주신다. 기도할 때 우리는 하나님께서 원하시고 기대하시는 비전을 발견하게 된다.

기도의 사람은 곧 비전의 사람이다. 기도 없이 임의로 꿈을 꾸고 비전을 가지는 것은 하나님의 뜻과는 전혀 무관하다. 왜냐하면 하나님께서 언제나 기도하는 사람을 통해서 시작하시고 진행하시기 때문이다. 비전의 사람들 가운데 기도의 사람이 아닌 자는 한 명도 없다. 그들은 예외 없이 기도의 사람이었고, 기도로 하나님과 교제하기를 힘썼다.

아브라함은 가는 곳마다 제단을 쌓고 여호와의 이름을 불렀고(창 12:9), 이삭은 저물 때에 들에 나가 묵상으로 기도했고(창 24:63 상), 야곱은 얍복강에서 날이 새도록 천사와 씨름했다(창 32:34). 모세는 십계명을 받기 위해 떡도 먹지 않고 물도 마시지 않으며 사십 주 사십 야를 하나님 앞에 엎드렸고(신 9:9), 한나는 기도를 통해 사무엘을 낳았고(삼상 1:20), 사무엘은 기도하는 것을 쉬는 것을 범죄로 여겼다(삼상 12:23). 다윗은 환난 중에 부르짖어 기도하여 구원을 받았고(시 18:6), 엘리야는 우리와 성정이 같은 사람이로되 간절한 기도를 통해 하늘의 문을 닫고 열기도 하였고(약 5:17, 18), 엘리사는 기도를 통해 그를 지키고 있는 불말과 불병거들을 볼 수 있었다(왕하 6:17).

히스기야는 기도하여 앗수르의 대군을 물리치고 15년이나 수명을 연장받았고(대하 32:20,21; 왕하 20:5,6), 느헤미야는 기도하므로 유다의 총독으로 부임하여 예루살렘 성벽을 재건할 수 있었고(느 1:1-2:9), 에스더는 삼 일 밤낮을 기도하고 죽으면 죽으리라는 각오로 왕 앞에 나아가 민족을 구해낼 수 있었다(에 4:16). 이사야는 성전에 나아가 기도하던 중에 선지자로 부르심을 받았고(사 6:1-8), 예레미야는 자신의 동족들을 위해 눈물로 기도했고(렘 9:1), 다니엘은 조서에 왕의 도장이 찍힌 것을 알고도 전에 하던 대로 하루 세 번씩 하나님께 기도하였고(단 6:10), 요나는 물고기 뱃속에서도 기도하여 구원을 받았다(욘 2:1-2).

예수께서도 항상 기도의 본을 보이셨고(막 1:35), 베드로와 요한도 항상 기도하기를 힘썼고(행 3:1), 주의 형제 야고보는 기도를 많이 하므로 '낙타 무릎의 기도자'라는 별명을 얻었고(약 5:15,16), 바울도 기도를 통해 주의 인도를 받아 복음을 전하였다.

기도하면 비전이 구체화되고 추진력을 얻는다. 우리의 비전은 기도라는 바퀴를 통해 굴러가므로 무슨 일이든 기도로 시작하고 기도로 마무리해야 한다. 바울의 전도 여행 비전도 기도로 준비되었다

(행 13:2-3). 하나님의 위대한 일들은 항상 기도를 통해 시작되었다.

19-20세기 미국뿐 아니라 전 세계적으로 기도운동을 촉발한 것은 '건초더미 기도회'(Haystack Prayer Meeting)다. 1806년 윌리엄스 대학에 입학한 밀즈는 미국 사회에 영적 각성이 필요하다고 판단해 친구들과 작은 기도 모임을 만들었다. 그는 그해 8월 친구 4명과 함께 학교 인근 숲에서 작은 기도회를 열기로 했는데 갑자기 소나기가 내렸다. 이들은 비 피할 장소를 찾다가 건초더미가 쌓인 곳으로 달려갔고 그곳에서 세계 선교의 소명을 다지는 기도회를 열었는데 이것이 기도 운동의 시작이 되었다.

'건초더미 기도회'는 미국의 세계 선교 사역의 시작을 알리는 신호 탄이었다. '건초더미 기도회'를 계기로 19세기 말과 20세기 초의 위대한 미국의 학생 선교 운동이 시작되었고, 그 결과 우리나라를 비롯한 세계 열방에 복음이 전파되기 시작했다. 또한 1907년 장대현교회에서 시작된 회개 기도 운동 역시 평양 대부흥 운동을 촉발시켰고 이후 전국적인 영적 각성 운동으로 퍼져나갔다. 무슨 일을 하든지 기도로 시작해야 한다. '기도하면서' 우리의 비전을 구체화하고, '기도를 통해' 동기부여를 받고, '기도를 통해' 그 추진력을 얻기를 힘써야 한다.

우리는 종종 비전의 주체를 자신으로 생각하는 경향이 있다. 그래서 자신이 계획하고 자신이 진행하며 자신이 주도하려고 한다. 그러나 비전의 주체를 하나님께 넘겨드리지 않으면 비전을 이룰 수 없다. 우리 인생의 운전대를 하나님께 넘겨드려야 한다. 우리가 원하는 방향이나 속도, 코스가 아니라 하나님께서 원하시는 방향과 속도, 코스로 달려가야 한다.

다니엘은 아하수에로의 아들 다리오가 갈대아 왕으로 세움을 받던 첫 해에 성경을 읽던 중 여호와께서 선지자 예레미야에게 하신 말씀에서 예루살렘이 돌무더기로 남아 있을 햇수가 칠십 년이라는 것을 알게 되었다. 이때 다니엘은 금식하며 베옷을 입고 재를 덮어 쓰고 기도를 시작하였다.

그가 기도한 내용은 다니엘서 9장 3-19절에 잘 드러나 있다. 한마디로 다니엘은 그의 죄와 이스라엘 백성의 죄를 자복하고 하나님의 거룩한 산을 긍휼히 여겨달라는 것이다. 하나님께서 다니엘의 기도를 들으시고 가브리엘을 통하여 다니엘이 본 환상을 설명하게 하셨다.

"내가 이같이 말하여 기도하며 내 죄와 내 백성 이스라엘의 죄를 자복하고 내 하나님의 거룩한 산을 위하여 내 하나님 여호와 앞에 간구할 때 곧 내가 기도할 때에 이전에 환상 중에 본 그 사람 가브리엘이 빨리 날아서 저녁 제사를 드릴 때 즈음에 내게 이르더니 내게 가르치며 내게 말하여 이르되 다니엘아 내가 이제 네게 지혜와 총명을 주려고 왔느니라 곧 네가 기도를 시작할 즈음에 명령이 내렸으므로 이제 네게 알리러 왔느니라 너는 크게 은총을 입은 자라 그런즉 너는 이 일을 생각하고 그 환상을 깨달을지니라 네 백성과 네 거룩한 성을 위하여 일흔 이레를 기한으로 정하였나니 허물이 그치며 죄가 끝나며 죄악이 용서되며 영원한 의가 드러나며 환상과 예언이 응하며 또 지극히 거룩한 이가 기름 부음을 받으리라 그러므로 너는 깨달아 알지니라 예루살렘을 중건하라는 영이 날 때부터 기름 부음을 받은 자 곧 왕이 일어나기까지 일곱 이레와 예순두 이레가 지날 것이요 그 곤란한 동안에 성이 중건되어 광장과 거리가 세워질 것이며 예순두 이레 후에 기름 부음을 받은 자가 끊어져 없어질 것이며 장차 한 왕의 백성이 와서 그 성읍과 성소를 무너뜨리려니와 그의 마지막은 홍수에 휩쓸림 같을 것이며 또 끝까지 전쟁이 있으리니 황폐할 것이 작정되었느니라 그가 장차 많은 사람들과 더불어 한 이레 동안의 언약을 굳게 맺고 그가 그 이레의 절반에 제사와 예물을 금지할 것이며 또 포악하여 가증한 것이 날개를 의지하여 설 것이며 또 이미 정한 종말까지 진노가 황폐하게 하는 자에게 쏟아지리라 하였느니라 하니라"(단 9:20-27).

가브리엘이 다니엘에게로 다가와서 다니엘이 본 환상을 깨닫도록 하나님의 뜻을 알려주었다. 그는 하나님께서 일흔 이레의 시간을 정하셨다고 말한다. '일흔 이레'는 칠십 년이 일곱 번 지나야 한다는 뜻이다. 즉 490년의 시간이 지나야 비로소 하나님의 영원한 의가 드러난다는 것이다. 이는 앞으로 하나님의 영원한 나라를 세우실 예수 그리스도의 탄생을 이야기한 것이다. 다니엘이 기도할 때에 이토록 환상의 뜻을 알게 된 것을 통하여 무엇을 깨달아야 하는가? 기도할 때 주께서 우리가 해야 할 일을 알게 하신다는 것이다. 즉 기도는 비전을 낳는다.

텔아비브 공항 사건

우리가 기도할 때 하나님께서 비전을 보여주신다. 그러나 항상 기도를 통하여 비전을 갖는 것은 아니다. 우리가 기도하지 않아도 하나님께서 일방적으로 찾아오셔서 비전을 갖게 하시는 경우도 비일비재하다.

사실 성경의 인물들은 대부분 이런 방식으로 비전을 갖게 되었다. 아브라함을 보라. 그가 주님께 앞으로 어떻게 해야 할지를 물었기에 본토 친척 아비 집을 떠나서 하나님께서 지시하실 땅으로 가라고 말씀하신 것이 아니다. 하나님께서 그에게 일방적으로 찾아오셔서 말씀하신 것이다.

모세가 호렙산에서 자기 백성을 애굽에서 건져내라는 사명을 받은 것도 그의 기도에 하나님께서 응답하신 것이 아니라 하나님께서 일방적으로 그에게 사명을 주신 것이다(출 3:1-10). 요셉이 애굽에서 종살이하는 이스라엘 백성을 구원해 내는 사명을 갖게 된 것도, 그가 기도해서 받은 것이 아니라 하나님께서 일방적으로 그에게 꿈을 꾸게 하셨고 연단을 통과하게 하신 후 갖게 하셨다.

2018년 3월 초, 'D3전도중심제자훈련'(모든 그리스도인을 예수님처럼 복음을 전하도록 훈련하는 제자훈련시스템) 세미나 인도차 이스라엘의 텔아비브 공항에 내려서 출입국관리소를 향해 걸어가고 있었다. 나는 앞서 가고 있었고, 이카림 원장(D3평신도훈련원)과 서지태 선교사(러시아 D3디렉터)는 다소 거리를 두고 뒤따라오고 있었다.

갑자기 뒤에서 '어! 어!' 하는 소리가 나서 뒤를 돌아보니 원장님이 엉거주춤한 상태에 있었다. 뒤로 가서 어찌 된 일이냐고 묻자 이렇게 답했다.

"성령께서 갑자기 '이들은 나를 거짓 메시아인 줄 알고 있다. 너희는 그들에게 내가 참 메시아임을 전하라'고 말씀하셨기 때문이에요."

이를 듣고서 처음에는 '정말 성령께서 그렇게 말씀하셨을까?' 하는 의심이 들었다.

첫째로, 평소 예수 그리스도의 재림과 이스라엘의 회복이 불가분의 관계에 있다는 것은 알고 있었지만 유대인에게 복음을 전할 생각은 꿈에서조차 하지 않았기 때문이다.

둘째로, 이스라엘 복음화에 관심을 가진 한국교회와 선교단체들이 즐비한데, 성령께서 그들과는 비교조차 할 수 없을 정도로 미약한 D3전도중심제자훈련에 이런 사명을 주신 것을 이해할 수 없었기 때문이다.

이스라엘과 요르단에서 D3사역을 마치고 귀국한 지 2주가 지나서였다. 모스크바로 돌아간 서지태 러시아 선교사가 다소 흥분된 목소리로 전화를 걸어왔다.

"목사님! 제가 유대인 목회자에게 'D3전도중심제자훈련'을 소개했더니 아주 반응이 좋습니다. 그들 가운데 제자훈련을 받고 싶어 하는 분들이 많은데, 어떻게 하면 좋을까요?"

그의 말을 듣고서 뛸 듯이 기뻤다. 곧바로 제자훈련 일정을 잡고 모스크바로 날아갔다. 그리고 유대인 목회자들을 훈련하였고, 그 후로도 계속하여 훈련하였다.

그런데 2019년 5월경, 성령께서 이런 감동을 주셨다.

"유대인을 본격적으로 훈련하라."

성령께서 감동을 주신 대로 이스라엘에 있는 유대인뿐 아니라 80여 개국에 살고 있는 디아스포라 유대인을 찾아다니며 훈련하고 있다.

반드시 먼저 기도가 있고 나중에 비전이 오는 것이 아니다. 얼마든지 비전이 기도보다 먼저 올 수 있다. 그러나 하나님께서 일방적으로 비전을 주셨을지라도 기도 없이는 그 비전을 이룰 수 없기에 기도와 비전은 떼려야 뗄 수 없는 관계에 있다.

더처치는 유대인 사역 비전을 가지고 기도할 뿐만 아니라 온갖 시간과 물질을 쏟아붓고 있다. 해외 사역의 절반 이상은 이스라엘과 디아스포라 유대인이 거주하고 있는 나라를 찾아가서 그들을 훈련하고 있다. 그런데 유대인 목회자들을 훈련한다는 것은 쉬운 것이 아니다. 크게 두 가지 이유가 있다.

하나는 그들이 이방인들에게 하나님의 말씀을 배우는 것을 그리 선호하지 않기 때문이다. 그들은 스스로 이방인보다 말씀을 잘 안다고 자부심을 느끼고 있다. 그러나 그들이 말씀을 잘 안다고 말하지만 실제로는 그렇지 않다. 다른 하나는, 그들이 직장을 갖지 않으면 생계를 유지할 수 없기에 재정적인 후원을 해야 하는데 이를 위해서는 막대한 재정이 필요하기 때문이다.

그러나 하나님께서 우리에게 비전을 주셨기 때문에 이런 장애들을 극복하고 그들을 훈련할 수 있도록 지혜를 구하고 재정적인 후원을 위해서도 기도하고 있다. 그리고 기업으로부터 기부금을 받을 수 있도록 공익법인(D3사단법인)을 준비해 놓았다. 그러나 아무리 위대한 비전을 가지고 있어도 이를 위해 기도하고 힘쓰지 않으면 무용지물이다. 기도와 비전은 결코 헤어질 수 없는 친밀한 관계다.

최고의 비전은 지상명령에 순종하는 것이다

앞서 살펴보았듯이 기도는 비전을 탄생시킨다. 그러면 그리스도인은 어떤 비전을 가지고 사역해야 하는가? 이를 논하기에 앞서, 우선 사명과 비전의 차이를 이해해야 한다. 솔직히 평소 사명과 비전의 차이에 대해 깊이 생각하지 않았다. 왜냐하면 둘 다 미래 지향적인 방향성을 가지므로 서로 바꿔 쓸 수 있다고 생각했기 때문이다. 아마 독자들도 거의 비슷한 생각을 하고 있다고 본다.

그런데 둘은 다소 차이가 있음을 알게 되었다. 혹자는 사명은 인생에서 반드시 이루고 싶어 하는 장기 목적이고, 비전은 사명을 이룰 때까지 흔들리지 않도록 하는 단기 목표라고 말한다. 혹자는 사명은 성취하고자 계획하는 일을 한 문장으로 표현한 것이고, 비전은 똑같은 것을 그림으로 보여준 것이라고 말한다. 혹자는 사명은 자신이 추구하는 가장 크고 추상적인 목표이고, 비전은 미션을 이루기 위한 단기적이고 현실적인 목표라고 말한다. 이들의 주장을 취합해 볼 때, 비전은 사명을 이루기 위한 수단임을 알 수 있다. 즉 사명을 이루려면 반드시 비전을 성취해야 한다.

사명과 비전의 차이를 대계명과 지상명령의 관계를 통해 구체적으로 살펴보자. 마태복음 2장 37-40절을 대계명이라고 부르고, 마태복음 28장 19-20절을 지상명령이라고 부른다(나는 지상명령을 '마태의 지상명령'이라고 부르기를 선호한다. 지상명령은 다른 복음서에도 제시되어 있기 때문이다.) 일반적으로 대계명을 지키거나 지상명령에 순종하는 것을 우리의 사명 또는 비전이라고 말한다.

그런데 비전은 사명을 이루기 위한 수단으로 이해한다면 이 둘은 구분이 되어야 한다. 즉 대계명이 사명인지 비전인지, 아니면 지상명령이 사명인지 비전인지를 구분해야 한다. 이를 구분하기 위해서는 예수께서 대계명과 지상명령을 말씀하신 배경을 각각 살펴보아야 한다. 먼저 대계명부터 살펴보자.

한 율법사가 예수께서 사두개인들과 논쟁에서 아무 대답도 하지 못하게 하셨다는 소문을 듣고서는 찾아와서 예수님을 시험하기 위해 다음과 같이 물었다.

"선생님, 율법 중에서 어느 계명이 크니이까?"

그러자 예수께서 이렇게 대답하셨다.

> "…네 마음을 다하고 목숨을 다하고 뜻을 다하여 주 너의 하나님을 사랑하라 하셨으니 이것이 크고 첫째 되는 계명이요 둘째도 그와 같으니 네 이웃을 네 자신같이 사랑하라 하셨으니 이 두 계명이 온 율법과 선지자의 강령이니라"(마 22:37-40).

하나님을 사랑하고 네 이웃을 사랑하라는 계명이 온 율법과 선지자의 강령이라고 말씀하신 것은, 두 계명이 구약성경의 큰 줄거리라는 뜻이다. 즉 구약성경이 가르치는 핵심 메시지는 하나님을 사랑하고 이웃을 사랑하라는 것이다. 따라서 그리스도인은 반드시 대계명을 지켜야 할 사명이 있다.

이제 지상명령에 대해 살펴본다. 지상명령은 예수께서 부활하신 후 갈릴리에서 제자들을 만나 부탁하신 것이다.

> "그러므로 너희는 가서 모든 민족을 제자로 삼아 아버지와 아들과 성령의 이름으로 세례를 베풀고 내가 너희에게 분부한 모든 것을 가르쳐 지키게 하라 볼지어다 내가 세상 끝날까지 너희와 항상 함께 있으리라"(마 28:19-20).

이는 한마디로 '제자 삼으라'는 것이다. 자신이 먼저 그리스도의 제자가 되고 또 다른 사람을 그리스도의 제자로 만들라는 것이다. 즉 재생산을 하라는 것이다. 어떻게 제자 삼아야 하는가? 가서, 세례를 주고, 가르쳐 지키게 해야 한다. '가라'는 것은 부정 과거가 사용되었는데 이 동사가 본동사와 함께 사용되면 즉시 본동사의 일을 하라는 의미를 내포한다. 즉 '즉시 제자 삼으라'는 것이다.

또한 '세례를 주라'와 '가르치라'는 것은 현재 분사로 되어 있기에 부대 상황을 뜻한다. 즉 '세례를 주고 지키도록 가르쳐서 제자 삼으라'는 뜻이다. 세례는 회개하고 예수님을 주님으로 믿기로 작정한 사람에게 베푼다. 따라서 세례를 주라는 것은 비신자에게 복음을 전하여 그를 회심하게 하고 예수님을 구원자와 주님으로 믿고 거듭나게 하라는 것이다.

그런데 예수께서 대계명을 먼저 말씀하시고 부활 후 승천하시기 전에 지상명령을 말씀하셨다. 왜 예수께서 이렇게 하셨는가? 대계명을 지키는 것과 지상명령을 순종하는 것은 매우 밀접한 관련이 있기 때문이다. 즉 지상명령에 순종하지 않으면 대계명을 이행할 수 없기 때문이다. 만일 이 둘이 무관하다면 굳이 예수께서 대계명을 말씀하시고 마지막으로 제자들에게 가서 제자 삼으라고 명령하실 이유가 어디 있는가?

그러면 어떻게 지상명령에 순종하면 하나님을 사랑하고 네 이웃을 지키라는 명령, 즉 대계명에 순종하는 결과를 낳게 되는가? 하나님께서 한 영혼을 천하보다 귀하게 여기시는데, 제자 삼아서 함께 전도하면 많은 사람을 구원하므로 하나님을 가장 기쁘시게 하고 하나님을 사랑하라는 계명을 지키는 것이다. 또한 이웃에게 금전적인 도움을 주는 것보다 영혼을 구원받게 하는 것이 가장 큰 사랑인데 제자 삼아서 전도하면 훨씬 많은 이웃을 구원하게 되어 이웃을 사랑하라는 계명을 실천하는 것이기 때문이다.

따라서 지상명령에 순종하는 것을 최고의 사역 비전으로 삼고 실제로 가서 제자 삼으면 예수께서 명령하신 대계명의 사명을 완수하는 것이다.

2023년 10월 'D3전도중심제자훈련'세미나를 인도하러 인도네시아에 갔다. 그곳에서 현지 목회자들과 한국 선교사들을 훈련하는 과정에서 최근 D3디렉터가 된 김청래 선교사와 이런저런 이야기를 나누던 중 매우 감동적인 이야기를 들었다. 그는 10여 년 동안 인도네시아에서 사역하면서 한국교회로부터 여러 차례 교회를 지어주겠다는 제안을 들었지만, 지금까지 이를 거절했다고 한다.

교회 건물이 없자 후원하던 교회들이 그가 아무 사역도 하지 않는 것으로 오해하여 선교비를 중단하므로 더 이상 사역할 수 없어 모든 짐을 정리하고 귀국하였다. 그런데 기도 중에 성령께서 그곳에서 사역이 곧 열릴 것을 말씀하셔서 이에 순종하여 다시 돌아와서 사역하고 있다고 하였다.

그에게 물었다.

"다른 선교사처럼 한국교회로부터 선교비를 받아 예배당을 지으면 크게 어려움을 당하지 않을 텐데, 왜 이를 거절했나요?"

그러자 그는 뜻밖의 말을 하였다.

"예수께서 가서 제자 삼으라고 하셨지, 교회 건물을 지으라고 말씀하시지 않았기 때문입니다."

그의 말을 듣고 뛸 듯이 기뻤다. 왜냐하면 지상명령에 순종하려고 기꺼이 대가를 지불한 신실한 하나님의 종을 만났기 때문이다.

하나님의 나라를 세우기를 열망한다면 제자 삼는 것을 교회 성장을 위한 수단으로 삼지 말고 예수님의 대계명을 이루기 위한 수단으로 생각해야 한다. 지상명령에 순종하지 않고는 결코 대계명의 사명을 완수할 수 없다. 하나님께서 우리를 어디로 인도하시든지, 어떤 상황에 놓이든지 한 영혼을 그리스도의 제자로 세우려고 최선을 다해야 한다. 지상명령에 순종하는 것은 곧 대계명을 지키는 것이고 성경의 모든 말씀에 순종하는 결과를 가져온다.

조지 뮬러 & 스탠리 존스

D3사역차 여러 차례 영국을 방문했다. 2019년 경이었다. 브리스톨에 있는 조지 뮬러 박물관에 들렀다. 그의 생애를 소개하는 보드판을 보다가 크게 충격을 받았다. 왜냐하면 조지 뮬러를 단지 '기도의 아버지로'만 기억하고 있는데 '평생 동안'(Druing His Lifetime)이라는 제목하에 다음과 같은 그의 후반기 사역을 알게 되었기 때문이다. 다음은 그의 사역을 한글로 번역한 것이다.

"뮬러는 제멋대로였던 어린 소년에서 세상에 긍정적인 변화를 가져온 사람으로 변모했다. 그의 많은 업적 중에는 다음과 같은 것들이 있다.
- 국내외 선교사 지원을 위해 성경지식연구소 공동 설립
- 일생 동안 10,000명 이상의 고아를 돌봄
- 7년 동안 200,000마일 이상을 여행하며 3백만 명 이상의 사람들에게 설교함

- 기도 응답으로 1.3백만 파운드 이상 헌금을 받음(현재로는 1억 파운드에 해당)

뮬러가 기도에 응답하시는 하나님을 믿고 의지했기 때문에 그토록 많은 것을 성취했다는 사실을 기억하는 것이 중요하다."

여기서 우리가 눈여겨보아야 할 것이 있다. 7년 동안 200,000마일 이상을 여행하며 3백만 명 이상의 사람들에게 설교하고 기도 응답으로 현재가 기준 1억 파운드(약 1,700억 원)에 해당하는 1.3백만 파운드 이상의 헌금을 받은 것은, 70세 이후부터 그가 90세에 죽기까지 경험한 일이다. 더 엄밀히 말하면 그가 70세부터 86세까지 사역하는 동안 해낸 일이다.

일반적으로 70세가 되면 모든 사역을 접는다. 그런데 뮬러는 70세부터 전 세계에 다니며 복음을 전파하였다. 20만 마일은 지구를 7바퀴 반을 돈 거리와 흡사하다. 당시는 지금처럼 교통수단이 원활하지 않았다. 주로 말을 타거나 배를 이용하여 복음을 전하러 다녔다. 그가 고령의 나이에도 불구하고 이렇게 노후를 복음 전도자로 살아갈 수 있었던 비결은 무엇인가? 그의 별명처럼 기도로 살았기 때문이다. 기도는 비전을 낳고 비전대로 살아가게 하는 능력이 있다.

학자들은 조지 뮬러가 70세 이후부터 86세까지 한 사역이 이전에 한 사역보다 더 가치 있고 의미 있다고 평가한다. 왜 그런가? 70세까지는 주로 고아원에서 아이들을 육신적으로 먹이는 사역을 했는데, 70세 이후는 지구촌 곳곳을 다니며 수많은 영혼에게 하나님의 말씀을 전했기 때문이다.

이번에는 스탠리 존스에 관한 이야기를 하고자 한다. 그는 1928년 미국 감리교회 감독으로 선임되었지만, 곧바로 감독직을 사퇴하고 자신의 '부르심'은 선교사라고 선언하고, 인도로 가서 평생 동안 사역을 했다. 1938년에는 미국의 〈타임〉지에 '세계에서 가장 위대한 선교사'로 소개되었고, 1961년에는 '간디 평화상'을 받았으며, 인도의 독립과 제2차 세계 대전 중에 펼친 평화 운동으로 인해 두 차례나 노벨 평화상 후보자로 선정될 정도로 저명하다.

그러나 내가 그를 여기에 소개한 것은 이 때문이 아니다. 그가 고령의 나이에 뇌출혈로 쓰러진 상황에서도 기도로 기적을 경험하고 사역을 이어갔기 때문이다. 그는 69세 때인 1953년 뇌졸중으로 쓰러져 반신불수가 되었다. 새벽 2시부터 사람들에 의해서 발견된 아침 7시까지 다섯 시간 동안, 전신이 마비되어 꼼짝도 하지 못했다. 그는 보스턴 병원으로 옮겨져 누워 있으면서 의사와 간호사가 들어올 때마다 이렇게 부탁했다.

"닥터, 나에게 이렇게 말해 주세요. '나사렛 예수 그리스도의 이름으로 명하노니, 스탠리야, 일어나 걸으라.'"

그가 간절히 부탁하자 의사는 그에게 올 때마다 "스탠리, 나사렛 예수 그리스도의 이름으로 명하노니 일어나 걸으라"라고 했고, 스탠리는 그때마다 "아멘"이라고 대답했다. 놀랍게도 스탠리는 그 음성을 듣고 6개월 만에 병상을 박차고 일어났고 다시 인도로 돌아가 20년 동안 복음을 전하다가 89세의 나이로 인도 바레일리에서 하나님의 부르심을 받았고 그곳에 묻혔다.

이 두 사람이 우리에게 주는 메시지가 있다. 그것은 기도로 만들어진 사역 비전은 죽을 때까지 이어진다는 것이다. 그렇다. 기도의 터 위에 세워진 사역 비전은 나이와 주변 환경에 의해 침몰당하지 않는다.

그런데 오늘날 우리의 모습은 어떠한가? 70세 전후에 대부분 사역을 멈춘다. 이는 단지 나이가 많아서가 아니라 사역 비전을 스스로 포기하기 때문이다. 그러나 이는 마귀에게 속아 우리의 사역 비전을 교회 안에 가두어 두기 때문에 발생하는 것이다. 그리스도인의 비전은 세상 끝날까지 가서 제자 삼는 것이다. 이것은 70세가 되었다고 멈춰서는 안 된다. 교회에서는 70세에 은퇴를 해도 주께서 부르시는 그날까지 복음을 전해야 한다.

예수께서도 어떤 일을 하려면 중도에 포기하지 말고 끝까지 성취할 것을 말씀하셨다.

"너희 중의 누가 망대를 세우고자 할진대 자기의 가진 것이 준공하기까지에 족할는지 먼저 앉아 그 비용을 계산하지 아니하겠느냐 그렇게 아니하여 그 기초만 쌓고 능히 이루지 못하면 보는 자가 다 비웃어 이르되 이 사람이 공사를 시작하고 능히 이루지 못하였다 하리라"(눅 14:28-30).

바울이 수많은 핍박과 환난 중에도 로마에서 순교하기까지 복음을 전한 이유는 이러한 사역 비전을 가졌기 때문이다.

"전제와 같이 내가 벌써 부어지고 나의 떠날 시각이 가까웠도다 나는 선한 싸움을 싸우고 나의 달려갈 길을 마치고 믿음을 지켰으니" (딤후 4:6-7).

전제는 구약에서 하나님께 드리는 어린 양을 제단 위에 올려놓고 불사르기 직전에 그 제물에 포도주를 붓는 의식이다. 바울이 자신이 전제와 같이 벌써 부어지고 그가 떠날 시각이 가까웠도다고 말한 것은, 그의 죽음이 임박했음을 알고 남은 생명을 순교의 제단에 바치겠다는 결연한 의지를 보인 것이다.

2030123007000 비전

더처치는 2030123007000 비전을 갖고 세계 복음화를 향해 달려가고 있다. 2030123007000 비전은 2030년까지 12명의 디렉터와 300명의 현지 목회자와 7,000명의 현지 평신도 사역자를 파송하므로 세계 복음화의 견인차 역할을 하겠다는 것이다. 이 비전이 본격화된 것은 2014년이었다.

그러나 이 비전은 거듭난 직후부터 시작되었다. 앞서 밝혔듯이 예수님을 영접하기 전부터 3일 금식 기도를 하고 거듭나는 체험을 했기 때문에 신앙생활을 유별나게 뜨겁게 했다.

성경을 읽던 중 스데반과 빌립은 평신도인데 우리와 전혀 다르게 신앙생활을 하는 것을 보면서 강한 의문이 들었다. '왜 동일하게 예수님을 믿는데 우리는 그들처럼 신앙생활을 하지 않는가?' 그리고 '어떻게 하면 이들처럼 사역할 수 있을까?'를 고민하며 기도하였다.

이런 고민은 신학교를 졸업하고 목회자가 된 후에도 지속되었다. 그런데 뜻하지 않게 많은 연단을 받는 과정을 통해서 이 문제의 답을 찾았고, 2007년부터 평신도를 말씀 사역자로 훈련시키는 'D3양육시스템'을 개발하여 전국적으로 보급하였다. 그리고 국내외의 목회자들로부터 지대한 관심을 얻어 최고의 목회 전문지로 평가받는 〈목회와 신학〉에서 김인중 목사, 유기성 목사 등과 함께 한국교회 제자훈련 명강사로 선정되었다(2011년 7월호).

그런데 십수 년을 지나면서 'D3양육시스템'으로는 평신도들을 복음을 전하고 가르쳐 제자 삼게 할 수 없다는 것을 깨달았다. 왜냐하면 'D3양육시스템'은 전도에 목표를 두지 않고 양육에 목표를 두었기 때문이다. 그래서 이 문제를 놓고 주님께 간절히 기도를 드렸다. 그러자 하나님께서 'D3양육시스템'의 한계를 극복할 수 있는 새로운 제자훈련시스템을 주셨다. 그것이 바로 'D3전도중심제자훈련'이다. 이름에서 알 수 있듯이 전도를 위해 제자훈련을 한다는 개념이다.

일반적으로 제자훈련과 전도를 각기 다른 영역으로 이해한다. 그래서 제자훈련의 모델로 불리는 사랑의교회도 '칼 세미나'라는 제자훈련 프로그램을 가지고 있지만 이와 별도로 '전도 대학'과 '전도 폭발'이라는 전도훈련 프로그램을 동시에 운영하고 있다.

그러나 나는 제자훈련이 예수께서 친히 전도를 효과적으로 하도록 가르쳐 주신 전도법이라는 것을 깨닫고, 전도를 하도록 제자훈련을 해야 한다며 국내외에 'D3전도중심제자훈련'을 부지런히 보급하고 있다. 지금껏 50여 개국을 다니면서 전도 중심의 제자훈련을 하였다. 많이 간 나라는 20여 회를, 보통은 서너 차례를 다녀왔다.

그래서 현재는 10여 개국에 'D3디렉터'가 세워졌고, 그들이 나를 대신하여 각국에서 'D3전도중심제자훈련'을 보급하고 있다. 또한 필자의 D3훈련교재들이 영어, 스페인어, 러시아어, 중국어, 스와힐리어, 타갈로그어, 인도네시아어 등 10개 국어로 번역되어 현지인들이 직접 'D3훈련교재'를 활용해 예수님의 제자를 세워가고 있다.

상대적으로 복음을 자유롭게 전할 수 있는 필리핀(김종태 선교사)에서는 평신도가 전도할 뿐만 아니라 가정교회를 개척하고 있다. 어떤 평신도 사역자는 대여섯 개를 개척하여 600여 명이, 어떤 사역자는 4개 교회를 개척하여 450여 명이, 어떤 사역자는 3개 교회를 개척하여 200-300여 명이, 어떤 사역자는 2개를 개척하여 100-200여 명이 모이고 있다. 그래서 전체 교인이 4,000여 명이나 모이는 교회로 성장하였다.

또한 복음을 공개적으로 전할 수 없는 지역, 특히 튀르키예(가명 이승복 선교사)에서는 평신도 사역자 13명을 만들어 그들로 하여금 복음을 전하여 가정교회를 개척하게 하고 있다. 튀르키예의 인구는 2024년 1월 현재 8천 6백만 명에 달하지만, 이 중에서 기독교인은 9천여 명에 불과하다. 그런데 평신도 사역자를 13명이나 만들고 그들 중에 가정교회를 개척한 자들이 나왔다는 것은 보통 의미 있는 일이 아니다.

우크라이나(김종홍 선교사)는 현재 러시아와 전쟁 중이다. 그런데 전쟁으로 인하여 성도들이 여러 나라로 흩어졌는데 그중에서 독일로 피난한 '강로마'라는 제자는 4개의 가정교회를 세웠고, 벌써 교회 안에 주일학교와 예배팀과 여러 그룹이 만들어졌다고 보고하였다.

더처치는 '2030123007000 비전'을 이루기 위해 7,312명(12명의 디렉터, 300명의 현지 목회자, 7,000명의 현지 사역자)이 각 나라에서 사역하고 생활할 수 있도록 매달 10억 원이 넘는 선교비를 보낼 수 있도록 기도하고 있다. 지금껏 외부의 도움을 받지 않고 더처치가 홀로 모든 선교비를 감당했지만 갈수록 턱없이 재정이 부족하기에 외부의 후원이 불가피하다고 판단하여 '사단법인 D3'를 설립하였다. 그리고 믿음의 기업들과 거룩한 부자들이 D3사역을 후원하도록 기도하고 있다.

더처치의 비전은 인간적인 생각으로는 도저히 이루어질 수 없다.

그러나 하나님께서 우리에게 이 비전을 주셨기에 우리의 기도를 들으시고 그분의 방법으로 이루어가실 것을 믿는다. 하나님께서는 비전을 가지고 기도하는 개인과 교회와 단체와 함께하시고 하나님의 구원을 경험하게 하신다.

어느 날 기도 중에 그릿 시냇가에 머물게 하시고 시내가 마르기까지 하나님께서 까마귀를 통해 엘리야를 먹이신 것을 묵상하면서 이를 더욱 확신하게 되었다. 하나님께서 엘리야가 아합왕에게 3년 6개월 동안 그의 말이 없으면 비가 오지 않는다고 호언장담하게 하신 후, 그릿 시냇가로 보내 머물게 하시고 떡과 고기를 먹게 하셨다.

그런데 하나님께서 엘리야에게 떡과 고기를 먹게 하신 것은 다름 아닌 까마귀였다. 유대인들은 까마귀를 부정한 동물로 여기고 먹지 않았다(레 11:13-15). 따라서 날마다 까마귀가 엘리야에게 왕래하며 먹을 것을 가져다주었지만 아무도 이에 관심을 가지지 않았다. 한마디로 까마귀가 아침저녁으로 떡과 고기를 날라다 그릿 시냇가에 머무는 엘리야에게 물어다 주어 먹인 것은 하나님께서 행하신 기적이다. 하나님께서는 지금도 이와 같은 기적을 행하신다.

비전을 가진 자는 인생의 겨울 속에서도 희망찬 봄을 보며 기도한다. 아브라함을 보라. 하나님께서 그에게 이렇게 약속하셨다.

"내가 너로 심히 번성하게 하리니 내가 네게서 민족들이 나게 하며 왕들이 네게로부터 나오리라 내가 내 언약을 나와 너 및 네 대대 후손 사이에 세워서 영원한 언약을 삼고 너와 네 후손의 하나님이 되리라 내가 너와 네 후손에게 네가 거류하는 이 땅 곧 가나안 온 땅을 주어 영원한 기업이 되게 하고 나는 그들의 하나님이 되리라"(창 17:6-8).

하나님께서 언제 아브라함에게 약속하셨는가? 아브라함이 구십구 세 때였다(창 17:1). 그런 상황에서 하나님께서 이렇게 약속하신 것은, 하나님께서 주신 비전은 하나님께서 친히 성취하신다는 것을 천명하신 것이다. 그러나 하나님께서 주신 비전이라도 이를 이루기 위해서는 반드시 기도해야 한다. 믿음의 사람들은 한결같이 불가능한 상황에서도 하나님께서 주신 비전이 이루어질 것을 믿고 기도했다.

비전은 기도를 낳고 기도는 비전을 자라게 한다. 그런데 비전이 성취되기 위해서는 기도만 한다고 되는 것이 아니다. 그와 함께 진실한 회개가 있어야 한다. 느헤미야가 비전의 사람이 되고 비전을 이룰 수 있었던 것은 진실한 회개의 기도가 있었기 때문이다.

"이제 종이 주의 종들인 이스라엘 자손을 위하여 주야로 기도하오며 우리 이스라엘 자손이 주께 범죄한 죄들을 자복하오니 주는 귀를 기울이시며 눈을 여시사 종의 기도를 들으시옵소서 나와 내 아버지의 집이 범죄하여 주를 향하여 크게 악을 행하여 주께서 주의 종 모세에게 명령하신 계명과 율례와 규례를 지키지 아니하였나이다"(느 1:6-7).

메시아닉 쥬(Messianic Jew) 교회 사역 비전

앞서 언급했듯이, 나는 'D3전도중심제자훈련'이라는 제자훈련시스템을 창안하여 전 세계에 보급하고 있다. 이는 한마디로 모든 그리스도인이 지상명령에 순종하도록 훈련하는 일종의 제자훈련시스템이다. 이를 세계 곳곳에 보급하는 이유는 제자훈련이 예수께서 가르쳐 주신 가장 효과적인 전도법이라는 것을 깨달았기 때문이다. 즉 제자훈련을 통하여 전도하면 급속히 복음을 땅끝까지 전하므로 주의 재림을 준비할 수 있기 때문이다.

그런데 2018년, 텔아비브 공항 사건을 경험하기 전까지 'D3전도중심제자훈련'을 전 세계에 보급하는 과정에서 유대인은 그 대상에서 완전히 제외되었었다. 꿈에서조차 생각하지 않았다. 그러나 텔아비브 공항 사건 이후로는 우리 주된 사역의 대상은 유대인으로 바뀌어 가고 있다.

아직도 전체 사역에서 유대인 사역이 차지하는 비율이 30-40%에 불과하지만, 앞으로는 그 비중을 거의 80%까지 늘려나갈 계획이다.

2024년을 맞이하면서 벽두부터 2014년 동계 올림픽이 열렸던 러시아 소치에서 약 30명의 유대인 목회자를 초청하여 'D3전도중심제자훈련' 세미나를 한 것도 이런 계획 가운데 이루어진 것이다.

왜 유대인 목회자를 훈련해야 하는가? 예수께서 "이 천국 복음이 모든 민족에게 증언되기 위하여 온 세상에 전파되리니 그제야 끝이 오리라"(마 24:14)라고 말씀하셨다. 당시 '온 세상'을 로마 제국 안의 영역으로 이해한 흔적을 발견할 수 있다(행 1:8; 롬 15:23). 그러나 문맥상 '온 세상'은 지구상에 있는 모든 지역, 즉 모든 사람을 뜻한다. 즉 복음이 이방인뿐만 아니라 유대인에게까지 전파되어야 예수께서 다시 오시므로 세상 끝이 온다는 뜻이다.

그런데 예수께서 이를 말씀하시고 맨 마지막으로 제자들에게 이렇게 말씀하셨다.

> "그러므로 너희는 가서 모든 민족을 제자로 삼아 아버지와 아들과 성령의 이름으로 세례를 베풀고 내가 너희에게 분부한 모든 것을 가르쳐 지키게 하라 볼지어다 내가 세상 끝날까지 너희와 항상 함께 있으리라…"(마 28:19-20).

나는 이를 마태의 지상명령이라 부른다. 예수께서 이를 일차적으로 누구에게 명령하셨는가? 열두 제자이다. 그들은 100% 유대인이다. 따라서 유대인은 마태의 지상명령에 반드시 순종해야 한다. 그런데 그들이 이 명령에 순종하려면 그들을 훈련하는 영적 지도자가 있어야 한다. 이것이 내가 유대인 목회자들에게 제자훈련을 하는 주된 이유다.

일반적으로 기독교는 유대인을 전도의 대상으로 생각한다. 아직도 그들은 예수님을 메시아로 인정하지 않기 때문에 전도 대상자인 것은 맞다. 그래서 바울도 자기 동족의 구원을 위하여 기도했다.

"형제들아 내 마음에 원하는 바와 하나님께 구하는 바는 이스라엘을 위함이니 곧 그들로 구원을 받게 함이라"(롬 10:1, 참조 롬 9:1-2).

그러나 유대인을 단지 전도 대상자로만 생각하지 말아야 한다. 예수님으로부터 직접 "가서 제자 삼으라"라는 명령을 받았기 때문에 반드시 세계 복음화의 주역이 되게 해야 한다. 어떻게 하면 그들을 그렇게 되도록 만들 수 있는가? 그들이 가서 제자 삼도록 훈련하면 된다.

나는 어떻게 하면 모든 그리스도인(유대인 포함)을 지상명령에 순종할 수 있도록 할 수 있을지를 주님께 물었다. 그러자 성령께서 그 방법을 깨닫게 하셨다.

"그들이 날마다 성전에 있든지 집에 있든지 예수는 그리스도라고 가르치기와 전도하기를 그치지 아니하니라"(행 5:42).

사도들이 이렇게 훈련하자 어떤 일이 일어났는가? 한마디로 전도 폭발이 일어났고 허다한 제사장의 무리도 복음을 믿었다.

"하나님의 말씀이 점점 왕성하여 예루살렘에 있는 제자의 수가 더 심히 많아지고 허다한 제사장의 무리도 이 도에 복종하니라"(행 6:7).

따라서 오늘날도 초대교회처럼 훈련하면 모든 그리스도인을 지상명령에 순종하게 할 수 있다. 구체적으로 어떻게 하면 초대교회처럼 성도들을 제자 삼도록 하게 할 수 있을까? 이 문제를 가지고 연구도했지만 주님께 수없이 여쭈었다. 어느 날 기도 중에 성령께서 매우 놀라운 말씀을 주셨다.

"네가 '3분복음메시지'를 전 세계에 보급하고 있는데 이는 초대교회가 성도들에게 예수는 그리스도라고 전하도록 훈련한 것이고, 네가 쓴 기초양육교재인 '온가족튼튼양육의 제1과'는 초대교회가 성도들에게 예수는 그리스도라고 가르치도록 훈련한 것이다."

성령께서 말씀하신 대로 '3분복음메시지'와 '온가족튼튼양육의 제1과'를 반복해서 훈련했더니 복음을 전하지 않던 목회자뿐만 아니라 성도들이 담대히 복음을 전하고 가르쳐 제자 삼고 있다.

그런데 사도행전 5장 42절은 무엇보다 유대인을 대상으로 훈련한 것이다. 따라서 '3분복음메시지'와 '온가족튼튼양육 제1과'를 가지고 유대인을 훈련하며 그들이 지상명령에 순종하므로 세계 복음화의 주역이 되게 할 수 있다.

현재 디아스포라 유대인들의 분포도는 다음과 같다. 유대인이 10만 명 이상 살고 있는 나라는 미국, 이스라엘, 프랑스, 러시아, 우크라이나, 캐나다, 영국, 아르헨티나, 브라질, 남아공, 호주 등 11개국이다. 이들 가운데 유대인이 10만 명 넘게 사는 도시가 있다. 미국에 가장 많다. 거의 2백만 명에 육박할 정도로 많이 살고 있는 뉴욕을 비롯하여 마이애미, 로스앤젤레스, 필라델피아, 시카고, 샌프란시스코, 보스턴, 워싱턴 등이다. 파리, 런던, 모스크바, 세인트 페테스버그, 부에노스아이레스, 토론토, 몬트리올, 키에브 등 16개나 된다. 3만 명 이상이 살고 있는 나라는 헝가리, 벨라루스, 독일, 멕시코, 벨기에, 이탈리아, 우즈베키스탄, 베네수엘라, 우루과이, 아제르바이잔, 몰도바 등 11개국이다.

1만 명 이상 살고 있는 나라는 이란, 튀르키예, 스웨덴, 스위스, 조지아(구 그루지야), 칠레, 카자흐스탄, 라트비아, 루마니아, 스페인, 오스

트리아 등 11개국이다. 5천 명 이상 살고 있는 나라는 덴마크, 폴란드, 모로코, 파나마, 체코, 인도, 리투아니아, 슬로바키아, 콜롬비아, 그리스, 뉴질랜드 등 11개국이다. 1천 명 이상이 살고 있는 나라는 키르기스스탄, 불가리아, 에스토니아, 페루, 푸에르토리코, 코스타리카, 홍콩, 유고슬라비아, 크로아티아, 일본, 튀니지, 카자흐스탄, 노르웨이, 과테말라, 핀란드, 파라과이, 투르크메니스탄, 쿠바, 에콰도르, 아일랜드, 모나코 등 22개국이다.

100명 이상 1,000명 이하로 살고 있는 나라는 짐바브웨, 포르투칼, 예멘, 보스니아, 지브롤터, 룩셈부르크, 에티오피아, 케냐, 네덜란드, 버지니아 군도, 볼리비아, 콩고민주공화국(구 자이르), 자메이카, 싱가포르, 도미니카공화국, 필리핀, 시리아, 태국, 아르메니아, 바하마, 수리남, 한국, 엘살바도르, 이라크, 타히티 등 25개국이다.

그러나 내가 우선적으로 관심을 가지는 나라는 메시아닉 쥬 교회가 설립된 곳이다. 각 나라에 메시아닉 쥬 교회가 얼마나 있는지는 정확히 파악되지 않고 있다. 먼저 이들 교회를 훈련하여 평신도들이 지상명령에 순종하도록 만들면, 그들이 유대인뿐만 아니라 이방인들도 전도할 수 있다.

다음 단계는 비교적 경제적으로 어려운 나라에서 이스라엘의 모샤브와 같은 생활공동체를 만들어 교회를 개척하고 그들을 훈련하여 지상명령에 순종하게 할 계획이다. 궁극적으로는 이스라엘에 살고 있는 유대인들에게도 복음을 전하고 지상명령에 순종하도록 훈련할 계획이다.

이런 비전은 기도로 가지게 되었고 기도를 통하여 보완되고 성취하기 위해 한 걸음씩 더 가까이 다가가고 있다.

CHAPTER 9

죽은 기도 살려야 한다

내 기도, 살아 있는가!
죽은 기도, 다시 살릴 수 있다
왜 한 시간 기도가 중요한가?
기도는 끊임없이 배워야 한다
기도가 살면 예수님처럼 믿음으로 살고 사역한다
기도 만능주의와 무용론을 멀리하라

내 기도, 살아 있는가?

그리스도인이라면 누구나 기도의 중요성을 알고 있다. 항간에 '기도만이 살 길이다', '기도는 모든 문제를 해결하는 열쇠다'라는 말들이 회자되는 이유는 바로 이 때문이다. 그러나 안타깝게도 실제는 기도만큼 소외되는 것도 없다. 여러 통로로 말씀을 듣고 읽기도 하고, 찬양을 부르기도 하고, 서로 교제를 나누지만 실제로 기도하기를 힘쓰는 자들은 그리 많지 않다.

이는 각종 기도 모임을 깊숙이 들여다봐도 쉽게 알 수 있다. 수요기도회, 금요기도회, 새벽기도회의 이름으로 모이지만 주로 말씀을 듣고 찬송을 부르는 시간을 많이 할애하지, 실제로 기도하는 시간은 그리 많이 주지 않는다. 그런데 초대교회는 기도하는 데 가장 시간을 많이 배분했다.

"여자들과 예수의 어머니 마리아와 예수의 아우들과 더불어 마음을 같이하여 오로지 기도에 힘쓰니라"(행 1:14, 참조 행 2:42, 3:1, 4:31).

초대교회가 이처럼 기도하는 데 힘을 쓴 이유는 무엇인가? 사도들이 예수님을 통해 기도가 얼마나 중요한지를 배웠기 때문이다. 기도가 얼마나 중요한지를 알지 못하면 기도에 시간을 쏟지 않는다. 사람은 누구나 중요한 것을 먼저 하고 그것에 시간을 많이 쏟는다.

그런데 기도하는 일에 우리의 시간과 마음을 쏟지 않는다는 것이 무슨 의미인지를 알아야 한다. 그것은 자신의 기도가 죽어 가고 있거나 죽었다는 것을 뜻한다. 왜 그런가? 기도는 생명이므로 기도가 살아 있으면 하나님을 찾는 데 마음과 시간을 쏟지 않을 수 없기 때문이다.

그러나 자신의 기도가 죽었는지 살았는지를 판단하는 기준은 단지 기도의 시간만으로 결정되지 않는다. 여러 가지 요소를 살펴야 한다.

첫째로, 기도의 방해 요인을 살펴야 한다. 기도를 방해하는 요인은 부지기수다. 기도를 방해하는 최대 적은 죄다. 심각한 죄는 기도의 불을 소멸하고 기도의 생명줄을 끊는다. 죄를 범한 상태로 기도하면 하나님께서 듣지 아니하신다. 하나님께서 듣지 않으시는 기도는 죽은 기도다. 이사야 선지자는 이렇게 말한다.

> "여호와의 손이 짧아 구원하지 못하심도 아니요 귀가 둔하여 듣지 못하심도 아니라 오직 너희 죄악이 너희와 너희 하나님 사이를 갈라 놓았고 너희 죄가 그의 얼굴을 가리어서 너희에게서 듣지 않으시게 함이니라"(사 59:1-2).

시편의 기자도 이를 알기에 이렇게 말한다.

> "내가 나의 마음에 죄악을 품었더라면 주께서 듣지 아니하시리라"(시 66:18).

따라서 죄를 지은 상태에서 회개를 하지 않고 기도하고 있다면 이는 죽은 기도를 하는 것이다.

둘째로, 기도의 내용을 살펴야 한다. 예수님의 주 되심을 인정하지 않고 자기의 뜻을 이루려고 하는 기도는 죽은 기도다. 즉 기도의 주목적이 하나님과의 교제가 아니라 단지 자신의 문제 해결만을 위해 기도하는 것은 죽은 기도이다. 왜 무당은 항상 굿을 하지 않는가? 문제의 해결을 위해서만 굿판을 벌이기 때문이다. 기복신앙으로 드리는 기도는 무당이 굿판을 벌이는 것과 크게 다르지 않다. 예수께서 겟세마네 동산에서 밤새도록 기도하실 수 있었던 것은 자기의 뜻을 구하지 않고 하나님의 뜻을 구했기 때문이다. 반면에 제자들이 기도하다가 그만두고 잠든 것은 하나님의 뜻을 찾지 않고 자신들의 뜻을 구했기 때문이다.

셋째로, 기도의 태도를 살펴야 한다. 기도를 형식적으로 의무적으로 한다면 이는 죽은 기도다. 즉 간절함이 결여된 기도는 죽은 기도다. 처음 사랑을 잃었기 때문이다. 인격적인 관계에서는 마음이 태도를 결정한다. 애정이 식으면 형식적으로 만나고 애정이 불타오르면 열심히 만난다. 왜 예수께서 라오디게아교회를 책망하셨는가? 한마디로 하나님께 대한 사랑이 식었기 때문이다. 지금 기도의 간절함이 없다면 하나님께 대한 사랑이 식은 것이고 형식적으로 기도하므로 죽은 기도를 하는 것이다.

넷째로, 기도의 방향을 살펴야 한다. 기도는 당연히 하나님과 대화하는 것이므로 하나님을 향해야 한다. 그런데 하나님을 향하지 않고 사람을 향하는 경우가 비일비재하다. 예수께서 산상수훈에서 바리새인의 기도를 책망하신 것도 그들의 기도가 하나님을 향하지 않고 사람에게 향했기 때문이다.

"또 너희는 기도할 때에 외식하는 자와 같이하지 말라 그들은 사람에게 보이려고 회당과 큰 거리 어귀에 서서 기도하기를 좋아하느니라 내가 진실로 너희에게 이르노니 그들은 자기 상을 이미 받았느니라"(마 6:5).

오늘날도 교회에서 이런 일이 자주 발생하고 있다. 대표 기도를 유창하게 하려고 힘쓰고 기도한 후 사람들의 반응을 살피는 것은 하나님을 향하여 기도한 것이 아니라 사람을 향해 기도한 것이다. 이렇게 하나님을 향하지 않고 사람을 향한 기도를 살아 있는 기도라 할 수 있겠는가?

다섯째로, 기도의 빈도를 살펴야 한다. 간헐적인 기도는 죽은 기도다. 가뭄에 오락가락하는 비를 여우비, 혹은 도깨비 비라고 한다. 이런 비로는 절대 가뭄을 해소할 수 없다. 농부들의 애간장을 태울 뿐이다. 맥박이 뛰었다, 안 뛰었다 하는 것을 부정맥이라고 하는데 이런 사람은 거의 죽은 것과 방불하다. 계속 지속되지 않는 기도는 죽은 기도다. 목적이 이루어지지 않을 경우는 시험에 들어 중간에 포기하고, 응답을 받을 경우는 더 이상 기도할 이유가 없기에 그만두기 때문이다.

많은 사람이 입시철이 되면 열심히 기도한다. 내가 부목사로 교회를 섬길 때 고3 입시생이 100명이 넘었다. 40일 기도할 때는 그의 부모들이 거의 다 나와 기도했다. 그러나 시험이 끝나자 나오는 사람은 손에 꼽을 정도였다.

여섯째로, 믿음과의 관계를 살펴야 한다. 기도는 전지전능하신 하나님 아버지께 도움을 청하는 것이므로 하나님의 뜻대로 기도하면 응답을 받는 것은 지극히 당연하다. 따라서 믿음으로 기도해야 한다. 그런데 믿음으로 기도하지 않는 경우가 부지기수다. 믿음으로 드리지 않는 기도는 죽은 기도다. 즉 의심하며 드리는 기도는 죽은 기도다. 야고보는 이렇게 말한다.

"오직 믿음으로 구하고 조금도 의심하지 말라 의심하는 자는 마치 바람에 밀려 요동하는 바다 물결 같으니 이런 사람은 무엇이든지 주께 얻기를 생각하지 말라 두 마음을 품어 모든 일에 정함이 없는 자로다"(약 1:6-8).

앞서 언급한 것들을 통해 자신의 기도가 죽었는지 살아있는지를 점검해야 한다. 이를 점검하기만 해도 기도에 큰 변화를 경험할 수 있다. '냄비 안의 개구리' 이야기를 알고 있지 아니한가? 개구리를 냄비에 넣고 처음부터 센불 위에 올려놓으면 즉시 뛰쳐나간다. 그러나 불을 서서히 가하면 개구리는 따뜻하다고 느끼면서 자신도 모르게 서서히 죽어 간다. 개구리가 뜨거운 것을 느꼈을 때는 이미 움직일 수 없기에 냄비 안에서 죽음을 맞이한다.

죽은 기도도 마찬가지다. 자신이 죽은 기도를 하고 있다는 것을 빨리 깨닫지 않으면 마치 냄비 안의 개구리처럼 영적으로 비참한 최후를 맞이할 수 있다. 바울은 이렇게 권면한다.

"너희는 믿음 안에 있는가 너희 자신을 시험하고 너희 자신을 확증하라 예수 그리스도께서 너희 안에 계신 줄을 너희가 스스로 알지 못하느냐 그렇지 않으면 너희는 버림받은 자니라"(고후 13:5).

왜 한때는 하나님께 크게 쓰임을 받았지만 어느 날 갑자기 추락하는 자들이 부지기수인가? 자신의 기도가 죽은 것을 깨닫지 못하고 그대로 방치했기 때문이다. 암도 조기에 발견하면 생존율을 훨씬 높일 수 있듯이, 자신의 기도가 죽은 것을 초기에 발견한다면 영적 회복력을 크게 높일 수 있다.

죽은 기도, 다시 살릴 수 있다

한국교회는 점점 침체의 늪에 빠져들고 있다. 왜 한국교회에 이런 현상이 벌어지고 있는가? 다양한 이유가 있겠지만 가장 근본적인 것은 하나님을 찾지 않기 때문이다. 즉 그리스도인들이 하나님을 간절히 찾지 않기 때문이다. 기도하면 하나님께서 함께하시므로 결코 쇠락의 길을 걷지 않는다.

앞서 어떤 기도가 죽은 기도인지를 살펴보았다. 회개하지 않고 죄 가운데서 하는 기도는 죽은 기도를 하는 것이다. 또한 하나님의 뜻보다는 자신의 뜻을 이루기 위해 하는 기도는 죽은 기도를 하는 것이다. 또한 간절히 기도하지 않고 형식적이고 의무적으로 하는 기도는 죽은 기도를 하는 것이다. 또한 하나님을 향하여 기도하지 않고 사람을 향하여 하는 기도는 죽은 기도를 하는 것이다. 항상 기도하지 않고 간헐적으로 하는 기도는 죽은 기도를 하는 것이다. 믿음으로 하지 않는 기도도 죽은 기도를 하는 것이다.

이렇게 기도하고 있다면 살려야 한다. 자신의 죽은 기도만 살리지 말고 주변 사람의 죽은 기도도 살려야 한다. 어떻게 하면 죽은 기도를 살릴 수 있는가? 앞서 언급한 죽은 기도의 증상을 깔끔하게 제거하면 된다. 죄를 회개하고, 기도의 내용을 바꾸고, 기도의 태도를 바꾸고, 기도의 방향을 바꾸고, 기도의 빈도를 바꾸고, 믿음으로 기도하면 된다.

그런데 이 중에서 한 가지만 바꿔도 죽은 기도를 살릴 수 있다. 그것은 기도의 태도를 바꾸는 것이다. 즉 간절히 기도하면 된다. 하나님께 대한 간절함이 없으면 죄를 회개해도, 하나님의 뜻을 구해도, 사람을 의식하지 않아도, 기도의 빈도를 높여도, 믿음으로 기도해도 기도는 살아나지 않는다.

기도의 간절함은 영적인 건강도를 측정하는 가장 중요한 바로미터다. 기도를 간절히 하지 않는다는 것은 영혼이 건강하지 않다는 뜻이다. 18세기 위대한 복음 전도자 조지 휫필드는 먼저 하루의 생활을 15개 항목에 걸쳐 점검할 때 '나는 오늘도 개인기도 시간에 열렬히 기도했는가?'로 첫 번째 항목을 삼아 자신의 영적 건강을 확인했다. 죄를 이기고 승리한 하나님의 사람들은 한결같이 기도를 방해하는 상황보다 더 간절히 기도했다.

그런데 왜 우리는 간절히 기도하지 않을까? 예수께서 라오디게아 교회를 책망하신 내용에 그 답이 있다.

> "내가 네 행위를 아노니 네가 차지도 아니하고 뜨겁지도 아니하도다 네가 차든지 뜨겁든지 하기를 원하노라 네가 이같이 미지근하여 뜨겁지도 아니하고 차지도 아니하니 내 입에서 너를 토하여 버리리라 네가 말하기를 나는 부자라 부요하여 부족한 것이 없다 하나 네 곤고한 것과 가련한 것과 가난한 것과 눈 먼 것과 벌거벗은 것을 알지 못하는도다"(계 3:15-17).

한마디로 하나님 없이도 살 만하다고 생각하기 때문이다. 그렇다. 하나님을 믿어도 하나님 없이도 살 수 있다고 생각하면 하나님을 간절히 찾지 않는다. 그런데 정말 하나님 없이 살 수 있을까? 어불성설이다. 존재의 근원이 하나님이신데 어찌 하나님을 떠나 살 수 있겠는가? 그러나 우리는 너무 미련하기에 이를 알지만 실제로는 하나님을 간절히 찾지 않는다.

하나님께서도 이를 아시고 이스라엘 백성들에게 가나안 땅에 들어가기 전에 다음과 같이 경고하셨다.

> "네가 채우지 아니한 아름다운 물건이 가득한 집을 얻게 하시며 네가 파지 아니한 우물을 차지하게 하시며 네가 심지 아니한 포도원과 감람나무를 차지하게 하사 네게 배불리 먹게 하실 때에 너는 조심하여 너를 애굽 땅 종 되었던 집에서 인도하여 내신 여호와를 잊지 말고 네 하나님 여호와를 경외하며 그를 섬기며 그의 이름으로 맹세할 것이니라"(신 6:11-13).

그러면 어떻게 해야 간절한 기도인가? 눈물을 흘려야만 간절한 기도가 아니다. 부르짖는다고 간절한 기도가 아니다. 모든 게 하나님께 달렸다고 믿고 하나님께만 매달리는 것이 간절한 기도다. 구약성경에서는 이렇게 기도한 대표적인 인물이 야곱이다.

> "야곱은 홀로 남았더니 어떤 사람이 날이 새도록 야곱과 씨름하다가"(창 32:24).

그 당시에 씨름은 양이나 염소를 치는 목동들이 자신의 힘을 키우고 과시하기 위해 했던 놀이이다. 야곱은 인생의 최대 위기에서 하나님께 끈질기게 매달려 마침내 하나님의 축복을 받아냈다.

신약 성경에서는 물론 예수님이 최고의 모델이시다. 예수께서 십자가에 못 박히시기 전 제자들과 함께 겟세마네 동산으로 가셔서 기도하셨다. 당시 예수님이나 제자들이나 모두 피곤한 상태에 있었다. 제자들은 피곤에 지쳐 기도하다가 잠들었지만, 예수께서는 같은 상황에서도 기도하셨다. 예수께서 기도하시다가 잠든 제자들에게 오셔서 "마음에는 원이로되 육신이 약하도다"라고 말씀하신 것을 볼 때 제자들이 기도하고자 하는 마음이 있었지만, 육신이 약하여 기도하지 못했음을 알 수 있다.

왜 예수님과 제자들 모두 피곤한 상태에 있었는데 예수님은 이를 이기시고 기도에 승리하셨고 제자들은 실패했는가? 예수님에게는 기도에 간절함이 있었기 때문이고 제자들에게는 없었기 때문이다.

"예수께서 힘쓰고 애써 더욱 간절히 기도하시니 땀이 땅에 떨어지는 핏방울같이 되더라"(눅 22:44).

예수께서 '힘쓰고 애써 더욱 간절히' 기도하셨다는 것은 몸과 육체가 하나 되어 간절히 기도하신 것을 뜻한다. 간절함은 모든 기도의 장애를 극복하게 하는 힘이 있다.

우리가 기도할지라도 간절히 기도하지 않으면 응답을 받을 수 없다. 예레미야 선지자는 이렇게 말한다.

"너희가 내게 부르짖으며 내게 와서 기도하면 내가 너희들의 기도를 들을 것이요 너희가 온 맘으로 나를 구하면 나를 찾을 것이요 나를 만나리라"(렘 29:12-13).

하나님께서는 간절히 기도하는 자를 찾으시고 그런 자의 간구에 귀를 기울이신다.

"여호와의 눈은 온 땅을 두루 감찰하사 전심으로 자기에게 향하는 자들을 위하여 능력을 베푸시나니…"(대하 16:9).

간절함은 죽은 기도를 살리는 묘약이다. 그러나 간절히 기도할지라도 계속 유지하지 않으면 소용이 없다. 어떻게 하면 기도의 간절함을 유지할 수 있는가?
첫째로, 기도 중에 흐트러지려는 마음을 하나로 모으려고 노력해야 한다. 사탄은 우리가 기도하지 못하도록 다양한 방법으로 하나님께 집중하지 못하도록 공격한다. 때로는 악한 생각을 갖게도 하고, 쓸데없는 것으로 염려하게도 하고, 갑자기 두려운 마음을 갖게도 하고, 죄는 아니지만 회색지대에 속한 잡다한 생각을 갖게 한다. 이런 생각들에 사로잡히면 하나님께 간절히 기도할 수 없다. 따라서 기도할 때는 마음을 분산시키는 요소를 제거하고 기도에만 집중하도록 힘써야 한다.
둘째로, 진실하려고 노력해야 한다. 간절함은 진실함과 비례한다. 큰 소리로 부르짖어 기도한다고 간절히 기도하는 것이 아니다. 진실함이 담기지 않으면 간절히 기도할 수 없다. 자기 마음속에서 우러나오지 않는데 어떻게 간절히 기도할 수 있겠는가? 다른 사람을 의식하거나 다른 사람에게 보이려는 기도는 진실한 기도가 아니므로 간절히 기도할 수 없다. 간절히 기도하려면 먼저 진실한 마음을 달라고 기도해야 한다. 나는 기도에 앞서 종종 복음송 '항상 진실케'를 부른다.

"항상 진실케 내 맘 바꾸사

하나님 닮게 하여 주소서

주는 토기장이 나는 진흙

날 빚으소서 기도하오니"

그러면 기도가 더욱 진지해지고 간절해짐을 느낀다.

셋째로, 예수님의 겟세마네 동산의 기도를 깊이 묵상해야 한다. 예수께서는 공생애를 기도로 시작하셨고, 기도로 사역하셨으며, 기도로 마치셨다. 예수님의 공생애 기도 가운데 가장 간절히 기도하신 것은 십자가를 지시기 전 겟세마네 동산에서 하신 기도다(눅 22:44). 예수께서 얼마나 간절히 기도하셨던지 땀이 땅에 떨어지는 핏방울처럼 뚝뚝 떨어질 정도였다. 예수님의 겟세마네 동산에서의 간절한 기도를 깊이 묵상하면 게으르고 형식적인 기도를 멀리하게 된다.

참고로 혹자는 예수께서 겟세마네 동산에서 기도하실 때 피를 흘리셨다고 주장하는데 이는 성경을 잘못 해석한 데서 비롯된 것이다.

"예수께서 힘쓰고 애써 더욱 간절히 기도하시니 땀이 땅에 떨어지는 핏방울같이 되더라"(눅 22:44).

이는 땀이 핏방울같이 되어서 땅 위에 떨어졌다는 뜻이지 실제로 핏방울이 땅에 떨어졌다는 뜻이 아니다.

넷째로, 간절히 기도하는 습관을 가져야 한다. 기도의 습관 중 가장 좋은 습관은 간절한 기도다. 간절한 기도의 습관을 가지면 간절한 기도를 계속해서 유지할 수 있다. 다윗은 하루에 세 번 부르짖어 기도하였고, 다니엘은 조서에 어인이 찍힌 것을 알고도 하루에 세 번이나 목숨을 걸고 기도하였고, 이사야는 기도하던 중 환상 중 천사가 나타나는 체험을 하였고, 에스겔도 수년간 하나님의 음성을 장시간 동안 들었다. 예수께서 죽음을 앞둔 상황에서도 흔들림 없이 간절히 기도하셨고, 바울이 빌립보에서 감옥에 갇힌 상황에서도 기도하고 찬미할 수 있었던 것은, 간절히 기도하는 습관을 가졌기 때문이다.

왜 한 시간 기도가 중요한가?

죽은 기도는 다시 살려야 한다. 앞서 살펴보았듯이 죽은 기도를 살리는 데는 여러 가지 방법이 있지만 가장 중요한 것은 간절함이다. 간절히 기도하지 않으면 결코 죽은 기도를 다시 살릴 수 없다. 그리고 기도의 간절함을 유지하기 위해서는 간절한 기도의 습관을 가져야 한다. 기도의 습관이 얼마나 중요한지에 대해서는 여기서는 구체적으로 언급하지 않는다. 그러나 간절히 기도하는 습관을 가지기 위해서는 무엇보다도 적어도 하루 한 시간을 기도해야 한다.

현재 대부분 교회가 사용하는 개역 개정 성경은 1998년에 출판되었다. 이전에 사용하던 성경전서를 '개역 한글'이라고 하는데, 이 번역본에서는 마태복음 26장 40절을 다음과 같이 번역한다.

"제자들에게 오사 그 자는 것을 보시고 베드로에게 말씀하시되 너희가 나와 함께 한 시 동안도 이렇게 깨어 있을 수 없더냐."

그런데 개역 개정은 이렇게 번역한다.

"제자들에게 오사 그 자는 것을 보시고 베드로에게 말씀하시되 너희가 나와 함께 한 시간도 이렇게 깨어 있을 수 없더냐."

개역 개정과 개역 한글의 차이가 무엇인가? 전자는 '한 시간'으로 번역하고, 후자는 '한 시'로 번역한다. '한 시'와 '한 시간'은 전혀 뜻이 다르다. '한 시'는 잠깐 동안 또는 같은 시각을 뜻하고, '한 시간'은 문자 그대로 한 시간을 뜻한다. 모든 영어번역본도 이를 'one hour'로 번역하고 있다. 즉 예수께서 겟세마네 동산에서 제자들을 책망하신 이유는 그들이 잠시 기도하지 않았기 때문이 아니라 한 시간 동안 기도하지 않았기 때문이다.

나는 이십여 년 전부터 개역 한글의 아쉬운 번역을 지적하면서 그리스도인은 적어도 하루 한 시간 기도해야 한다고 외쳐오고 있다. 기도하는 일에 성공하지 못하면 마귀와 영적 전쟁에서 이길 수 없다. 기도는 영적 전쟁을 승리로 이끄는 가장 강력한 무기다. 말씀을 읽고, 찬송을 부르고, 예배를 드려도, 기도하지 않으면 영적 전쟁에서 이길 수 없다. 예수께서 공생애를 시작하시면서 세 번이나 마귀의 공격을 받으셨지만, 승리하실 수 있었던 것은 40일 동안 금식하며 기도하셨기 때문이다.

우리가 기도하면 영적 전쟁에서 승리하고 기도하지 않으면 패배하는 이유는 무엇인가? 영적 전쟁은 우리의 힘이 아니고 성령의 능력으로 하는 것인데 기도할 때 하나님께서 능력을 부어주시기 때문이다.

"그들을 떠나 돌 던질 만큼 가서 무릎을 꿇고 기도하여 이르시되 아버지여 만일 아버지의 뜻이거든 이 잔을 내게서 옮기시옵소서 그러나 내 원대로 마시옵고 아버지의 원대로 되기를 원하나이다 하시니 천사가 하늘로부터 예수께 나타나 힘을 더하더라"(눅 22:41-43).

우리의 힘과 능력으로는 결코 마귀와 맞서 싸워서 승리할 수 없다. 그러나 기도하면 하나님께서 위로부터 힘과 능력을 부어주셔서 영적 전쟁에서 이기게 하신다.

그러나 기도한다고 무조건 마귀의 시험을 이길 수 있는 것은 아니다. 하나님께서 원하시는 기도의 분량을 채워야 한다. 앞서 살펴보았듯이 예수께서 겟세마네 동산에서 기도하시던 중에 제자들에게 가셔서 그들을 책망하신 이유는 그들이 피곤하다는 이유로 한 시간을 기도하지 못하고 잠을 잤기 때문이다. 즉 제자들이 예수께 책망받은 것은, 그들이 전혀 기도하지 않았기 때문이 아니라 기도의 분량을 채우지 못했기 때문이다.

베드로가 "근신하라 깨어라 너희 대적 마귀가 우는 사자같이 두루 다니며 삼킬 자를 찾나니 너희는 믿음을 굳건하게 하여 그를 대적하라…"(벧전 5:8-9)라고 한 것은, 겟세마네 동산에서 한 시간 기도를 하지 못하고 마귀의 시험을 이기지 못하여 예수님을 모른다고 부인한 부끄러운 과거가 있었기 때문이다.

그런데 예수께서 한 시간 기도를 언급하시면서 시험에 들지 않도록 깨어 기도하라고 말씀하신 것에 주목해야 한다(마 26:41). 왜 예수께서 이를 말씀하셨는가? 한 시간 기도를 하느냐, 하지 않느냐에 따라 마귀의 시험에 이기기도 하고 지기도 하기 때문이다. 즉 한 시간 기도를 하는 것과 마귀의 시험을 이기는 것이 매우 밀접한 관련이 있기 때문이다.

이는 앞서 예수님과 제자들이 함께 겟세마네 동산에서 기도했지만, 예수께서는 한 시간 이상을 깨어 기도하심으로 마귀의 시험을 이기시고 십자가를 지셨지만, 제자들은 한 시간 기도에 실패하므로 마귀의 시험에 넘어져서 예수님을 모른다고 부인한 것을 통해서 확인할 수 있다.

그러면 한 시간 기도를 하면 영적 전쟁에서 이기는 이유는 무엇인가? 이는 기도를 하나님과의 대화라는 측면에서 살펴보면 쉽게 알 수 있다. 대인 관계에서 종종 발생하는 오해는 서로 만나 대화하므로 해결한다. 상대방과 대화를 충분히 하면 상대방의 생각을 알게 되어 오해가 풀리기 때문이다. 마찬가지로 하나님과 충분히 대화하면 하나님의 뜻을 알게 되어 시험에서 벗어날 수 있다.

예수께서도 처음에는 십자가에 못 박혀 죽는 것이 얼마나 고통스러운지를 알고 계셨기에 잔을 옮겨달라고 기도하셨다. 그런데 한 시간 이상 이 문제를 가지고 하나님과 대화하던 중 자신이 십자가에 못 박혀 죽는 것이 하나님의 뜻임을 깨닫고 그 길을 선택하신 것이다. 그렇다. 우리가 하나님께서 요구하시는 기도의 분량을 채울 때 현재 당하는 고난의 의미를 깨닫고 시험에 들지 않게 된다. 따라서 우리가 시험에 들지 않고 하나님의 뜻대로 신앙생활을 하려면 하루에 적어도 한 시간 이상을 기도해야 한다.

물은 100도가 되어야 끓는다. 물을 끓이기 위해서는 100도가 될 때까지 불을 지펴야 한다. 즉 비등점에 이르기 전에 불을 끄면 물은 끓지 않는다. 물리학 용어 중에 '크리티컬 매스'라는 말이 있다. 임계 질량으로 번역하는데 핵분열성 물질이 일정한 조건에서 스스로 계속해서 연쇄반응을 일으키는 데 필요한 최소한의 질량을 뜻한다. 더 쉽게 말하면 '변화를 얻기 위한 필요한 양'이다. 따라서 '크리티컬 매스'에 이를 때까지 인내하지 못하면 어떤 분야에서도 성공할 수 없다.

영적 전쟁에서도 마찬가지다. 이 전쟁에서 이기려면 최소한 한 시간 기도해야 한다. 날마다 한 시간 기도를 간절히 하면 기도하는 습관을 갖게 되어 영적 전쟁에서 백전백승을 할 수 있다. 마귀는 이를 너무 잘 알고 있기에 수단과 방법을 동원하여 한 시간 기도에 성공하지 못하게 한다. 한 시간 기도에 성공하지 못하면 결코 영적 전쟁에서 이기지 못하고 주님의 뜻대로 살아갈 수 없음을 명심하고 주께서 친히 정해주신 한 시간 기도의 분량을 채우기 위해 힘써야 한다.

요즘 대형교회 주도로 기도 운동이 활발히 전개되고 있다. 가장 대표적인 것은 오륜교회에서 주관하는 '다니엘기도회'와 대전한밭교회에서 주관하는 '50일 기도학교'다. 이렇게 한국교회가 기도 운동을 일으키고 있는 것은 칭찬받아 마땅하다. 왜냐하면 기도 운동을 통하여 잠자는 영혼들이 깨어나고 교회 부흥의 새로운 활력소가 되기 때문이다.

그런데 안타까운 것은 대부분 특정 기간에는 열심히 기도하지만, 그 후로는 그렇게 하지 않는다는 것이다. 왜 이런 현상이 빚어질까? 기도하지 않으면 영적 전쟁에서 패배하여 마귀의 종으로 살아가야 한다는 것을 모르기 때문이다. 즉 기도가 영적 전쟁의 가장 강력한 무기인 것을 제대로 깨닫지 못했기 때문이다. 베드로는 이렇게 말한다.

> "근신하라 깨어라 너희 대적 마귀가 우는 사자같이 두루 다니며 삼킬 자를 찾나니"(벧전 5:8).

마귀가 우는 사자같이 두루 다니며 삼킬 자를 찾는데 특정 기간에만 기도하면 어떻게 우리가 마귀와의 싸움에서 이길 수 있겠는가? 날마다 한 시간 기도의 습관을 가진 자라야 마귀와의 영적 전쟁에서 이기고 하나님의 뜻대로 살아갈 수 있다.

기도는 끊임없이 배워야 한다

인생은 배움의 연속이다. 배움이 멈추는 순간 성장도 멈춘다. 이는 영적 세계에서도 동일하다. 베드로는 이렇게 권한다.

"오직 우리 주 곧 구주 예수 그리스도의 은혜와 그를 아는 지식에서 자라 가라…"(벧후 3:18).

자라가려면 배워야 한다. 제자는 헬라어로 '마세테스'(μαθητής)로서 배운다는 뜻을 가진 '만타노'(μανθάνω)에서 온 명사다. 영어의 '디사이플'(disciple)도 '배운다'는 뜻을 가진 라틴어 동사 '디스코'(disco)에서 유래하였다. 따라서 제자는 스승에게서 무엇을 배우는 자다. 우리의 스승은 오직 예수 그리스도시다. 따라서 예수 그리스도께서 기도하신 것처럼 기도하도록 배워야 한다.

예수께서는 금식기도로 공생애를 준비하셨고(마 4:1-2), 새벽 미명에 기도하셨고(막 1:35), 열두 제자를 선택하시기 전 밤이 새도록 기도하셨다(눅 6:12-13). 제자들에게 기도를 어떻게 해야 하는지 가르치셨고(마 6:5-15), 문제 앞에서 기도하셨고(요 11:17-44), 제자들에게 기도하라고 명령하셨다(요 16:24). 십자가를 지시기 전 간절히 기도하셨고(눅 22:44; 히 5:7), 십자가에서 죽으시는 순간까지도 기도하셨다(눅 23:46). 왜 우리가 날마다 새벽에 기도하고, 철야기도를 하고, 금식기도를 하고, 특별히 문제가 생기면 기도하는가? 예수께서 그렇게 하셨기 때문이다.

기도를 배우는 최고의 방법은 실제로 기도하는 것이다. 성경의 인물 중 능력 있는 기도의 사람을 단 한 명만 꼽으라고 하면 단연코 엘리야라고 말할 것이다. 그의 기도가 얼마나 능력이 있었는지는 야고보서 5장 17-18절을 보면 알 수 있다.

> "엘리야는 우리와 성정이 같은 사람이로되 그가 비가 오지 않기를 간절히 기도한즉 삼 년 육 개월 동안 땅에 비가 오지 아니하고 다시 기도하니 하늘이 비를 주고 땅이 열매를 맺었느니라."

비가 3년 6개월이나 오지 않았던 것도, 다시 비를 내리게 한 것도 엘리야의 기도로 말미암았다. 그런데 엘리야가 처음부터 이렇게 능력 있게 기도한 것이 아니다. 기도하면서 기도를 배웠기 때문이다. 그는 기도로 기도했고, 기도 안에서 기도했다. 기도하는 것보다 기도를 배울 수 있는 다른 방법은 없다. 기도는 끊임없이 배워야 한다.

바울은 디모데에게 보낸 편지에서 이렇게 권한다.

> "네가 이것으로 형제를 깨우치면 그리스도 예수의 좋은 일꾼이 되어 믿음의 말씀과 네가 따르는 좋은 교훈으로 양육을 받으리라"(딤전 4:6).

이 말씀은 언뜻 보면 가르침을 받는 형제가 그리스도 예수의 좋은 일꾼이 되고, 좋은 교훈으로 양육을 받는다는 말처럼 들린다. 그러나 좋은 일꾼이 되는 것은 형제가 아니라 하나님의 말씀을 가르치는 자인 '네', 즉 디모데다. 이를 통하여 무엇을 깨달을 수 있는가? 가르치는 것이 최고의 배움이라는 것이다. 한 사람이 기도에 관한 모든 지식을 가지고 있다 할지라도 실제로 기도하지 않으면 기도를 제대로 배우지 않은 것이다. 실제로 행하는 것보다 더 나은 배움은 없다.

에디슨은 1921년에 이렇게 말했다.

"우리는 어떤 사물에 관하여 1%의 백만 분의 일도 알지 못합니다. 우리는 물이 무엇인지 모릅니다. 빛이 무엇인지 모릅니다. 중력이 무엇인지 모릅니다 우리는 우리가 일어설 때 무엇이 우리의 발을 땅에 지탱시키는지 모릅니다. 우리는 전기가 무엇인지 모릅니다. 열이 무엇인지 모릅니다. 자기(磁氣)에 대해 아무것도 모릅니다. 우리는 이것들에 관해 많은 가설들을 가지고 있지만 그것이 전부입니다. 그러나 이 모든 것들에 대해 무지하다고 해서 우리가 그것을 이용하지 못하는 것은 아닙니다."

에디슨이 말한 것처럼 우리가 전기에 대해 거의 모르지만 오늘날 전기 기술을 크게 발전시킬 수 있었던 이유는 무엇인가? 우리가 계속해서 전기를 사용하기 때문이다. 마찬가지로 우리가 계속 기도할 때 기도를 더 배우므로 하나님과의 관계를 친밀하게 맺을 수 있다.

기도를 배우기 위해서는 무엇보다 기도하는 시간을 아끼지 말아야 한다. 세상에서도 무엇인가를 배우기 위해 시간을 투자하지 않는가? 학습자들은 능숙해지기까지 매일 정기적으로 시간을 투자한다. 기도하는 데 시간을 드리지 않으면 결코 기도를 제대로 배울 수 없다. 예수께서 새벽 미명에 일어나셨고 때로는 밤을 지새우신 것은, 조금이라도 더 기도하기 위해 하나님께 시간을 드리신 것이다.

기도의 사람들은 날마다 몇 시간씩 기도했다. 기도를 배우기 위해 시간을 드리지 않는 것은 기도를 배우지 않겠다는 뜻이다. 현대인들은 기도조차 할 시간이 없이 바쁘게 살아간다. 그러나 바쁘다는 이유로 기도하지 않는다면 결코 기도를 배울 수 없다. 기도를 배우려면 적어도 날마다 한 시간은 하나님께 드려야 한다.

그런데 기도를 배우기 위해서는 넘어야 할 장벽이 있다. 그것은 절망적인 상황에서도 계속 기도하는 것이다. 예수께서는 우리가 절망의 밤을 통과해야 할 것을 아시고 항상 기도하고 낙심하지 말아야 할 것을 '과부와 재판장 비유'를 통하여 말씀하셨다(눅 18:1-8). 마귀는 우리가 절망하면 기도하지 못한다는 것을 알기에 끊임없이 기도하지 못하도록 절망적인 상황을 만든다. 이런 상황에서도 기도하여 기적을 경험한 감동적인 이야기를 소개한다. 이는 앨리스 그레이의 《내 인생을 바꾼 가족 사랑》(두란노, 이마리 역, 2004)에서 가져온 글이다.

> "어느 날, 5살짜리 딸이 아빠에게 다가와 다소 괴로운 목소리로 물었다. '아빠, 너무 더운데 수영장에 가면 안 돼?'
> '나중에 가자꾸나.'
> '왜 오늘은 안 돼?'
> '아빠는 수영장에 갈 돈이 없어서 지금은 못 간다.'
> 그러자 딸아이는 아빠의 말을 듣자, '나는 하나님한테 부탁할 거야!' 하며 자신의 방으로 뛰어 들어갔다. 아빠는 호기심이

생겨서 딸의 방문 앞에 서서 딸이 무엇을 하는지 엿들었다.

'하나님, 여기는 오늘 너무너무 더워요. 진짜 너무너무 더워요. 그래서 나는 수영장에 가고 싶어요. 그런데 아빠는 돈이 없어서 저를 데려갈 수 없대요. 그러니 제발 하나님이 어떻게 좀 해 주실래요? 고맙습니다. 하나님. 아멘.'

기도를 마친 아이는 자기 방으로 달려가서 수영복을 입었다. 목에다 수건까지 두르고 현관을 향해 걸어가면서 이렇게 말하는 것이다.

'나는 밖에 나가서 하나님이 어떻게 하실 건지 기다릴 거야!'

딸아이는 무릎에 팔꿈치를 붙이고 손에 턱을 받친 자세로 현관 앞 계단에 자리 잡고 앉았다. 바로 그때 집에 있는 전화벨이 울렸다. 전화를 한 사람은 이웃집에 사는 부인이었다.

'이웃에 사는 사람들끼리 서로 친해지면 좋겠어요. 우리가 지금 컨트리클럽으로 수영하러 가려고 하는데 함께 가면 어떨까요? 저희에게 무료로 수영할 수 있는 표가 있거든요.'

이때 그 딸의 아빠는 얼른 대답했다.

'좋지요! 그런데 언제쯤 가실 계획인가요? 저희가 준비할 시간이 좀 필요한데요….'

그러자 이웃집 부인이 말했다.

'괜찮아요. 우리도 아직 준비가 전혀 안 됐거든요. 사실은 몇 분 전까지만 해도 수영장에 가려고 생각하지 않았는데 갑자기 가고 싶어서 전화하는 겁니다.'"

평소 전립선비대증으로 야간에 빈뇨 현상이 있어서 비뇨기과에 정기적으로 내원하여 약을 처방받아 복용하고 있었다. 그런데 담당 의사가 러시아 소치에서의 유대인 목회자 제자훈련세미나를 한 주

앞둔 상황에서 전립선암 지표로 삼는 PSA(전립선 특이항원) 수치가 정상치보다 높다며 대학병원에 가서 종합검사를 받을 것을 권유했다.

미리 예약을 하고 소치에서 사역을 마치고 귀국한 후 신촌 세브란스 병원에 갔다. 약속한 시간 전에 도착했지만 먼저 도착한 사람들이 많았기에 기다릴 수밖에 없었다. 대기석에 앉아서 신명기를 읽을 때 크게 마음에 부딪히는 구절이 있었다.

"평생에 자기 옆에 두고 읽어 그의 하나님 여호와 경외하기를 배우며 이 율법의 모든 말과 이 규례를 지켜 행할 것이라"(신 17:19).

특별히 '배우며'가 와닿았다. 왕은 가장 높은 자리에 앉는 자다. 그런데 왕도 평생 자기 옆에 율법서를 두고 읽어 하나님 여호와 경외하기를 배우라고 말씀하신 것이다. 무슨 말씀인가? 여호와 경외하기를 배우는 일에 면제받은 자는 아무도 없다는 것이다. 그렇다. 모든 학교에는 졸업식이 있지만 말씀과 기도학교에는 졸업식이 없다. 하나님께서 부르시는 그날까지 계속해서 말씀과 기도를 배워야 한다. 바울의 권면이 귓전을 울린다.

"오직 사랑 안에서 참된 것을 하여 범사에 그에게까지 자랄지라 그는 머리니 곧 그리스도라"(엡 4:15).

기도가 살면 예수님처럼
믿음으로 살고 사역한다

내가 복음을 전하도록 성도들을 훈련하는 도구 중에 '3분복음메시지'라는 것이 있다. 이는 다음과 같이 시작한다.

"혹시 복음이란 말을 들어보셨습니까? 복음이란 예수께서 우리의 죄를 대신하여 십자가에 못 박혀 죽으시고 부활하신 것입니다. 누구든지 이 복음을 믿으면 구원받을 수 있습니다."

그렇다. 예수께서 우리의 죄를 대신하여 죽으시고 부활하신 사실, 즉 복음을 믿으면 죄 사함을 받고 구원을 받는다.

그런데 구원받은 사람은 여기서 멈추지 말고 반드시 예수님처럼 믿음으로 살아가야 한다. 그래서 바울은 선지자 하박국의 말을 인용하여 다음과 같이 말한다.

"복음에는 하나님의 의가 나타나서 믿음으로 믿음에 이르게 하나니 기록된바 오직 의인은 믿음으로 말미암아 살리라 함과 같으니라"(롬 1:17).

믿음으로 산다는 것은 구체적으로 어떤 의미인가? 크게 다섯 가지로 말할 수 있다.

첫째로, 하나님의 말씀대로 살아가는 것이다.

즉 믿음으로 사는 것은 하나님의 말씀에 순종하는 것이다. 마귀는 하나님의 말씀에 순종하지 못하도록 유혹한다. 이를 물리치고 말씀에 순종하기 위해서 믿음은 절대적이다. 첫 사람 아담은 이 일에 실패했지만, 예수께서는 승리하셨다(마 4:4, 7, 10). 지금 말씀에 순종하고 있지 않다면 믿음으로 살아가고 있는 것이 아니다. 특별히 예수께서 마지막으로 "가서 제자 삼으라"라고 명령하셨는데 이에 순종하고 있지 않다면 믿음으로 살고 있는 것이 아니다.

둘째로, 하나님의 약속을 믿는 믿음으로 살아가는 것이다.

아브라함이 믿음의 조상이라고 불리게 된 것은, 그가 하나님의 약속을 믿었기 때문이다(창 15:4-6). 히브리서 11장은 믿음 장으로 불린다. 그곳에 등장하는 믿음의 영웅들의 공통점은 하나님의 약속이 이루어질 것을 믿는 믿음으로 살아갔다는 것이다. 하나님의 약속을 온전히 믿고 있지 않다면 믿음으로 살아가는 것이 아니다.

셋째로, 하나님께 온전히 맡기는 삶을 살아가는 것이다.

인생 최대의 짐은 죄의 짐이다. 이보다 더 무겁고 큰 짐은 없다. 그런데 예수께서 우리의 죄를 대신하여 십자가에 못 박혀 죽으시고 부활하심으로 모든 죄의 짐에서 벗겨주셨다. 이를 믿고 주님께 인생의 모든 짐을 맡기는 것이 믿음이다.

"너희 염려를 다 주께 맡기라 이는 그가 너희를 돌보심이라"(벧전 5:7).

어떤 트럭 운전자가 시골의 포장되지 않은 길을 가던 중 할머니한 분이 머리에 무거운 짐을 이고 힘들게 걸어가는 것을 보고 할머니를 차에 태웠다. 얼마를 가다가 백미러로 뒤를 보았더니 할머니가 여전히 짐을 머리에 이고 있는 것을 발견하고 차를 세우고 할머니에게 물었다.

"왜 짐을 내려놓지 않고 그대로 이고 있습니까?"

"태워 주신 것만도 고마운데, 어떻게 짐까지 내려놓을 수 있겠습니까?" 마치 이 이야기 속 할머니처럼 주님께 모든 것을 맡기고 살아가고 있지 않다면 믿음으로 살아가는 것이 아니다.

넷째로, 하나님께서 함께하심을 믿고 담대히 살아가는 것이다.

믿음은 보이지 않는 하나님을 보는 것같이 행동하게 한다. 그래서 히브리서 기자는 믿음을 이렇게 말한다.

> "믿음은 바라는 것들의 실상이요 보이지 않는 것들의 증거니"(히 11:1).

담대함은 믿음에 비례한다. 두려움 가운데 있다면 믿음이 없다는 증거다.

4세기의 교부 크리소스톰의 일화는 하나님의 함께하심을 믿고 믿음으로 살아가는 것이 어떤 삶인지를 보여준다. 그가 로마 황제의 신성을 부정하고 오직 예수 그리스도만이 주이심을 고백하다 체포되어 아르카디우스 황제에게 심문을 받게 되었다.

"너를 추방해 버리겠다."

"황제여, 그것은 불가능합니다. 온 세상이 아버지의 집이니 나를 어디로 추방해도 어디든 다 내 집입니다."

"너의 전 재산을 몰수해 버리겠다."

"그것도 불가능합니다. 내 재산은 다 하늘에 쌓아두었기에 뺏을 수가 없습니다."

"너를 옥에 집어넣어서 평생 고독하게 고생시키다 죽이겠다."

"그것도 불가능합니다. 그리스도께서 영원한 친구가 되어 항상 나와 함께하시기 때문입니다."

다섯째로, 하나님의 약속이 이루어질 것을 믿고 인내하는 것이다. 히브리서 기자는 "너희에게 인내가 필요함은 너희가 하나님의 뜻을 행한 후에 약속하신 것을 받기 위함이라"(히 10:36)라고 말하고 있다. 믿음으로 산다는 것은 하나님의 약속이 이루어질 것을 믿고 인내한다는 것이다. 아브라함도, 요셉도, 욥도 인내했다. 그런데 인내하기 위해서는 반드시 절망과 싸워서 이겨야 한다. 믿음의 조상 아브라함도 바랄 수 없는 중에 바라고 믿었다(롬 4:18). 마틴 루터가 종교개혁에 성공할 수 있었던 것도 아내의 상복 사건으로 절망과의 싸움에서 이겼기 때문이다.

그런데 이렇게 하나님의 말씀대로 살아가고, 하나님의 약속을 믿음으로 행하고, 하나님께 모든 문제를 맡기고, 하나님께서 함께하심을 믿기에 담대히 행하며, 인내의 삶을 살아가는 것은 말처럼 쉬운 것이 아니다. 이는 인간의 의지와 힘과 능력으로는 불가능한 일이다. 하나님께서 이를 아시고 우리가 믿음으로 살아가도록 무기를 주셨는데 그것이 바로 기도다.

앞서 살펴보았듯이 믿음과 기도는 불가분의 관계에 있다. 기도는 하나님께서 우리에게 주신 가장 큰 축복과 은혜의 선물이다. 공기가 없으면 살 수 없듯이 기도 없이는 믿음으로 살아갈 수 없다. 따라서 믿음이 있다고 말하지만 기도하지 않는 자는 이미 영적으로 죽은 것이다. 기도해야 예수님처럼 믿음으로 살아갈 수 있다. 죽은 기도를 하고 있다면 믿음으로 살아가는 것이 아니고, 믿음으로 살아가고 있지 않다면 죽은 기도를 하고 있는 것이다.

또한 기도하면 예수님처럼 사역할 수 있다. 예수께서는 우리의 삶과 믿음과 사역의 모델이시다. 따라서 단지 예수님처럼 믿음으로 살려고만 하지 말고 사역하기 위해 힘써야 한다. 예수께서 공생애 중 행하신 주된 사역은 세 가지다.

"예수께서 온 갈릴리에 두루 다니사 그들의 회당에서 가르치시며 천국 복음을 전파하시며 백성 중의 모든 병과 모든 약한 것을 고치시니"(마 4:23, 참조 9:35).

즉 예수께서는 가르치시고, 전파하시고, 치유하셨다. 예수께서 이처럼 세 가지 사역을 하신 것은, 무엇보다 자신이 메시아이심을 증거하신 것이다. 그런데 예수께서는 혼자만 세 가지 사역을 하시지 않고, 제자들도 예수님처럼 세 가지 사역을 하도록 훈련하셨다. 이를 '제자훈련'이라고 일컫는다. 따라서 예수님을 본받으려면 예수님처럼 세 가지 사역을 해야 하고 다른 사람들도 그렇게 하도록 훈련해야 한다.

여기서 세 가지 사역의 순서에 주목할 필요가 있다. 예수께서 이 땅에 오신 것은 전도하시기 위해서다. 이런 사실은 예수께서 친히 말씀하신 것을 통해 알 수 있다.

"이르시되 우리가 다른 가까운 마을들로 가자 거기서도 전도하리니 내가 이를 위하여 왔노라 하시고"(막 1:38).

따라서 세 가지 사역 중, 전도가 가장 먼저 나오는 것이 논리적이다. 그런데 마태는 그렇게 하지 않고 전도를 세 가지 사역 중 정 가운데 배치했다. 즉 전도보다 가르침을 앞세웠고 전도 다음에는 치유 사역이 뒤따르게 했다. 왜 그렇게 했는가? 이는 다른 사람을 가르쳐서 함께 전도하면 효과적으로 복음을 전할 수 있고, 또 전도할 때 치유가 따르면 능력있게 복음을 전할 수 있기 때문이다. 즉 마태가 세 가지 사역 중 전도를 가운데 둔 것은 세 가지 사역의 핵심이 전도라는 것이다. 따라서 우리도 예수님처럼 전도하려면 다른 사람을 가르쳐서 함께 전도해야 하고, 전도하는 현장에 치유가 따르도록 해야 한다.

그런데 오늘날 우리는 어떻게 사역하고 있는가? 전도를 위해 가르치거나 치유하지 않고, 세 가지 사역을 각각 따로 행하고 있다. 어떤 교회는 가르치는 것만 강조하고, 어떤 교회는 전도만 강조하고, 어떤 교회는 치유만 강조한다. 또 어떤 교회는 전도와 치유는 강조하는데 가르치는 것은 강조하지 않고, 어떤 교회는 가르치고 전도하는 것은 강조하는데 치유는 강조하지 않고, 어떤 교회는 가르치고 치유하는 것은 강조하는데 전도는 하지 않는다. 즉 예수님처럼 전도를 위해 가르치고 치유하는 교회는 거의 찾아볼 수 없다.

그러나 전도하지 않고 가르치기만 하면 영적으로 교만하게 되고(고전 8:1), 전도하지 않고 치유만 하면 표적만 따르는 신앙으로 전락한다. 그리고 전도만 하고 가르치지 않으면 복음을 효과적으로 전할 수 없고, 말로만 복음을 전하고 치유하지 않으면 복음을 능력있게 전할 수 없다.

그동안 우리는 기도를 어떻게 생각했는가? 주로 문제 해결의 수단과 도구로 생각했다. 그러나 기도는 예수님처럼 믿음으로 살게 하고, 사역하도록 하는 강력한 무기다. 예수님처럼 믿음으로 살고 사역하겠다고 하면서도 기도하지 않는다면 이는 거짓에 불과하다. 예수께서 공생애 동안 기도하심으로 믿음으로 살아가셨듯이 우리도 기도함으로 믿음으로 살아가야 하고, 예수께서 기도로 사역하셨듯이 우리도 기도로 세 가지 사역을 해야 한다. 기도는 우리를 예수님처럼 믿음으로 살고 사역하도록 인도한다.

기도 만능주의와 무용론을 멀리하라

현대인이 기도와 관련해서 크게 오해하는 것들이 있다. 하나는 기도하면 모든 것이 이루어진다고 생각하는 '기도 만능론'이고, 다른 하나는 기도해 보았자 소용이 없다고 생각하는 '기도 무용론'이다. 문제는 기도 만능론이나 무용론을 주장하는 사람들이 모두 성경적 근거를 갖고 주장한다는 것이다. 기도 만능론을 대표하는 성경 구절은 마가복음 9장 29절이다.

"이르시되 기도 외에 다른 것으로는 이런 종류가 나갈 수 없느니라."

또한 기도 무용론을 대표하는 것은 마태복음 6장 7-8절이다.

"또 기도할 때에 이방인과 같이 중언부언하지 말라 그들은 말을 많이 하여야 들으실 줄 생각하느니라 그러므로 그들을 본받지 말라 구하기 전에 너희에게 있어야 할 것을 하나님 너희 아버지께서 아시는

니라"(참조, 욥 30:20-21).

　기도 만능론과 기도 무용론이 우리 안에 스며들어 자리 잡으면 건강한 기도 생활을 저해하기에 속히 이를 제거하고 바른 기도론을 가져야 한다.
　먼저 기도 만능주의에 대해 살펴본다. 지금껏 기도는 삶과 믿음과 사역에 지대한 영향을 미치는 가장 중요한 요소임을 역설해 왔다. 따라서 언뜻 보면 내가 기도 만능론에 가까운 주장을 하고 있다고 생각할 수도 있다. 물론 기도의 중요성을 강조하는 것과 기도 만능론은 일정 부분 맥을 같이한다. 그러나 기도의 중요성을 강조하는 것과 기도 만능론은 전혀 다른 개념이다. 전자는 주께서 기도하라고 하셨기에 이에 순종해야 함을 강조하는 것이고, 후자는 기도하면 모든 문제를 해결할 수 있다는 것을 강조하는 것이다. 기도 만능론의 문제가 무엇인지 구체적으로 살펴보기로 하자.
　첫째로, 하나님의 자유를 제한하기 때문이다. 하나님께서는 우리와 인격적으로 교제하시지만 동시에 초월적으로 존재하신다. 따라서 하나님께서는 자기 마음대로 모든 일을 결정하시고 행하실 수 있다. 우리의 기도에 응답을 하실 수도 있고 하시지 않을 수도 있다. 그런데 기도 만능론을 주장하면 어떻게 되는가? 하나님의 자유를 침해하고 제한하는 결과를 초래한다. 피조물이 창조주 하나님의 자유를 침해하고 제한한다는 것이 말이 되는가?
　둘째로, 성경의 일부분만 강조하기 때문이다. 성경은 우리가 무엇이든지 기도하면 응답하신다고 약속한다.

　　"내 이름으로 무엇이든지 내게 구하면 내가 행하리라"(요 14:14).

그런데 기도의 응답을 받기 위해서는 일정 조건을 갖추어야 한다고 말씀하는 구절도 있다.

"너희가 내 안에 거하고 내 말이 너희 안에 거하면 무엇이든지 원하는 대로 구하라 그리하면 이루리라"(요 15:7, 참조 약 4:3).

법 질서에서는 특별법이 일반법을 우선하듯이, 기도에서는 모든 기도의 응답을 약속한 구절보다 응답을 제한한 구절이 우선한다. 따라서 무엇이든지 기도하면 응답해 주신다는 구절만 크게 강조해서 기도 만능론을 주장하는 것은 바람직하지 않다.

셋째로, 교제형 기도보다는 간구형 기도를 하기 때문이다. 기도 만능론은 기도로 모든 문제를 해결할 수 있다고 생각하므로 간구형 기도와 맥을 같이한다. 그러나 기도 만능론은 하나님의 뜻보다는 자기의 뜻에 관심을 두기 때문에 바른 기도론이 아니다. 하나님께서는 우리의 구하는 모든 기도에 응답하시는 것보다 범사에 우리와 교제하시는 데 더 깊은 관심을 가지고 계시다. 하나님께서는 간구형 기도보다 교제형 기도를 원하신다.

넷째로, 각자의 책무를 소홀히 하게 되기 때문이다. 어떤 일을 성취하려면 하나님께서 하셔야 할 것이 있고 사람이 해야 할 것이 있다. 그런데 기도 만능론을 주장하면 기도하는 데는 최선을 다해도 자신이 해야 할 일은 최선을 다하지 않는다. 기도의 역할이 무엇인지를 알려주는 예화다. 어떤 사람이 마차를 끌고 가다가 마차 바퀴가 진흙에 빠졌다. 앞으로 나가기도 어렵고 뒤로 후진하기도 어려운 상황이었다. 그는 하나님께 간절히 기도했다. "하나님, 마차를 수렁에서 건져 주소서." 천사가 내려와서 마부의 뒤통수를 치며 이렇게 말했다. "밀면서 기도해!"

마차를 진흙에서 빼내기 위해서는 뒤에서 마차를 밀 뿐 아니라 잘 빠져 나갈 수 있도록 기도해야 한다. 아무것도 하지 않고 기도만 한다고 해서 해결될 문제가 아니다. 이런 기도는 자신이 해야 할 일을 하나님께 떠넘기는 것이다. 기도 응답은 사람과 하나님의 협업으로 이루어진다. 하나님께서 주시지 않으면 인간은 아무것도 받을 수 없지만 그렇다고 사람이 얻기 위해서 아무것도 하지 않아도 되는 것은 아니다. 문제 해결을 원한다면 열심히 기도할 뿐 아니라 열심히 노력해야 한다.

다섯째로, 삶의 변화와 성숙에는 크게 관심을 가지지 않기 때문이다. 기도 만능론은 문제의 해결에만 초점을 맞춘다. 따라서 기도 만능론을 주장하는 자는 삶의 변화와 성장에는 크게 관심을 두지 않는다. 이는 마치 굿을 하는 것에 견줄 수 있다. 왜 굿을 하는가? 당면한 문제를 해결하기 위해서다. 굿을 하는 자는 자신이 비는 목적이 윤리적이냐 비윤리적이냐에 대해서는 전혀 관심이 없다. 마찬가지로 기도 만능론을 주장하는 사람은 자신의 문제만 해결하려고 하므로 삶의 변화와 성숙에는 전혀 관심을 두지 않는다.

여섯째로, 기도로만 모든 일의 결과를 평가하기 때문이다. 기도 만능론자들은 어떤 결과가 좋게 나오면 기도를 많이 했기 때문이라고 말하고, 나쁘게 나오면 이는 기도가 부족했기 때문이라고 말한다. 물론 기도가 일의 결과에 영향을 미치는 경우는 얼마든지 있다. 특별히 기도 없이 기적은 일어날 수 없다. 그렇다고 모든 일의 결과를 오직 기도로 평가한다는 것은 예수님의 평가 방법과는 거리가 멀다.

예수께서 제자들을 책망하기도 하고 칭찬하기도 하셨는데, 그 기준은 기도가 아니라 믿음이다. 만일 모든 일을 기도로 평가하면 어떻게 되겠는가? 자신이 맡은 일에 최선을 다하지 않고 오직 기도만

하려고 할 것이다. 만일 모든 사람이 기도만 하고 있다면 이 세상이 어떻게 돌아가겠는가?

기도 만능론은 이토록 위험한 요소를 지니고 있다. 기도 만능론을 무비판적으로 받아들이면 하나님의 일하시는 방법을 놓치게 할 수도 있음을 명심해야 한다. 기도는 마치 노를 젓는 배와 같다. 양쪽 노를 저어야 배가 앞으로 나아가듯이 문제의 해결도 기도와 함께 이를 해결하려는 노력이 있어야 한다.

그렇다고 자신의 노력과 기도의 능력을 동등하게 생각해서는 안 된다. 즉 하나님과 자신이 각각 50프로씩 역할을 해서 문제를 해결하는 것으로 이해하면 안 된다. 스스로 문제를 해결하기 위해 애쓰면서 동시에 열심히 기도해야 한다. 자신은 아무것도 하지 않고 기도만 하면 하나님께서 다 해결해 주실 것으로 믿는 것은 미신이다. 자신이 최선을 다하지만, 하나님께서 은혜를 베푸시지 않으면 안 된다고 생각하고 간절히 기도해야 한다.

이제 기도 무용론에 대하여 살펴보자. 이를 주장하는 자들은 기도의 능력을 간과하기 때문에 기도하는 데 시간과 정력을 낭비하지 말 것을 주문한다. 기도 무용론은 크게 네 가지로 구분할 수 있다.

첫째로, 무경험적 기도 무용론이다. 자신이 기도했지만 응답받지 못한 경험에 근거하여 기도할 필요가 없다고 주장한다. 한마디로 기도했지만, 아무 소용이 없기에 기도할 필요를 느끼지 않는다는 것이다. 기도를 오직 자신의 경험을 기반으로 판단한다. 예를 들면 기도했지만 입시에 떨어졌거나, 질병을 고침받지 못했거나, 문제를 해결받지 못했기 때문에 기도가 필요 없다는 것이다.

둘째로, 불필요적 기도 무용론이다. 자신은 기도하지 않아도 잘 먹고, 잘살 수 있기에 기도가 필요하지 않다고 주장한다. 일반적으로 국민소득이 3만 불을 넘으면 하나님을 찾지 않는다고 한다. 한국 교회가 갈수록 기도의 열기가 식어가고 있는 것은, 10대 경제 대국이 될 정도로 부유한 나라가 되었기 때문이기도 하다.

셋째로, 비경제적 기도 무용론이다. 경제적인 측면에서 볼 때 기도는 시간적인 낭비라고 주장한다. 이들은 기도보다 더 인생을 낭비하는 것은 없다고 생각한다. 따라서 일하지 않고 몇 시간씩 기도하고, 때론 밤새워 기도하고, 심지어 금식까지 하며 기도하는 자들을 거세게 비난한다. 빌 게이츠가 한 인터뷰에서 자신이 교회에 안 가는 이유에 대해 이렇게 밝혔다. "교회 나가서 예배드리는 그 시간에 내가 일을 하는 것이 훨씬 생산적이다. 종교는 경제적인 발전에서는 대단히 비효율적인 행위다." 빌 게이츠만 이렇게 생각하는 것이 아니다. 물질만능주의에 길들여진 현대인들은 대부분 이렇게 생각하고 있다.

넷째로, 무신론적 기도 무용론이다. 하나님의 존재를 믿지 않기 때문에 기도하지 않는다고 주장한다. 신의 존재를 믿지 않는데 어떻게 신에게 도움을 청하겠는가? 이는 주로 지성적이고 합리적인 생각을 하는 사람들이 많이 갖는 기도론이다. 이들 중에는 심지어 기도를 일종의 마술과 주술로 이해하는 자들도 있다. 그래서 기도를 하나님께 하는 것이 아니라 자기최면이나 정신 수양, 심리 효과, 플라시보 효과 정도로 생각한다.

네 가지 기도 무용론 가운데서 그리스도인과 관련한 것은 첫째와 둘째, 즉 무경험적 기도 무용론과 불필요적 기도 무용론이다. 나는 예수님을 영접하기 전까지만 해도 무신론적 기도 무용론자였다. 그러나 거듭난 후 기도 무용론과는 전혀 상관없이 살아가고 있다.

그런데 교회를 오래 다니고 직분까지 받았지만, 무경험적 기도 무용론과 불필요적 기도 무용론을 믿는 자들을 적지 않게 만날 수 있다. 앞서 언급한 이카림 원장(D3평신도훈련원장)도 나를 만나 훈련받아 사역자가 되기 전까지만 해도 불필요적 기도 무용론자였다. 매주 주일예배를 드리고 각종 헌금을 드리고 집사 직분을 받았지만, 한 번도 기도하지 않았다. 왜냐하면 기도할 이유를 찾지 못했기 때문이다. 심지어 자신처럼 고상한 사람은 기도와 어울리지 않는다고 생각했다.

교회에 다니지만, 아직도 이런저런 이유로 기도하고 있지 않다면 복음을 믿고 거듭난 경험이 없다는 증거다. 영적으로 거듭나면 마치 갓난아이가 스스로 어미의 젖을 빨듯이 누가 가르쳐 주지 않아도 스스로 하나님을 찾는다. 기도하고 말씀을 사모한다.

사실 독자들 가운데는 아직 거듭나지 않은 분은 없을 것이다. 왜냐하면 기도는 거듭난 그리스도인이 그의 아버지이신 하나님과 대하는 것이기 때문이다. 그러나 주변에는 아직 거듭나지 못한 분들이 부지기수임을 알고 그들에게 먼저 복음을 전하여 거듭나게 하고, 그들이 하나님을 간절히 찾도록 가르쳐야 한다.

그리스도인이 해야 할 일들 가운데 가장 중요한 것은 기도다. 기도는 기적이고, 예배이고, 교제이고, 삶이고, 사명이고, 사역이고, 비전이다. 기도하지 않고서는 믿음으로 살 수 없고, 하나님의 뜻대로 살아갈 수도 없다. 기도 없이는 그리스도인으로서 제대로 할 수 있는 것은 아무것도 없다.

예수께서는 우리의 삶과 신앙과 사역의 모델이시다. 예수님처럼 믿음으로 살고 사역하고 싶다면 기도해야 한다. 죽은 기도를 살리고 더욱 기도에 힘써야 한다. 다시 기도해야 한다. 다시 기도가 답이다.

에필로그

잠언 기자는 이렇게 말한다.

"사람이 마음으로 자기의 길을 계획할지라도 그의 걸음을 인도하시는 이는 여호와시니라"(잠 16:9).

짧은 인생을 살아오면서 이 말씀에 고개를 끄떡인 경우는 셀 수 없이 많다. 이런 일이 본서를 집필하는 과정에서도 또다시 일어났다. 원래 본서를 집필하려고 한 동기는 기도하면 모든 문제를 해결 받는 기적을 경험할 뿐만 아니라 세상 사람들과는 전혀 다른 삶을 살아갈 수 있다는 것을 힘주어 말하기 위해서였다. 그런 이유는 성경은 "아무것도 염려하지 말고 다만 모든 일에 기도와 간구로, 너희 구할 것을 감사함으로 하나님께 아뢰라"(빌 4:6)라고 말씀하고 있음에도 불구하고 비신자처럼 세상의 염려와 걱정에 찌든 채 살아가는 그리스도인들이 부지기수이기 때문이다.

그런데 이런 계획은 수포로 돌아가고 말았다. 성령께서 내가 전혀 뜻하지 않은 주제를 다루게 하셨다. 그래서 본서의 제목도 '한 시간 기도의 기적'에서 '다시 기도'로 바뀌었고, 부제목도 '기도는 예수 그리스도의 삶과 신앙과 사역을 복원한다'로 바뀌었다.

본서를 집필하면서 가장 힘들었던 것은, 아직도 이전만큼 뜨겁게 기도하지 못한다는 것이다. 그러나 하루 세 번 기도하려고 몸부림을 쳤고, 무시 기도를 습관화하려고 힘썼다. 본서를 집필하는 중에 이탈리아, 인도네시아, 일본, 튀르키예, 러시아, 아르메니아, 헝가리 등 여러 나라에서 사역하였고, 국내에서도 집회를 인도하느라 기도하는 시간을 확보하기 힘들었다. 그래서 때로는 기내에서 오랜 시간 기도하기도 했고, 사역지에서 장거리를 이동할 때는 차 안에서 기도했다. 만일 본서를 집필하지 않았다면 조금이라도 더 기도하려고 몸부림을 치지 않았을 것이다. 그래서 어쩌면 본서의 최고 수혜자는 필자 자신이다.

본서가 나올 수 있도록 기도로 후원한 이카림 D3평신도훈련원장님, 본서의 제목을 '다시 기도'로 하도록 아이디어를 제공한 더처치 박양우 목사님, 집필에 조언을 아끼지 않은 '생각의 힘' 정혜지 편집자, 늘사랑교회 송원섭 목사님, 창일교회 위석환 목사님, 러시아 서지태 선교사님, 번역가인 임은묵 목사님, 생달침례교회 나순규 목사님, 본서가 빛을 볼 수 있도록 출판해 주신 쿰판출판사 대표이신 이형규 장로님께도 깊은 감사를 전한다.

다시 기도
기도는 예수 그리스도의 삶과 신앙과 사역을 복원한다

1판 1쇄 인쇄 _ 2024년 8월 26일
1판 1쇄 발행 _ 2024년 8월 31일

지은이 _ 안창천
펴낸이 _ 이형규
펴낸곳 _ 쿰란출판사

주소 _ 서울특별시 종로구 이화장길 6
편집부 _ 745-1007, 745-1301~2, 743-1300
영업부 _ 747-1004, FAX 745-8490
본사평생전화번호 _ 0502-756-1004
홈페이지 _ http://www.qumran.co.kr
E-mail _ qrbooks@daum.net / qrbooks@gmail.com
한글인터넷주소 _ 쿰란, 쿰란출판사
페이스북 _ www.facebook.com/qumranpeople
인스타그램 _ www.instagram.com/qrbooks
등록 _ 제1-670호(1988.2.27)
책임교열 _ 오완·김영미

ⓒ 안창천 2024 ISBN 979-11-6143-982-2 03230

책값은 뒤표지에 있습니다.
이 출판물은 저작권법에 의해 보호를 받는 저작물이므로 무단 복제할 수 없습니다.
파본(破本)은 구입처에서 교환해 드립니다.